从“体育名城”到“体育强国”

唐克己◎著

中国经济出版社
CHINA ECONOMIC PUBLISHING HOUSE
·北 京·

图书在版编目（CIP）数据
从“体育名城”到“体育强国”/唐克己著.
北京：中国经济出版社，2025. 3. -- ISBN 978-7-5136-8087-5
Ⅰ. G812
中国国家版本馆 CIP 数据核字第 2025XQ0203 号

责任编辑　张梦初　戴　瑛
责任印制　李　伟
封面设计　任燕飞

出版发行　中国经济出版社
印 刷 者　天津嘉恒印务有限公司
经 销 者　各地新华书店
开　　本　710mm×1000mm　1/16
印　　张　17.25
字　　数　285 千字
版　　次　2025 年 3 月第 1 版
印　　次　2025 年 3 月第 1 次
定　　价　88.00 元
广告经营许可证　京西工商广字第 8179 号

中国经济出版社　网址 http://epc.sinopec.com/epc/　社址 北京市东城区安定门外大街 58 号　邮编 100011
本版图书如存在印装质量问题，请与本社销售中心联系调换（联系电话：010-57512564）

前 言

PREFACE

在巴黎奥运会圆满落幕之际，历经半年的努力，《从“体育名城”到“体育强国”》一书终于面世。本届奥运会不仅给世界各国人民留下了深刻的印象，更标志着世界发展步入了更加快速、多元、复杂且透明的新阶段，在这个过程中，文化展现出前所未有的多维面貌，也让人们对奥运会的发展方向产生思考。作为全球最大的体育盛会，奥运会对人类发展具有深远影响，特别是“体育名城”的建设与奥林匹克运动息息相关，二者相辅相成，密不可分。

随着经济的蓬勃发展，近年来体育产业产值数据激增，预示着其将成为新兴支柱产业。然而，前行的道路上亦不乏挑战。本书聚焦于“体育名城”建设，深入剖析其面临的种种问题，旨在探索克服之道，奔向通往成功之路。

首先，我们厘清了“体育”的本质概念，针对国内“伪体育”现象，强化了对体育的本质理解。接着逐一阐述了成为“体育城市”的标准，以及古今中外“体育城市”的特色与风貌。进而探讨了“体育名城”建设与“体育强国”之间的紧密联系，在从思想强国到体育强国，再到军事强国的逻辑链条中，尤其关注了“体育与战争”“奥运与战争”的微妙关系。

其次，鉴于中西方传统体育文化间的差异，当前公众对此的认知尚显浅薄，本书尝试将两者进行融合创新，旨在为我国体育事业的健康发展奠定坚实的文化基础，并为正确体育价值观的塑造及学校体育的发展贡献力量。

最后，结合经济发展现状与《体育强国建设纲要》，我们对“体育城市”建设的各个方面进行了讨论，特别是对体育文化的传承、学校体育的改革及食品安全问题给予重点关注。我们倡导融合中西方传统体育文化的精髓，推动学校体育引入第三方评价机制。

“体育名城”与“中国式现代化”紧密相连，是推进体育强国建设的重要途径。我们期待更多城市能够成为“体育城市”乃至“体育名城”，共同助力“体育强国”目标的实现。与“文明城市”相似，“体育名城”也在其特有领域推动城市向更加全面、协调、可持续的中国式现代化方向迈进。

德州，这座拥有4000年历史的城市，曾是“有穷氏”与“有鬲氏”部落的繁衍生息之地，是古代的“体育之城”与“科技之城”。如今，德州正凭借其在体育器材制造业的领先优势，努力续写辉煌篇章，与全国众多优秀城市并肩奋斗，共同见证中国体育事业的灿烂未来。

本书纯属个人观点，难免存在不足，恳请各界批评指正。

唐克己

2025年1月1日

目 录

CONTENTS

第一章

“体育”和“体育名城”的概念与标准

第一节 体育的概念

鉴于本书的创作需要，这里有必要对体育的概念进行讨论。传统意义上的体育概念已经难以满足对一些重要问题进行阐述的需要，所以必须对体育的概念进行准确定义，这有利于我国体育事业的发展。

体育是一种以培养为目的的实践活动，若缺乏培养目的，则不应被纳入体育范畴。中文中“体育”一词是高度概括性的名词，故在应对具体问题时缺乏精准度，不能有效区分相关活动。英语中对我们统称体育的各类活动有更清晰的界定，如“sports”意为运动，“competition”“game”分别表示比赛和游戏，“athletics”侧重竞技体育，“physical education”则指运动教育，且“physical education”与体育不完全等同，以后我们不应该不分场合随意混淆使用体育一词，以免引发认知混乱。

1868 年，日本从欧洲引进了“体操”一词，1878 年近滕镇三正式使用“体育”一词。戊戌变法前后，中国派遣大批学生到日本留学，“体育”一词便通过这些留日学生传入中国。实际上，日本是依据中国文化率先翻译并使用了这个词，这由汉语文字组合的特点所致。

由于中文“体育”一词具有高度概括性，这意味着体育蕴含着更复杂、更深入的内涵。基于中国文化和文字特点，从“体育”这一名词使用之时，就已经明确了其“育人”的根本宗旨，即涵盖了教育涉及的所有内涵。可通过以下几点来分析体育的含义。

一、玩和锻炼

我们一般把玩也称为体育，这种说法拉低了体育的层次，玩可分为闲散地玩、认真地玩以及嬉戏地玩，其中认真地玩能够玩出很高的境界，嬉戏地玩只单纯追求快乐。体育原本是有培养目标的，一旦失去难度和标准，沦为嬉戏，就失去了相应价值。所谓锻炼必定有其目标，即锻炼旨在培养身体素质、运动技巧、意志品质，这样的锻炼才更符合体育内涵。

二、活动教育和身心同步教育

例如，篮球、乒乓球、太极拳、瑜伽等项目，我们在开展这些项目时，如果只学习动作，与在学习中培养细心观察、互帮互学的良好习惯，追求精准控制、动作流畅、姿态优美，乃至通过刻苦练习达到技艺娴熟相比，二者的差距是显著的。倘若只单纯学习动作，仅仅是会比划几下，不追求难度与精度，那么在身心整体教育方面的收获会比较少；如果经过刻苦练习，包括大量的身体锻炼和深刻的心理感受，过程中克服重重困难，使身心都收获满满，这样才能称为合格的体育。

三、教学和比赛

教学的目标一般是学会练好，并在此基础上可以参加比赛。比赛意味着输赢和激烈对抗，是对教学的最好检验和展示。同时体育竞赛可激发竞争意识、拼搏精神，培养应对挑战、正确认识输赢的能力，有助于塑造坚韧不拔的性格和积极的人生态度。比赛的目的是教育，若脱离了教育目的，沦为少数人的表演并被用于实现商业目的，这样的比赛是否仍可被称为体育便值得商榷。

四、身体活动和其他追求

身体活动并非体育所独有，舞蹈、杂技等艺术也与身体运动密切相关，且能提供与体育类似的培养价值。简单的身体练习，因缺乏难度、技巧、艺术等方面的追求，是很难取得教育效果的，不能称为体育。舞蹈、杂技的艺术性、技巧性要求则从另一个角度为正确认识体育概念提供了佐证。

以上几点从共同的角度界定了“体育课”能否被称为“体育课”，能否促进学生身心同步发展，在身体方面涵盖体能、技能、习惯，在心理方面涵盖竞争意识、创新精神、意志品质，同时也界定了某些运动是否可被认定为“体育”。

五、传统体育定义下高价值和低价值体育类型分类：体育与“伪体育”

运动中如果不包括“明确身心素质提高的目的和效果”，则尽量不要称为体育，运动不等同于体育，运动可以是嬉戏、散步、逛街等。在休闲运动中，很多项目不具备“明确身心素质提高的目的和效果”，只能被称为休闲运动或休闲活动，如垂钓、骑行、露营、逛街、打台球、玩飞盘等。相对而言，部分群众活动项目和竞技运动或许可被纳入体育范畴，学校运动项目教学从目的上看属于体育，但最终能否成为体育还要考虑其效果。目前我国一些学校的运动教学已经不能被称为体育，因为没有实现提高身心素质的目标，虽有目的却只是空喊口号，是典型的混淆体育概念所导致的后果，可称之为“伪体育”。“伪体育”危害极大，其目标、课程、教学、考核等表面形式一应俱全，但实际过程却敷衍了事，虽然学生们通过了考核，但培养目标却没有实现，反而使不良现象愈发严重。

六、体育概念合理确定的必要性

体育概念至今尚未确定，正因如此，导致了体育概念的混淆，这使得“体育城市”“体育名城”的界定也不准确，大量、无效的活动被归入体育范畴，而真正具备核心价值的体育活动反而被忽视。这也是为什么西方国家众多“体育城市”的排名大都很靠前，但由于过于注重运动赛事、休闲运动、运动物质条件，侧重商业化和资本运作，忽略了体育最重要的育人价值目标，导致这些国家在体育发展方面不断衰退或停滞不前。所以，我们最先要做的便是明确体育概念，进而确定“体育城市”“体育名城”的概念和标准，打造更有活力与价值的“体育名城”“体育城市”。

七、体育概念

现有的体育概念繁多，很多机构与名家给出了各式各样的论述，有的宽泛，有的狭隘，有的指向明确，有的过于烦琐。高等教育出版社《体育概论》中的体育概念较为合理，经过大量参考对比和推导论证后得出：“体育是以身体运动为基本手段，促进人身心全面发展的文化活动。”这个概念简洁准确，首先与身体运动相关联，其次界定为文化活动，最后落脚于促进人的身心全面发展。通过前面的论述，笔者认为改成“体育是以身体运动为基本手段，达到促进人身心全面发展效果的文化活动”更为合理，如果达不到或者产生相反效果的活动则不能称为体育。体育概念分广义与狭义，狭义体育概念专指学校体育，由此可见学校体育具有崇高的地位。

“体育事业”和“体育”是不同的概念，体育是围绕人开展活动的，“体育事业”则是国家和城市围绕“体育”相关的所有事务开展的工作。“体育”是“体育事业”中的核心内容，脱开“体育”去大搞“体育事业”是不切实际的，比如忽略学校体育而大规模建体育场馆，脱离群众体育去大搞体育赛事等。

八、体育与身心发展

身心发展通常分为身体发展和心理发展：

①身体发展，包含三个方面：生理机能方面，包括心肺功能、肌肉力量、耐力、柔韧性、协调性等；身体形态方面，包括身高、体重等的变化；运动能力方面，包括跑、跳、投掷、平衡等各种动作技能的提升。这些都能通过体育培养得以促进，舞蹈、杂技等艺术形式也运用了体育手段。

②心理发展，包含五个方面：认知发展，包括感知觉、好奇心、注意力、记忆力、思维能力（如逻辑思维、创造性思维、美学感知）、语言能力等的逐渐成熟和提高；情感发展，如情绪的表达和调节、情感体验的丰富和深化、道德情感的培养等；意志发展，表现为意志品质、斗争精神，如自觉性、果断性、坚韧性和自制力的形成和发展；个性发展，涵盖性格、兴趣、动机、价值观等方面的形成和稳固；社会适应能力，包括人际交往能力、合作能力、解决冲突的能力、对社会规范的理解和遵守等。

在心理培养的过程中，体育对情感道德、创新思维、斗争精神、意志品质、美学感知等素养有显著的培养价值，在特定时期、特定问题、特定条件下，其中的一两种素养会发挥出巨大的能量。

身心发展是一个相互关联、相互影响的复杂过程，在不同的年龄阶段具有不同的特点和规律，体育培养也是如此。

九、新概念

基于“体育是以身体运动为基本手段，达到促进人身心全面发展效果的文化活动”这一概念，去理解“体育名城”“体育城市”，并开展“体育名城”“体育城市”的建设，将会有更准确的目标，且更具活力、更有价值。

第二节 “体育名城”的概念

“体育名城”指因体育事业发展良好，尤其是体育文化繁荣、体育活动开展具有高水准且享有美誉而闻名的城市类型，与一般的“体育城市”有所区别。这是笔者对体育的概念进行分析后给出的定义，不一定准确，仍有待改进。

一、“体育名城”与“体育城市”的界定

目前，“体育名城”尚未有准确的定义。通常来说，一座城市因体育相关事业而闻名，则可被称为“体育名城”。一般而言，要判断一个城市能否成为“体育名城”，一方面要考量所在国家整体的体育发展水平和特色，另一方面要探究“体育”是否构成这座城市的重要特点。如果该国体育整体实力较强，国内某座城市在某些运动项目上极有影响力并因此得名，很有可能被人们认定为“体育名城”，如波士顿是典型的马拉松赛事名城，是马拉松爱好者心中的殿堂级“圣地”；然而，如果“体育”只是该城市众多优势之一，或被其他更突出的方面所掩盖，使其难以凸显“体育名城”的特质，如伦敦、纽约、洛杉矶、东京、巴黎、墨尔本、北京、上海等，按照常规的“体育名城”评判标准，这些城市虽整体达标，却可能因其他优势而淡化了“体育”这一特色，在人们的第一印象中不会将其视为“体育名城”。这种体育实力强却名气未显的城市，可被称为“体育之城”“体育之都”“体育城市”，这同样具有重要价值，因为体育是城市和国家繁华发达的标志，发达国家往往需要拥有一批这样的城市，正如中华文明之邦需要

拥有一批“文明城市”一样，一个重要城市会努力让自己达到“体育城市”的标准，从而彰显其城市魅力和实力。实际上，世界很多著名城市在这方面都有出色表现，或是源于文明的演进过程，或是得益于人为的认知引导，从而充分把握了体育发展所带来的综合效益。除了上述列举的几个城市外，世界上还有不少城市属于这种情况。

二、“体育名城”和“体育城市”判断方法

“体育名城”是以体育而闻名的城市，当提及这个城市时，人们的第一印象是体育事业（或某单个体育项目）发达。而“体育城市”是指该市体育事业较为发达，但并非因体育而闻名。“体育城市”在规模、水平上可能高于“体育名城”，也存在部分城市同时兼具“体育名城”和“体育城市”的特征。“体育名城”还可特指因某项体育事业特别突出而闻名的城市，确切而言是“特色体育名城”。由于缺乏严格的标准，可以通过对普通人群开展调查来判断，询问其对该城市的第一印象中是否包含“体育城市”，若这种认知数量达到一定百分比，如 20%（这个比例需经研究确定），则可认定该城市为“体育名城”。从体育角度来看，“体育名城”的荣誉度高于“体育城市”，正如世界杯足球比赛和奥运会足球比赛的差别。本书通常所说的“体育名城”即等同于“体育城市”，会根据城市自己设定的目标称其为“体育之都”“体育之城”“体育城市”，只有在需要准确定义城市类型时，才会明确“体育名城”的概念。

第三节 “体育城市”的标准

一、“体育城市”排行榜及其标准

随着城市化进程的加速，世界各地的城市愈发重视体育赛事，以彰显自身的形象并推动自身综合发展。“体育城市”不仅仅是一个概念，更是一种文化、科技、经济和城市发展的重要标志。于是，关于“体育城市”的对比和排名的研究项目应运而生。国际上有若干机构推出“体育城市排行

榜"，且各自设有相关评价标准。全球具有规模且可信度高的体育城市评估体系有三个，分别是英国 SPORTCAL 公司的 GSI 排行榜、Sports Business 排行榜和美国博雅体育国际体育城市排行榜。这些机构的评价标准主要侧重于城市举办国际顶级赛事的频率、职业体育的发展水平以及体育媒体的覆盖范围和影响力。尽管这些评价机构的成立时间不长，但它们的评价结果为理解"体育城市"提供了重要的视角。

前面我们列举的一些世界著名"体育城市"，便是依据这三家体育城市排行榜的标准和评比结果得出的。这些城市普遍具有共同的特征：都是著名且发达的大都市。

"体育城市"的评价不仅着眼于体育赛事本身，更深刻地反映了一个城市的综合实力和文化魅力。通过持续的努力和创新，无论是硬件设施的提升，还是职业体育和媒体传播力的强化，全球体育城市都在朝着更高目标前进。而对于渴望成为体育城市的新兴城市来说，了解并借鉴这些评价标准和实践经验，将是它们迈向成功的重要一步。构建体育城市的道路并非一帆风顺。举办大型国际体育赛事需要巨额资本投入和基础设施建设，且对经济的直接拉动效应并不明显。然而，这些活动对政治、社会的影响以及区域发展的积极带动作用不容小觑，比如能提升公民的国家自豪感和民族文化认同感，因此世界大型赛事的举办往往引得众多国家和地区竞相角逐。

"体育城市"的标准并非仅考量城市举办大型体育赛事的能力，还涵盖体育历史与传统、体育赛事影响力、媒体传播力和职业体育的影响力等多个方面。伦敦、洛杉矶、纽约等城市凭借其在国际顶级赛事中的出色表现、高度发展的职业体育和广泛的体育媒体影响力，在全球体育城市排行榜中名列前茅。

中国的城市和评比机构在这一领域正迅速崛起，北京和上海在我国《2023 全球体育城市指数》中分别列第 13 位和第 47 位。这得益于中国城市在体育赛事的结构布局、提高赛事质量与效率方面取得的成效，以及自主品牌赛事的蓬勃发展。例如，上海不仅拥有历史悠久的国际白金标级马拉松赛事，还成功举办了女足世界杯、F1 中国大奖赛、国际篮联篮球世界杯等顶级赛事。同时因为中国传统体育文化的特点，群众体育虽在中国各地以独特方式发展，但相关成果未能在当前的"体育城市"评价指标里得到充分体现。不过，随着中国经济、政治、科技、文化的快速崛起，相信在不远的未来，将会有大批城市跻身"世界体育城市"排行榜。

以下是三家主要的“体育城市”评价排名机构。

（一）英国 SPORTCAL 公司

SPORTCAL 公司在体育市场数据和情报提供领域处于国际领导地位，拥有 30 多年的历史，一直都是体育行业新闻和市场情报的优质提供者。其旗下的 sportcal.com 是一个由 40 多个专业 B2B 网站组成的网络平台，每年都能吸引全球活跃的决策者、影响者和意见领袖等前来浏览，读者群涵盖 5500 万名行业专业人士。

公司的优势在于能够获取超过 10 亿个数据点，包括公司、交易、项目和预测以及趋势等方面的数据。公司拥有 800 多名获奖的记者、研究人员和分析师，他们的专业知识涵盖全球 80 多个市场。凭借这些专业人员的努力，SPORTCAL 公司得以与各行业建立紧密联系，每天为客户提供影响业务决策的关键信息。此外，该公司将屡获殊荣的定向技术融入其网站，形成独特的端到端营销解决方案，将洞察力、创意与前沿的人工智能技术相结合。这种营销解决方案允许客户利用 40 多个 B2B 媒体网站及其大量特定行业受众的访问权和所有权，精准识别、定位和吸引潜在客户。相比于其他合作伙伴，该公司具有更广泛的覆盖范围、精准的数据定位以及丰富的第一手数据，以助力其打造世界级的营销活动。

SPORTCAL 公司推出的“全球体育城市影响指数”（GSI）在国际上具有一定影响力。GSI 排行榜通过构建标准化方法来衡量体育和体育赛事的影响力，其模型的十大关键指标涵盖经济、旅游、媒体、社交媒体、赞助、体育、社会可持续性和遗产等多个方面，计算了当年前后各 7 年（共 14 年，约 3 个奥运周期）中大型赛事的国际影响力。

（二）英国 Sports Business 体育商业公司

Sports Business 是一家在体育行业具有重要影响力的公司，成立于 1996 年，与世界各地的体育组织合作，为其提供激活价值和拓展业务所需的信息支撑。在过去的 25 年中，公司赢得了体育行业内众多利益相关者的信任。团队、俱乐部、联赛、锦标赛、赞助商、广播公司、代理机构、场馆、金融机构和大学等在进行相关决策时，都依赖该公司提供的信息参考、数据支持和专业分析。其主要服务内容有：Sports Business Media，它是全球深受信赖的独立媒体版权价值与交易信息渠道；Sports Business Sponsorship，可提供准确的赞助交易数据信息。此外，公司可为行业内专业人士提供每日新闻评论分析服务，并发布有关行业趋势的独立报告，还能为个别客户提供定制化见解。

该机构的“世界顶级体育城市排行榜”具体评价标准并未予以公开，但根据2021年的排名情况，美国纽约位列榜首，英国伦敦紧随其后，美国洛杉矶、西班牙巴塞罗那和法国巴黎依次列第3~5位。北京排名第14位，在亚洲城市中处于第2位。

（三）美国的BCW（博雅—凯维）传播咨询与服务公司

博雅体育联合国际媒体公司ATR发布的体育城市排名主要参照国际联合会和体育媒体的观点，并结合体育与城市之间的量化关联性展开分析，其具体评价指标如下：

使用社交媒体分析工具Sysomos，对数字环境中的体育与城市之间的关联进行深入分析，包括在Twitter（现已更名为“X”）、Instagram或Facebook等社交媒体平台、博客以及网站上提及与城市名称相关的“体育”一词的总数，该部分权重占50%；根据国际体育联合会（International Federations，IFs）主席、秘书长和活动负责人提供的相关数据，权重占25%；同时结合700多家国际体育媒体的权威投票结果，占比25%。

这些机构在评价“体育之城”时，通常会考虑以下几个方面：

①体育赛事影响力：是否经常举办或承办具有国际影响力的顶级赛事或品牌体育赛事。例如，奥运会、世界杯等大型赛事，以及温网、法网、美网等重复举办的国际顶级赛事。

②职业体育发展水平：是否拥有大量的顶级职业体育俱乐部以及与之相匹配的标志性体育设施。

③体育产业发达程度：体育增加值在GDP中的占比以及体育消费支出水平等情况。

④媒体传播力：体育媒体的发达程度，即重视体育媒体的传播力和影响力。

⑤体育历史与传统：是否具有深厚的体育历史和传统，是否对体育文化的传承和发展有重要贡献。

⑥国际体育组织和资源集聚：是否集聚了众多国际体育组织、国际体育协会、知名体育品牌跨国公司的总部等。

⑦体育社会化程度：是否拥有大批俱乐部，大众体育和精英体育开展的基础扎实，体育社会化、生活化程度的高低。其业务涵盖B2B、消费、

企业传播、危机管理、企业社会责任、医疗保健、公共事务和科技等领域，致力于为客户提供数字化与数据驱动的创意内容以及全媒体覆盖的整合传播业务。

2020 年该机构评价情况如下：根据 BCW 统计排名，纽约击败过去七年蝉联第一的伦敦，首次登顶。纽约、伦敦、巴黎、洛杉矶和洛桑仍然是世界五大体育城市，排名前十的体育城市分别为纽约、伦敦、巴黎、洛杉矶、洛桑、东京、巴塞罗那、曼彻斯特、多伦多和马德里。其中有 6 个已经举办或即将举办奥运会或青奥会。北京是中国唯一上榜的城市，列第 16 位。相比 2019 年的第 9 位和 2018 年的第 10 位，排名稍有下滑。

二、主流机构评价标准的对比分析

国际三大主流评价机构的标准和侧重点各有不同，具体差别如下。

（一）英国 SPORTCAL 公司与 Sports Business

侧重点：英国 SPORTCAL 公司的 GSI 排行榜侧重考量赛事的国际影响力，包括经济、旅游、媒体等多个方面；而 Sports Business 排行榜可能更聚焦于城市的体育商业发展及其综合实力。

数据来源：GSI 排行榜的数据来源相对较为广泛，包括专家意见、赛事数据等；Sports Business 排行榜的数据来源更为多样化，包括市场调研、行业报告等。

国际影响力：GSI 排行榜在国际上具有较高的影响力，被广泛接纳与引用；Sports Business 排行榜在体育商业领域有一定影响力，但可能在特定领域或行业内相对受限。

（二）英国 SPORTCAL 公司与博雅体育国际体育城市排行榜

评估对象：GSI 排行榜主要针对体育赛事的影响力展开评估；博雅体育国际体育城市排行榜则对城市在体育方面的整体状况进行评估，包括赛事举办、体育设施、体育文化等多方面内容。

数据来源：GSI 排行榜的数据来源于赛事数据和专家评估；博雅体育国际体育城市排行榜的数据获取途径包括社交媒体分析、国际体育联合会数据和国际体育媒体投票等多个渠道。

国际影响力：GSI 排行榜在国际上具有较高的知名度和影响力；博雅

体育国际体育城市排行榜也有一定的国际影响力，但可能更多局限于体育领域。

（三）Sports Business 与博雅体育国际体育城市排行榜

评估对象：Sports Business 排行榜的评估对象是城市的体育商业发展和综合实力；博雅体育国际体育城市排行榜的评估对象是城市在体育方面的整体表现。

评估方法：Sports Business 排行榜的评估方法侧重于市场调研和数据分析；博雅体育国际体育城市排行榜的评估方法更为综合，包括社交媒体分析、专家评估等多个方面。

适用范围：Sports Business 排行榜适用于评估体育商业发达的城市；博雅体育国际体育城市排行榜则适用于评估体育发展较为全面的城市。

这些评价机构的体育城市排行榜历史均仅有十几年，各机构间的排名标准有所不同且各有侧重，同一排行榜上城市每年的名次变化幅度很大，不同榜单同一个城市的名次变动幅度也很大，由此可明显看出，各公司均带有各自的企业意图，资本气息较为浓厚。中国作为一个新兴经济体，文化差异、与世界交流的历程、生活空间的差异等因素会影响“体育城市”的排名，不过最近这种现象已有所改善。

三、我国“体育城市”的评价现状

我国自身的“体育城市”排行评价尚处于发展初期，由于我国在赛事参与方面存在不足，体育文化和世界融合以及体育体制与国际接轨仍需经历漫长发展过程，因此要打造出在世界范围内具有影响力的“体育城市”排行榜还需在多方面持续努力。不过，针对国内“体育城市”的排行工作还是能较快加以完善，其可为国内城市发展提供重要的参考依据。

2019 年，上海体育大学开展“全球著名体育城市”的自主研究项目，历经 3 年，构建了一套既与国际接轨又融入中国国情的全球著名体育城市指数。该指数由上海体育大学联合国际体育经济学会共同发布。2023 年发布的《2023 全球体育城市指数》有一突出亮点，即在以往发布全球体育城市排行榜的基础上，首次增设中国大陆体育城市排行榜，以更好地服务中国大陆体育城市建设实践。该评价主要借鉴各评价机构的主体框架，从体育历史与传统、体育赛事影响力、媒体传播力、职业体育影响力四个维度构建指标维度。

作为本土评价机构，建议其联合更多的相关机构，以便获得更多经济、科技、政治、环境、文化等方面的权威数据，国外那三家机构正是凭借自身业务所涉及的可靠数据来开展评测工作，从而掌握数据话语权的。我国也需要建立数据的权威性，这样才能使这个“排行榜”有影响力。实际上，国外这些“体育城市”排行榜的历史并不久远，我们现在进行努力也不晚，且能够制定出更为全面的标准，有效规避资本的过度干扰。

需要注意的是，目前中西方体育文化已呈现出强烈碰撞态势。我国应高度重视体育历史和传统，中国悠久的体育历史和文化孕育众多特色体育项目，其并非以竞技为唯一主流。目前国际三大评比机构均侧重于赛事方面，而中国群众体育应获得更合理的分值。

根据全新发布的《2023 中国大陆地区体育城市指数》，北京、上海、杭州位列前三名。其中，上海仅次于刚举办冬奥会的首都北京，位居全国第二。

此外，不同媒体和机构也可根据各自的标准和数据发布中国体育城市的相关排行榜。例如，近期《广州日报》从竞技体育、群众体育、体育产业、体育文化、体育大赛等多个维度梳理并发布中国十大体育城市，分别是北京、上海、广州、杭州、成都、深圳、南京、南宁、哈尔滨、青岛。

这些评价和排行榜从不同角度反映了中国体育城市的发展情况，但各自的侧重点和标准存在差异。在参考时，需要综合考量多方面因素，以便更为全面地了解各个城市在体育领域的表现和发展态势。

我国自行制定“体育城市”标准时，建议划分不同赛道，如国际赛道与国内赛道、以赛事为主与以休闲为主、竞技体育与群众体育等。中国庞大的产业规模决定了产业型“体育城市”在世界上也会产生极大影响力，部分城市有望成为世界级“特色体育名城”。目前，晋江市运动鞋与运动服装产值规模已达到相应标准，2017 年数据显示，晋江的运动鞋产量占我国总产量的 60%，占世界总产量的 20%，且产量与质量同步提高；德州市凭借其独特的体育健身器材装备、体育竞赛器材设备与服务等条件，拥有六个不同类型国家级体育器材生产基地，已成为世界级体育产业制造业高地，产品品类齐全、质量可靠，畅销世界各地，德州市体育制造业产值逐年提高。Valuates Reports 咨询公司的市场调查数据显示，2019 年全球健身器材市场规模约为 115 亿美元，预计 2020 年至 2027 年的年均复合增长率为 3.5%，到 2027 年全球健身器材市场规模将达到 152 亿美元，而在 2023 年德州市宁津区域健身器材统计总值已超过16亿美元，以此衡量，德州具备入选“特色体育名城”的资格。然而，像晋江和德州这类“特色体育名城”实际与体育的关联性较弱，体育制造业本质上属于制造业范畴，如果不在全面的体育城市建设方面加大投入，仍存在名不副实的风险。目前德州在以产业为主的“特色体育名城”这一主要目标引领下，已启动全面体育名城发展方案，整体水平得到大幅提升。

四、当代“体育城市”的一般标准

本书根据最近的综合研究，汇集主要问题后归纳得出，要建成一座现代型“体育名城”，通常要在群众体育、竞技体育、体育科技、体育文化、体育产业、环境医疗保障几方面具备优势，并拥有较高知名度和美誉度，中国的“体育城市”建设应基于中国式现代化理念。一般标准如下：

（1）拥有丰富且高质量的体育设施资源，如大型的现代化体育场馆、多功能的运动场地以及广泛分布的健身公园、健身步道、社区健身设施，以此满足举办各类高水平体育赛事以及市民日常健身锻炼的需求。

（2）拥有强大的体育竞技实力，能够培养和输送大量优秀运动员，在国内外重大体育赛事中取得优异成绩，并且在多个体育项目上展现较高的竞技水平和竞争力。具备较强的教练员、裁判员队伍，以及充足的资金支持。

（3）成功举办一系列知名度高和影响力大的体育赛事，涵盖国际级、国家级专业赛事以及具有特色的群众体育赛事，且赛事组织与运营能力成熟高效。

（4）拥有悠久的体育历史和浓厚的体育文化氛围，是数百年乃至数千年体育文化的发源地和繁荣地。体育文化源远流长，市民热爱体育并积极参与体育活动，体育已成为城市文化的重要组成部分。学校体育发展态势良好，学生从小到大都能依照科学计划持续接受体育培养。

（5）体育产业发达，涉及体育用品研制、体育培训、体育旅游、体育传媒、体育保险等多个领域，对城市经济发展起到重要的推动作用。

（6）在体育科研、教育、环境、医疗等方面具有先进的水平和完善的体系，并在相关政策、广告宣传支持体系等方面为体育事业的持续发展提供有力支持。

| 第二章 |

古今中外著名“体育名城”案例

第一节　古代“体育城市”案例

一、古代欧美“体育名城”案例

在古代，有一些类似如今“体育名城”概念的案例。不过，若完全按照现代“体育名城”或“体育城市”的标准去界定古代的情形，显然并不适合。毕竟远古时期的所谓“城市”，实则多为部落群。据推测，中国最早的城市形成于原始社会末期与夏朝初期，而且古代城市在规模、物质基础方面与现代相比存在巨大差距。然而，依据一些最基本的条件来评判，古代也确实存在“体育名城”。

（一）古希腊

从现有记载来看，古希腊时期的各个城邦很注重体育，这些城邦凭其独特的地理位置、气候条件、文化传统以及历史背景，成为世界体育活动的中心。如奥林匹亚，它是古代最著名且最重要的体育竞技赛事的发源地，被誉为“体育运动的摇篮”。据史料记载，公元前 776 年到公元 393 年，每四年便会在此举办一届奥林匹亚赛会，这堪称古代世界最盛大的体育赛事。奥林匹亚不仅有力推动了体育竞技的发展，还极大促进了体育文化的传播和交流。

同为古希腊名城的雅典，也是古代奥运会的重要举办地之一。雅典的古代体育建筑、体育题材艺术以及对体育精神的崇尚和追求等文化内涵，对后世产生了极为深远的影响。

斯巴达城邦是典型的“体育名城”，斯巴达人极为重视身体锻炼和军事训练，他们的体育活动往往与军事训练紧密相连，且体育在贵族阶层更受重视，主要是为了维护统治者的利益。曾有电影《斯巴达 300 勇士》描述了这段故事。人们不禁要问：为什么斯巴达只有 300 勇士？相关解释较多，准确地说，斯巴达的贵族人数本就不多，由这些贵族组成的300勇士团已经相当庞大。斯巴达的体育文化对古希腊乃至整个西方世界的体育文化发展均产生了深远的影响。

（二）古代欧洲

古罗马时期的罗马城，作为古罗马帝国的首都，是当时世界重要的“体育名城”之一。古罗马人热爱体育竞技，他们建造了宏伟辉煌的竞技场，举办了许多盛大的体育赛事，尤其是以战车比赛和极其残酷血腥的死亡决斗比赛闻名于世。罗马的体育文化具有鲜明的特征，不仅体现了古罗马人崇尚武力的精神，也反映了当时社会的价值观、阶级结构、政治和宗教等多方面的综合特点，对后世体育发展产生了重要影响。如今，罗马竞技场已成为历史遗迹，吸引着众多游客前来参观。

（三）中美洲玛雅古国

玛雅古国的“祭祀足球”震惊世人。玛雅“祭祀足球”并非特定发生在某一个城市，而是广泛分布于玛雅文明的多个遗址中。玛雅人通过举办球赛来开展祭祀活动，这是玛雅文化的一个重要特征。有资料表明，在科潘古城（位于洪都拉斯西部边境，靠近危地马拉）、特克潘遗址、墨西哥的奇琴伊察和危地马拉的多个遗址，都发现了大量与这种“祭祀足球”相关的场地遗迹、碑文石刻壁画，揭示了玛雅文化中球赛与祭祀之间的关联。

古玛雅人的球赛起源于公元前1400年前后。与现代足球不同的是，当时的球赛规定球员不能用手脚触球，只能用膝盖、大腿、肩和肘部等部位触球。比赛的目的是让一个重达4~6斤的实心橡胶球穿过高墙上七八米处竖着的石环，其进球难度非常高。比赛所用的球场面积相较于现代球场偏小，约为166米×70米，四周由岩石垒起的高墙环绕，墙上刻有曾经在这里比赛的“勇士”形象。这种球赛残酷的地方在于，无论比赛谁胜谁负，最终都是胜利者被砍头祭祀给神灵，失败者则被处死。玛雅人认为，球赛是掌管昼夜的两位神灵间的斗争，而球则象征着太阳。参与比赛的球员大多是战俘或者自愿者，他们被视作代表神灵的意志，通过比赛来决定命运。玛雅人最初以球赛形式取代战争来解决领土争端以及种族基因问题，但后期却演变为祭祀活动，此时的球赛对于玛雅人而言，不再是娱乐或体育运动，而是纯粹的祭神仪式。

古希腊的体育与祭祀相关，玛雅人的足球也与祭祀相关，尽管按照现代的标准衡量差异明显，但这些城市能不能被认定为“体育城市”，或许每个人都持有不同观点。

二、古代中国“体育名城”案例

（一）有穷国

中国古代有多个“体育名城”的案例。例如，《左传》《淮南子》中记载的夏朝时期，中原地区的“有穷氏”（穷通穹，穹即弓，也称有穷国，位于现德州附近）。该国因盛行射箭活动而闻名，射箭兼具体育与军事属性，部落首领是后羿，他凭借自身的射箭本领及整个部落的强大造箭产业和众多“神射手”，对夏朝初期的政权构成威胁，甚至一度掌控了夏朝的实际权力。在4000年前的冷兵器时代，弓箭堪称是当时最先进且最具科技含量的武器，哪个部落拥有制造和使用的优势，便极有可能夺取政权。由此可见，在我国有历史记载可循的第一个“体育名城”应该是“有穷国”。其故事的白话文表述如下：“大禹建立夏朝后，传至太康已是第三代君主。太康昏庸，只顾游玩放纵，怠于朝政，尤其喜爱围猎，每次外出皆率领大批部队，久不归。东夷部落中有穷氏首领后羿，善射箭，其部落士兵也个个箭术高超。后羿趁太康前往洛水之南打猎时，突然发动兵变，攻占国都斟鄩，并封锁太康退路，使其无法回国。太康被迫四处流浪，最终客死异乡。后羿虽兵变成功，但大禹威望尚存，夏后氏依旧强大，于是他扶植太康的四弟仲康为傀儡王，自身掌握实权。仲康不甘心沦为傀儡，组建夏六师开展军事训练，而后单方面撕毁条约，宣布向后羿开战，却被后羿部队打败。后羿占据斟鄩并加冕称王……”

后羿代夏是夏朝以来首次大规模政治动荡，此事件留下了深刻历史记忆，这些故事不仅反映了当时部落之间的权力斗争和政治变迁，也展现了特定历史背景下的制造业、科技、文化发展对局势转变的意义，以及人物性格命运与部落兴衰的关联。这些故事源于远古时代，对于了解中国古代历史和文化发展具有重要的参考价值。也有人认为后羿是弓箭的发明者。

（二）临淄

临淄成为足球之乡以及历史“体育名城”主要有以下原因：按照现代

“体育城市”的标准，城市规模和经济繁荣是重要条件，临淄历史悠久，自公元前11世纪封齐建都起，至秦统一中国，其作为先秦齐国的故都长达800余年。在春秋、战国至秦汉长达1000余年的历史时期内，临淄始终是中国城市规模较大、人口众多且极具影响力的城市之一。据记载，战国时临淄城中有7万户，人口达30余万，西汉时临淄更是有10万户。姜太公作为首位齐王，立国时制定了“重商”之策：“通商工之业，便鱼盐之利。”管仲才能卓越，诸葛亮曾自比为“管仲乐毅”，管仲治齐时，推行“士农工商，四民分业”政策，促进了临淄工商业繁荣。城内冶铁、冶铜、制钱、制骨、丝织、制陶等手工业发达，形成了规模庞大的商贸中心集散地，带来了充盈的物质财富和富足的城市物质生活。城市的繁荣、经济的发达为体育运动产生提供了良好的环境。临淄市民各类文体娱乐活动丰富多彩。据《战国策》记载，临淄百姓文化活动包括吹竽、鼓瑟、弹琴、击筑、斗鸡、走犬、六博、蹋鞠（蹴鞠）等。其中明确提及的蹴鞠运动，即足球运动的前身。临淄地处海岱之间，受滨海夷人文化影响，民众敢于冒险、创新、猎奇，城市文化充满活力、创造性和包容性，为足球等文化活动起源奠定了人文根基。诸多因素互相作用，促使临淄在2300年前的战国时代就出现了蹴鞠运动。2004年7月15日，国际足联确认中国古代蹴鞠为足球起源，临淄被确认定为世界足球起源地。当时的临淄是当之无愧的“体育名城”。

（三）唐朝长安

唐朝长安成为当时的“体育名城”，是文化、经济、科技、开放多方面因素共同作用的必然结果。汉王朝开疆拓边、打通西域，历经魏晋南北朝民族融合，中华民族得以形成，为长安的文化繁荣奠定了坚实基础。封建制度的确立以及农业的兴起，推动了中世纪中国城市文化的蓬勃发展，促使丝绸之路主干道转移到农业文明区域，长安城由此成为丝绸之路文化与物质交流最为繁荣之地。彼时，长安经济文化呈现出空前繁荣之态，其占地面积较现在还要大。随着经济繁荣、多民族文化融合乃至广泛的中外交流，体育项目极为丰富，活动内容丰富多彩，诸如蹴鞠、击球、步打球、田猎、技巧、角抵、水戏、棋弈、歌舞等二十多种项目。这些活动不仅在先前的基础上得到了充分发展，还进一步深入社会各阶层。尤为可贵的是，唐代文人与妇女的体育活动也得到了广泛开展。诗圣杜甫、诗仙李白等文人皆有参加体育活动的记载，而妇女的体育游艺活动，如“红装飞骑”“秋千争次第”“十对红妆伎打球”等甚是丰富。皇室对体育活动的倡导和参与起到重要推动作用。如唐太宗、唐玄宗等都是体育活动爱好者，他们不仅亲身参与，还经常在宫廷中举办各种体育比赛和表演。皇室的喜好往往是贵族阶层竞相效仿的对象，他们纷纷在府邸中修建球场、游泳池等体育设施，并举办各种体育活动。经济的强盛促使体育设施的大量修建，长安城内的皇城禁苑多设有球场，如梨园、中和殿、飞龙院、观风殿、麟德殿等。这些球场不仅供皇室贵族使用，还时常举办公开的体育比赛和表演。随着体育活动的普及，一些富豪人家也开始修建游泳池、球场等体育设施，供家人和宾客使用。

唐朝长安是一座国际性大都市，不同国家和地区的文化在这里交汇融合。这种多文化的交融碰撞为体育文化的发展提供了丰富的资源和灵感。如马球这一运动项目就来自波斯，通过丝绸之路传入中国后在长安得以广泛开展，深受人们喜爱，上至皇帝下至百姓，其场面和规模令人叹为观止，且马球比赛遍布全国。

唐朝长安成为当时的“体育名城”是综合因素促成的必然结果。中国各朝代鼎盛时期的古都也有类似情况，在此不再赘述。

通过对体育发展状况的观察分析，能反映出文明进化的程度。古代诸多体育项目的发展多与繁华城市相互交融，体育成为城市繁华发达的一个重要标志，且与鼎盛文明相伴相生，因此，我国把体育确立为中华民族伟大复兴的标志性事业。

第二节　现代世界“体育城市”案例

自工业革命以来，世界范围内诞生了多个著名的“体育城市”。这些城市在体育事业发展上取得了显著成就，并凭借独特的体育文化和丰富的体育赛事活动享誉全球。以下是近现代世界著名“体育城市”的建成和发展历程。

一、伦敦

（一）建成优势

伦敦作为英国的首都，拥有悠久的体育传统和丰富的体育资源。伦敦是工业革命起源地，当今全球第一大金融中心，是全世界博物馆、图书馆、电影院、戏剧院、体育场馆和五星级酒店数量最多的城市。2019年，在世界旅游城市联合会发布的2019世界旅游城市发展排行榜中，伦敦荣登全球城市知名度榜首。经济的腾飞有力推动了文化繁荣。伦敦曾多次举办奥运会（如1908年、1948年和2012年），并承办了多项国际性的体育赛事，如足球世界杯决赛、欧洲杯决赛、欧冠决赛等。伦敦的体育设施建设完善，拥有多个世界级的体育场馆，如温布利大球场、伦敦碗等，这些场馆不仅服务于大型赛事，还成为城市的地标性建筑。

伦敦的职业体育俱乐部众多，英超联赛中的切尔西、阿森纳、热刺等多支豪门球队均以伦敦为主场。这些俱乐部在全球范围内拥有庞大的球迷群体，同时提高了伦敦市民对体育的热爱之情和参与积极性。伦敦的体育文化历史悠久，现代足球、现代赛马、现代马球、现代射箭、现代拳击皆起源于英国，此外还有橄榄球、网球、台球、板球、壁球、羽毛球、冰壶、乒乓球、高尔夫、冰壶、壁球、躲避球、赛艇、竞走、飞镖等项目。这些运动项目不仅在英国本土根基深厚，在全球范围内也广受欢迎和认同。

伦敦所处的英格兰岛受到北大西洋暖流影响，温暖湿润多雨，四季气候宜人，植物生态环境条件优良，非常适合开展体育运动。伦敦市政府高度重视体育产业的发展，出台了一系列鼓励和支持体育产业发展的政策措施，如加大体育基础设施投入、助力体育赛事举办等。很多体育服务机构开展全球服务，并积极参与国际交流合作，例如，SPORTCAL公司与Sports Business公司对世界“体育城市”的排名，对世界体育发展起到了促进作用。

（二）发展特点

伦敦通过举办大型体育赛事来提升城市的国际知名度和影响力，同时推动城市基础设施的建设和改造。政府和社会各界大力投入体育事业，为体育产业的发展提供了有力支持。伦敦的体育文化氛围浓厚，市民普遍热爱体育运动，这为城市体育事业的发展奠定了坚实的群众基础。

伦敦在体育科技方面居于国际领先地位，大学和科研机构注重体育科技的研发，在研究深度和探索方面极具开拓性，积极运用新技术和创新理念，提升体育赛事的观赏性和参与度，有力推动了体育产业的发展。

长期以来，伦敦在相关“体育城市”评价排名中始终位居榜首。目前这些“体育城市”的排名规则和标准较为全面，然而对“体育城市”综合效益的评价还不够深入，大多侧重于体育赛事、职业体育和体育商务，未能体现东西方体育的差异性。

二、东京

（一）作为“体育城市”的建成优势

东京是日本的首都，是亚洲地区最具经济实力和影响力的“体育城市”之一。它曾成功举办 1964 年和 2020 年夏季奥运会（因疫情延期至 2021 年举办），并多次承办亚运会、田径世锦赛等各类国际性赛事，每年举办的大小世界性赛事达 20 余项。东京凭借自身的科技与工业实力，提出“超智能社会 5.0”建设计划，致力于发展新型工业，构建新型智慧城市。为东京“体育城市”的建设提供了强大的科技支撑和创新动力。

东京的体育设施建设完善，拥有多个现代化的体育场馆和训练中心，如东京国立竞技场、东京体育馆等，还拥有数量众多的公园、绿地、健身房。东京的职业体育俱乐部也颇具实力，如日本职业足球联赛的豪门球队东京 FC 等。日本是柔道、空手道、现代相扑、剑道等项目的发源地，日本体育界一直秉承一种顽强的体育精神，多与项目技术融合为“道”，意味着其中不仅涵盖技术，还包含精神、道德、规则、风格等内涵。

东京政府积极推动体育与旅游、文化等产业的融合发展，通过打造体育旅游这一城市新名片等方式，吸引更多游客前来观赛和旅游。东京拥有浓厚的体育文化氛围，市民对体育运动满怀热情。这种文化氛围的形成得益于政府、学校和社会各界的共同努力和推动。东京的体育赛事体系比较完善，职业体育赛事与城市发展之间互惠共生，不仅促进了体育赛事的繁荣发展，也带动了城市综合发展和社会的进步。

（二）东京体育事业发展特点

东京注重体育与城市的融合发展，特别是在“体育城市”的建设过程中，注重体育基础设施的完善。通过新建和改建体育场馆、增加体育设施等方式，为市民提供了更加便捷、舒适的体育健身环境。

东京通过举办系列体育赛事来提升城市的综合竞争力和国际影响力，如奥运会、世界杯等多种项目单项洲际与国际比赛。这些赛事的举办不仅提升了东京的国际知名度，也推动了体育赛事的国际化进程。东京通过与国际体育组织和赛事运营商合作，引入更多高水平的体育赛事和运动员，为市民提供了更为丰富多元的观赛体验。

东京着重“体育城市”的科技创新和智慧城市建设，运用大数据、物联网、区块链、云计算等新一代信息技术，实现城市服务的信息化、智能化和便捷化。这不仅提高了城市管理的效率和质量，也为市民提供了更加智能、便捷的体育健身服务。

日本政府高度重视体育事业的发展，出台了一系列法律和政策来推动体育产业的繁荣。例如，《日本体育运动振兴法》《体育振兴基本计划》等一系列法律的颁布和实施，为东京体育城市建设给予制度保障和政策支持。政府还积极推动体育产业的发展，为体育企业和俱乐部提供政策支持和资金扶持。东京体育文化氛围浓厚，市民热衷体育运动，为城市体育事业的持续发展提供了源源不断的动力。

和伦敦的情况相似，东京在历史进程中也走过弯路。明治维新之后，日本对体育极其重视，“体育”一词最先也是在这里开始使用的。在武士道和效忠天皇的思想影响下，法西斯思想将体育对意志精神顽强作风的培养极端化，违背事物发展规律，过度夸大精神力量。二战的历史事实证明，这种思想反动且反人类，实则愚昧至极。

三、巴黎

巴黎作为法国的首都，拥有厚重的历史文化底蕴和浓厚的艺术氛围，在体育领域也取得了显著成就。现代奥林匹克运动的创始人皮埃尔·德·顾拜旦就出生在巴黎，他赴英国考察体育现状后，期望在法国各学校开设体育课，着重培养学生的集体主义思想，使其树立刻苦锻炼、强健体魄的精神，进而增强民众体质，实现法国的振兴。1894 年，巴黎举办了国际体育会议，顾拜旦提出“复兴奥林匹克运动”，确定在希腊举办第一届现代奥运会，并规定每四年举办一届。1900 年，巴黎举办了第二届奥林匹克运动会，1924 年举办了第八届。时隔百年，巴黎在 2024 年再次举办奥运会。

巴黎作为一座著名的“体育城市”，其优势和特点如下。

（一）丰富的历史文化遗产

巴黎拥有众多的博物馆、艺术馆和历史遗迹，如埃菲尔铁塔、卢浮宫、凯旋门等，这些为体育赛事赋予了深厚的文化背景和历史底蕴，极大增强了赛事的吸引力。

（二）体育设施运动场所完备

巴黎拥有多个现代化的体育场馆和奥运标准的运动场，如王子公园体育场、伊夫·迪马努瓦尔体育场等，这些设施为举办大型体育赛事奠定了坚实的基础。法国在体育领域的持续投入和建设，促使巴黎的体育设施不断完善升级。

（三）交通便利

巴黎交通网络发达，公共交通系统涵盖地铁、公交、火车等，能够高效便捷地输送大量观众和参赛人员。其良好的航空和铁路交通网络，也为全球各地的参赛者和观众前来参加体育赛事提供便利条件。

（四）旅游资源丰富

巴黎是世界上最受欢迎的旅游目的地之一，每年吸引大量游客前来观光旅游，这为体育赛事的举办提供了广阔的市场和庞大的潜在观众群体。

（五）赛事组织能力与经验丰富

巴黎曾多次举办世界博览会等国际性活动，积累了丰富的组织经验。法国政府和巴黎市政府对举办体育赛事决心坚定、投入巨大，确保其具备强大的组织能力。巴黎每年都要举办多个国际和洲际各类比赛，如法网公开赛、巴黎马拉松、各类足球俱乐部比赛、环法自行车赛、国际田径赛等。巴黎在 2024 年奥运项目设置上，注重于凸显年轻化，吸引年轻人参与，使运动更有活力，且在时尚和新潮方面保持引领态势。项目设置强调男女平等，女子项目与男子等量，且设有大量的混合项目。

（六）体育与城市发展深度融合

巴黎在举办体育赛事时，注重将赛事与城市发展相结合，通过体育赛事契机，让大量游客和体育选手感受城市特色并提出建议，推动城市基础设施优化升级，提升城市整体形象和吸引力。

（七）场馆改造利用富有创意

巴黎在举办体育赛事时，充分利用现有场馆进行改造和升级，减少新建场馆的成本和时间消耗。同时，将部分标志性景点转化为临时场馆，如埃菲尔铁塔下的沙滩排球场地等，增加了赛事的观赏性和独特性。

（八）注重环保和可持续发展

巴黎在举办体育赛事时，高度重视环保和可持续发展。采取一系列措施减少污染和浪费，保护当地生态环境，推动城市在环保和可持续发展方面取得进步。

（九）多元化体育发展策略

巴黎通过举办体育赛事，推动体育产业多元化发展，不仅提升体育赛事自身经济效益，还带动旅游、餐饮、住宿等相关产业发展。

（十）文化体育融合

巴黎在举办体育赛事时，注重文化与体育的融合。通过在赛事中融入巴黎文化元素与特色，丰富赛事的文化内涵和吸引力，促进文化传播和交流。

作为一座著名的“体育城市”，巴黎成功申办 2024 年奥运会后，在多家“体育城市”评比中荣登榜首。

四、纽约

纽约作为一座“体育城市”，其优势和特点如下。

（一）丰富的体育资源

纽约拥有众多顶级体育场馆，如麦迪逊广场花园，这里堪称篮球、拳击、冰球等多项运动的圣地，被誉为“篮坛麦加”“拳坛麦加”。纽约还是多个职业体育队伍的主场城市，包括 NBA 的纽约尼克斯队、MLB 的纽约洋基队和大都会队、NHL 的纽约游骑兵队等，这些队伍为城市带来了丰富的体育赛事资源。

（二）强大的经济基础

纽约作为美国的经济中心之一，拥有雄厚的经济实力和庞大的消费市场，这为体育产业发展提供了坚实的经济基础。同时，城市商业氛围浓厚，各类赞助商和广告商热衷于投入资金，用以支持体育赛事开展和体育设施建设。

（三）多元的文化背景

纽约是一个多元文化相互交融的城市，来自不同国家和地区的人们在这里生活和工作，为体育赛事的举办提供了坚实的观众基础和多元化的文化氛围，这也使体育赛事成为不同文化交流沟通的重要平台，促进了文化的传播与融合。

（四）先进的体育设施

纽约持续投入资金用于建设和升级体育设施，全力保障场馆的现代化和多功能性。这些设施不仅满足了体育赛事的需求，也为市民提供了良好的健身和休闲场所。

（五）体育与城市发展的深度融合

纽约注重将体育赛事与城市发展相结合，通过举办大型体育赛事来推动城市基础设施的改善和升级，提升城市的整体形象和吸引力。

体育赛事的举办还带动了相关产业的发展，如旅游、餐饮、住宿等，为城市经济注入了新的活力。

（六）多元的体育赛事体系

纽约的体育赛事体系呈现多元化特征，涵盖篮球、棒球、冰球、足球等多个项目。这种多元化赛事体系不仅满足了不同观众的需求，还促进了各项运动的普及和发展。

（七）出色的职业体育队伍

纽约的职业体育队伍在各自所属联赛中表现出色，赢得了大量球迷的支持和关注。这些队伍的成功不仅提升了城市的体育形象，还带动了相关产业的发展和就业机会的增加。

（八）体育文化的传承创新

纽约拥有悠久的体育历史和丰富的体育文化传承。城市既注重对传统体育文化的传承与弘扬，也积极探索创新体育文化元素。这种传承与创新的结合，让纽约的体育文化更具活力与魅力。

五、洛杉矶

洛杉矶是美国第二大城市，处于美国第一大经济区，经济实力雄厚，教育、艺术、制造、服务、体育等行业发达，著名的好莱坞也位于该市。其建成“体育城市”的优势和特点如下。

（一）体育传统悠久

洛杉矶拥有悠久的体育传统，这为城市体育产业的发展奠定了坚实的基础。历史上，洛杉矶曾成功举办过多次国际大型体育赛事，包括 1932 年第 10 届奥运会和 1984 年第 23 届奥运会，办赛经验丰富，且即将举办 2028 年奥运会。

（二）基础设施完善

洛杉矶的基础设施完善，包括多个现代化的体育场馆。索菲体育场（SoFi Stadium）作为 2028 年洛杉矶奥运会开闭幕式主会场，斥资 55 亿美元打造，可容纳 7 万名观众，堪称世界上最奢华的体育馆之一。此外，还有道奇体育场（Dodger Stadium）、加密网竞技场（Crypto.COM Arena）等知名场馆。这些场馆不仅为本地居民提供了丰富的体育娱乐活动，也吸引了全球各地的体育迷前来观赛。

（三）体育产业规模庞大

洛杉矶体育产业规模庞大，涉及多个领域。北美四大体育联盟（NFL、NBA、MLB、NHL）旗下球队均在此设有主场，包括洛杉矶湖人队、洛杉矶快船队、洛杉矶道奇队等。这些球队不仅提升了城市的知名度，也为当地经济带来了巨大的收益。

（四）民众支持度高

洛杉矶民众对于体育运动的热爱和支持度非常高，这为体育城市的建设构筑了坚实的群众基础。在申办奥运会等大型赛事时，民众支持率高居不下，有助于推动赛事的顺利举办和体育产业持续发展。

（五）国际化程度高

洛杉矶体育产业具有高度的国际化特征。鉴于北美四大体育联盟全球影响力广泛，其体育赛事往往能够吸引来自世界各地的观众和媒体关注。同时，洛杉矶也积极引进国际大型体育赛事，如世界杯等，进一步提升了城市的国际知名度。

（六）产业链完整

洛杉矶的体育产业链相对完整，涵盖了体育场馆建设、体育赛事运营、体育用品制造、体育媒体传播等多个环节。完整的产业链有助于实现资源的优化配置和高效利用，推动体育产业快速发展。

（七）注重创新与发展

洛杉矶在体育产业的发展过程中，始终注重创新与发展。例如，索菲体育场等现代化体育场馆的建设采用了先进的技术和设计理念，不仅提升了观众的观赛体验，也推动了体育场馆建设技术的进步。同时，洛杉矶还积极培育新的体育项目和商业模式，为体育产业的持续发展注入新的活力。

六、悉尼

悉尼作为澳大利亚著名的“体育城市”，其基础和特点如下。

（一）地理位置优越

悉尼坐落于澳大利亚东南沿岸，是新南威尔士州首府，也是澳大利亚面积最大的城市。其地理位置得天独厚，便于举办各类体育赛事，能广泛吸引国内外观众前来观赛。

（二）体育设施完备

悉尼拥有众多现代化的体育设施，包括符合国际标准的体育场、体育馆和水上运动中心等。这些设施不仅为本地居民提供了丰富的体育娱乐活动，也为举办大型国际体育赛事提供了有力保障。

（三）体育传统深厚

悉尼拥有悠久的体育传统和浓厚的体育文化氛围。板球、橄榄球和澳式足球等体育项目在此非常受欢迎，民众参与度极高。这种深厚的体育传统为悉尼体育产业的持续发展提供了源源不断的动力。

（四）政府支持有力

澳大利亚政府和悉尼市政府对体育产业的发展给予高度重视和大力支持。政府通过制定相关政策、投入专项资金等方式，全力推动体育设施的建设和体育赛事的举办，为悉尼体育产业的发展提供了有力保障。

（五）国际化程度高

悉尼积极引进国际大型体育赛事，如奥运会、世界杯等，不断提升城市的国际知名度和影响力。同时，悉尼也注重与国际体育组织和机构的合作与交流，推动体育产业的国际化发展。

（六）产业链完整

悉尼的体育产业链相对完整，涵盖了体育场馆建设、体育赛事运营、体育用品制造、体育媒体传播等多个环节。完整的产业链有助于实现资源的优化配置和高效利用，从而推动体育产业快速发展。

（七）注重可持续发展

悉尼在体育产业的发展过程中注重可持续发展。政府和企业通过采用环保材料、节能技术等措施，竭力减少对环境的影响。同时，悉尼还注重体育设施的赛后利用和改造升级，确保体育设施能够持续为城市的发展做出贡献。

（八）体育与文旅深度融合

悉尼将体育与文旅产业深度融合，通过举办体育赛事吸引国内外游客前来观赛和旅游。这种融合不仅提高了城市的旅游收入和经济效益，还进一步提升了悉尼的国际知名度和美誉度。例如，在世界杯举办期间，悉尼城内酒吧、餐饮住宿爆满等现象充分彰显了体育与文旅深度融合所取得的显著成效。

七、墨尔本

墨尔本曾举办过夏季奥运会、英联邦运动会、世界游泳锦标赛，其成为世界“体育名城”的基础和特点如下。

（一）地理位置优越

墨尔本地处澳大利亚东南部，是维多利亚州首府，同时也是澳大利亚最大的城市。其地理位置优越，便于举办各类体育赛事，能广泛吸引国内外观众和运动员前来参与。

（二）体育设施完善

墨尔本拥有著名的墨尔本公园，这里是世界上最古老、最著名的网球锦标赛之一——澳大利亚网球公开赛（澳网）的举办地。此外还有漫威体育场（前阿提哈德体育场）、墨尔本板球场等多个现代化体育场馆。这些设施均达到国际标准，且具备承办多种体育赛事的能力。

（三）深厚的体育传统

墨尔本的体育传统可回溯到殖民时期，当时英国和爱尔兰的体育文化和活动被引入这里。随着时间的推移，墨尔本逐渐形成了自己独特的体育文化和传统，橄榄球、板球、澳式足球等运动在这里有着广泛的群众基础。

（四）政府和社会支持

墨尔本市政府和维多利亚州政府均高度重视和大力支持体育事业发展。政府通过制定相关政策、投入资金等方式，推动体育设施的建设和体育赛事的举办。同时，社会各界也积极投身体育事业，共同营造良好的体育氛围。

（五）国际化程度高

墨尔本积极引入国际大型体育赛事，如澳网、F1 澳大利亚大奖赛、橄榄球世界杯等。这些赛事的举办，不仅提升了墨尔本的国际知名度和影响力，还有力促进了其与国际体育组织和机构的合作与交流。

（六）赛事种类繁多

墨尔本每年举办的体育赛事种类繁多，涵盖了网球、足球、橄榄球、板球等多个项目。这些丰富多彩的赛事不仅满足了不同运动爱好者的需求，也提升了墨尔本作为“体育城市”的综合竞争力。

（七）体育与旅游深度融合

墨尔本将体育与旅游深度融合，通过举办体育赛事吸引国内外游客前来观赛和旅游。这种融合不仅带动了墨尔本的旅游业发展，也进一步提升了城市的国际形象和知名度。

（八）基层体育普及

墨尔本不仅注重专业赛事的举办，还非常重视基层体育的普及和发展。城市中各类体育俱乐部、健身中心和公共运动场所随处可见，为市民提供了充分参与体育活动的机会。基层体育的蓬勃开展不仅有效提升了市民的身体素质，也促进了社会的和谐稳定。

（九）注重可持续发展

在体育产业的发展过程中，墨尔本始终注重可持续发展。政府和企业通过采用环保材料、节能技术等措施，降低其对环境的负面影响。同时，墨尔本还高度注重体育设施的赛后利用和改造升级工作，确保体育设施能够持续为城市的发展做出贡献。

八、多哈

多哈成为世界著名“体育城市”的基础和特点如下。

（一）地理位置优越

多哈位于波斯湾沿岸，是卡塔尔的首都，也是全国的政治、经济、文化和交通中心。其独特的地理位置使得多哈成为举办国际体育赛事的理想地点，在国际交通和物流方面也具备显著优势。

（二）经济实力雄厚

卡塔尔是全球最富裕的国家之一，人均国内生产总值位居世界前列，这主要归因于其储量丰富的石油和天然气资源。多哈作为卡塔尔的经济中心，拥有充足的资金用以支撑体育设施建设和赛事举办。

（三）城市基础设施完善

尽管在大型体育赛事筹备前期，多哈可能面临基础设施薄弱等问题，但近年来多哈在城市化进程中不断完善基础设施，包括交通、住宿、通信等，以满足国际赛事的需求。

（四）政府支持

卡塔尔政府对体育事业给予了高度重视和大力支持，积极申办和举办各类国际体育赛事，以提升国家形象和国际影响力。

（五）体育设施现代化

多哈拥有多座现代化的体育场馆，包括足球场、体育馆、游泳馆等，这些场馆不仅规模宏大，而且设施齐全，能够满足各类国际赛事的需求。

（六）体育与文化相结合

多哈在举办体育赛事的同时，极为注重文化交流和展示。通过举办丰富多彩的文化展览、艺术表演等活动，多哈向世界展示了其独特的文化魅力，实现了体育与文化的有机融合。

（七）国际化程度高

多哈举办的体育赛事吸引了来自世界各地的运动员和观众，使得这座城市在国际上具有很高的知名度和影响力。同时，多哈积极致力于与世界各国构建友好合作关系，为成功举办国际体育赛事营造了良好的国际环境。

（八）注重可持续发展

在体育设施建设和赛事举办过程中，多哈注重可持续发展，采取了一系列环保措施，以减少对环境的影响。例如，利用太阳能等可再生能源为体育场馆提供电力等。

多哈成为世界著名体育城市的基础条件包括优越的地理位置、雄厚的经济实力、完善的基础设施和政府支持等；发展特点则体现在体育设施的现代化、体育与文化的深度融合、很高的国际化水平以及对可持续发展理念的积极践行等方面。

九、柏林

柏林是德国首都和最大城市，也是欧洲第三大城市，地理条件优越，柏林曾于 1936 年举办奥运会。其成为世界著名“体育城市”的基础和特点如下。

（一）地理位置与历史背景

柏林位于德国东北部，作为德国首都和最大城市，享有极高的国际知名度和影响力。其地理位置适中，交通便利，是欧洲重要的交通枢纽之一。

柏林拥有悠久的历史和丰富的文化遗产。联合国教科文组织世界文化遗产博物馆岛（Museumsinsel）坐落于柏林市中心，是全世界游客甚至柏林本地人都十分热衷参观的、最具吸引力的景点之一。这里展览着无与伦比的世界级文化瑰宝，堪称一场精彩绝伦的艺术与文化盛宴，为体育与城市文化的交融提供了丰厚的土壤。

（二）经济实力与基础设施

柏林是德国的经济中心之一，虽然经济总量和中国的济南相近，但拥有雄厚的经济实力和完善的基础设施。这为大型体育设施的建设和体育赛事的承办奠定了坚实的物质基础。

柏林的公共交通系统十分发达，涵盖地铁、公交、有轨电车等，为观众和参赛者出行提供了便捷条件。

（三）体育设施与场馆

柏林拥有多座现代化的体育场馆和训练设施，如奥林匹克体育场、柏林网球场等。这些场馆不仅设施先进且功能完备，能够满足各种国际体育赛事的需求。同时，柏林体育设施在设计和建设时充分考量可持续发展和环保要求，采用了多项绿色技术和节能措施。

（四）政府与社会支持

德国政府和柏林市政府高度重视体育事业，大力支持并积极申办、举办各类国际体育赛事，以提升城市的国际形象和知名度。社会各界也积极投身体育事业的发展，为体育赛事的举办提供了丰富资源和有力支持。

（五）体育与文化的深度融合

柏林在举办体育赛事时注重将体育与文化相结合，通过举办文化展览、艺术表演等活动，为观众和参赛者提供丰富的文化体验。这种体育与文化的深度融合不仅提高了赛事吸引力，还促进了城市文化的传播和发展。

（六）国际化程度高

柏林积极申办和举办各类国际体育赛事，吸引了来自世界各地的运动员和观众会聚于此。这种国际化氛围使得柏林成为重要的国际体育交流枢纽。2023 年世界夏季特殊奥林匹克运动会在柏林成功举办。

（七）可持续发展理念

柏林在体育设施建设和赛事举办过程中始终秉持可持续发展和环保理念。借助绿色技术和节能措施，有效降低了对环境的影响，同时也助力了城市国际形象的提升。

（八）社区体育的普及与推广

柏林大力推动社区体育的发展，倡导市民参与体育活动和锻炼。这种普及推广的举措，不仅提升了市民的身体素质和生活品质，也为柏林体育事业的持续发展奠定了坚实的基础。

十、芝加哥

芝加哥坐落于五大湖之滨，是美国商业最繁华区域之一，经济实力强劲，也是美国第三大都市，成为世界“体育名城”的原因如下。

（一）丰富的体育传统和历史

芝加哥有着深厚的体育传统，是美国四大顶级体育联盟（棒球、橄榄球、篮球、冰球）的重要城市之一，且拥有五支顶级球队。这些球队在各自领域获得了卓越成就，吸引了大量球迷的关注和追随。

在篮球方面，芝加哥公牛队在迈克尔·乔丹的带领下，成功缔造了“公牛王朝”，六次夺得NBA总冠军，为芝加哥在全球范围内赢得赫赫声名。

（二）强大的经济实力

芝加哥作为美国第三大城市，在城市规模和经济地位方面与中国重庆相似，雄厚的经济实力为体育设施的建设、赛事的举办以及体育产业的蓬勃发展奠定了坚实的物质基础。此外，芝加哥交通网络十分发达，铁路、航运、航空、高速公路等交通方式一应俱全且规模庞大。

（三）政府对体育事业的支持

芝加哥市政府高度重视体育事业发展，并给予大力支持，积极申办和举办各类国际体育赛事，以此提升城市的国际知名度和影响力。

（四）完善的体育设施

芝加哥拥有多座现代化的体育场馆和训练设施，如公牛队的主场——联合中心等，这些场馆设施先进、功能齐全，能够满足各种国际体育赛事的需求。

（五）广泛的群众基础

芝加哥市民对体育运动满怀热忱，参与度高，由此形成了广泛的群众基础。这不仅促进了体育产业的发展，也提升了城市的体育氛围和文化软实力。

（六）体育与文化的深度融合

芝加哥文化教育发达，拥有 19 所大学及贝尔实验室、费米实验室等科研机构，传媒产业特别发达，拥有 110 余家报社、100 余家电视台。在举办体育赛事时，芝加哥注重将体育与文化相结合，通过举办文化展览、艺术表演等活动，为观众和参赛者提供丰富的文化体验。这种体育与文化的深度融合不仅提升了赛事的吸引力，也促进了城市文化的传播和发展。

（七）国际化程度高

芝加哥积极申办和举办各类国际体育赛事，吸引了来自世界各地的运动员和观众。这种浓郁的国际化氛围使芝加哥成为重要的国际体育交流枢纽，城市的国际影响力和知名度也随之提升。

（八）体育产业发达

芝加哥体育产业蓬勃发展，涵盖体育赛事的组织举办、体育场馆的运营管理、体育用品的销售等多个方面。发达的体育产业不仅为城市创造了可观的经济效益，也促进了相关产业的发展和就业的增加。

（九）注重可持续发展

芝加哥在体育设施建设和赛事举办过程中注重可持续发展和环保要求。通过采用绿色技术和节能措施，有效降低对环境的不良影响，同时也进一步提升了城市的国际形象。

芝加哥之所以能成为世界著名“体育城市”，在于其丰富的体育传统和历史、强大的经济实力、政府对体育事业的支持、完善的体育设施以及广泛的群众基础。其发展特色则体现在体育与文化的深度融合、国际化程度高、体育产业发达以及注重可持续发展等方面。

十一、新加坡

新加坡被称为“亚洲四小龙”之一，其经济总量与中国上海相当，城市设施在世界排名相对靠前。它之所以成为世界著名“体育城市”，其原因和发展特色可归纳如下。

（一）政府大力支持

新加坡政府高度重视体育事业的发展，通过制定和实施一系列政策措施，推动体育产业快速发展。政府不仅给予资金支持，还积极建设和完善体育设施，为举办大型体育赛事提供有力保障。

（二）优越的地理位置

新加坡地处东南亚核心地带，是亚洲重要的交通枢纽和国际贸易中心，经济实力雄厚。这一地理位置优势使得新加坡能够吸引来自世界各地的运动员和观众，便于举办各类国际体育赛事。

（三）完善的体育设施

新加坡拥有世界一流的体育设施，包括现代化的体育场馆、训练基地和休闲设施。这些设施既能满足运动员的训练和比赛需求，也为市民提供了丰富的体育休闲活动场所。

（四）丰富的赛事资源

新加坡成功举办了多项国际知名体育赛事，如新加坡一级方程式（F1）赛车、青奥会、国际篮联 3×3 亚洲杯等。这些赛事的举办不仅提升了新加坡的国际知名度，也促进了体育产业的快速发展。

（五）良好的经济环境

新加坡经济发达，商业基础设施完备，为体育赛事的商业化运作提供了有力支持。同时，政府通过税收优惠等政策措施，吸引国际体育品牌和赛事管理公司入驻新加坡。

（六）创新引领

新加坡在体育赛事的举办上注重创新，不断尝试新的赛事形式和举办方式。例如，新加坡积极探索虚拟体育和电子竞技等新兴领域，举办了包括奥林匹克电子竞技周在内的多项创新赛事。

（七）可持续发展

新加坡在举办体育赛事时注重可持续发展，致力于减少对环境的影响。

政府通过制定和执行绿色赛事标准，鼓励赛事主办方采取环保举措，以减少碳排放和资源消耗。

（八）文化融合

新加坡是一个多元文化国家，拥有丰富的文化遗产和多元文化背景。在举办体育赛事时，新加坡注重将体育文化与本地文化相结合，通过举办文化展览、艺术表演等活动，提升赛事的文化底蕴和吸引力。

（九）国际合作

新加坡积极与国际体育组织和赛事主办方开展合作，共同推动体育事业的发展。借助与国际体育组织的合作，新加坡不仅引入了更多的国际赛事资源，也提升了自身在国际体育舞台上的影响力和话语权。

新加坡成为世界著名“体育城市”的原因得益于政府的大力支持、优越的地理位置、完善的体育设施、丰富的赛事资源和良好的经济环境。其发展特色则体现在创新引领、可持续发展、文化融合和国际合作等方面。这些因素共同推动了新加坡体育事业的快速发展，使其在全球体育舞台上占据重要地位。

十二、迈阿密

迈阿密位于佛罗里达州半岛，由南北狭长的城市群组成，延绵数百公里，其成为世界“体育城市”的基础和特色如下。

（一）丰富的体育资源和基础设施

迈阿密都会区在北美五大职业体育联盟中均各有一支代表队，分别是迈阿密国际（足球）、迈阿密海豚（橄榄球）、迈阿密热火（篮球）、迈阿密马林鱼（棒球）和佛罗里达美洲豹（冰球）。

除职业体育队伍外，迈阿密还定期举行网球公开赛、马拉松公开赛以及 F1 大奖赛等高水平体育赛事，彰显其完备的体育设施和资源。

（二）强大的经济实力

迈阿密金融业十分发达，是美国最大的转口贸易集散地，仅邮轮货物转口每年就能给迈阿密带来超过 140 亿美元的收入。其都市圈的生产总值超过4200亿美元，位居全美都市群前十，与中国的一线城市广州相近。这为迈阿密在体育设施建设和赛事举办方面提供了雄厚的经济支持。

（三）政府对体育事业的支持

迈阿密市政府对体育事业高度重视并给予大力支持，积极申办和举办各类国际体育赛事，提升城市的国际知名度和影响力。

（四）独特的地理位置和文化背景

迈阿密坐落于美国佛罗里达州东南角，地理位置独特，气候条件优越，适合多种体育运动开展。迈阿密还是著名的旅游度假胜地，延绵不绝的白色沙滩占据了全美国沙滩长度的1/4。凭借一年四季的亚热带气候及绝美的海岸风景，吸引了全世界大量游客前来度假，众多巨商在这里投资房地产，使这里成为投资与融资的汇聚地。此外，迈阿密西班牙裔和拉美裔居民占比较高，这种文化背景也为迈阿密营造了浓厚的体育文化氛围和庞大的观众基础。

（五）国际化的视野和合作

迈阿密积极与国际体育组织和赛事主办方开展合作，共同推动体育事业发展。这种国际化的视野和合作使得迈阿密能够吸引更多国际赛事和运动员前来参赛。

（六）多样化的体育项目

迈阿密不仅拥有传统的职业体育项目，还积极引入和举办各类国际体育赛事，构建了多样化的体育项目格局。

（七）现代化的体育设施

迈阿密正在建设新的体育场——迈阿密自由公园，预计2025年开放。这座现代化的体育场将为迈阿密提供更先进的体育设施，进一步提升城市的体育水平。

（八）浓厚的体育文化氛围

迈阿密市民热爱体育运动，参与度高，形成了浓厚的体育文化氛围。这种氛围不仅促进了体育产业的发展，也提升了城市的吸引力和凝聚力。

（九）国际化的赛事影响力

迈阿密已经确定参与承办多项国际体育赛事，如 2023 年中北美及加勒比海金杯赛、2026 年美加墨世界杯等。这些赛事的举办将进一步提升迈阿密的国际知名度和影响力。

（十）独特的体育旅游体验

迈阿密既是体育城市，也是旅游胜地。游客在这里既能观赏到高水平的体育赛事，又能享受阳光、海滩和美食等独特的旅游体验。体育与旅游的结合为迈阿密带来更多发展机遇和经济效益。

迈阿密成为世界“体育城市”得益于其丰富的体育资源和基础设施、强大的经济实力、政府对体育事业的支持、独特的地理位置和文化背景以及国际化的视野和合作。同时，迈阿密还具备多样化的体育项目、现代化的体育设施、浓厚的体育文化氛围、国际化的赛事影响力和独特的体育旅游体验等特色。

十三、布达佩斯

布达佩斯成为世界著名“体育城市”的基础条件和特点如下。

（一）地理位置优越

布达佩斯地处匈牙利中部，位于多瑙河中游两岸，作为匈牙利的首都和最大城市，也是欧洲第七大城市。它历史悠久、风景秀丽，享有“东欧巴黎”“多瑙河明珠”的美誉。多瑙河沿岸、布达城堡区和安德拉什大街已被列为世界文化遗产。布达佩斯有 86 座剧院、2 座歌剧院及众多音乐厅、音乐俱乐部和大剧院，还有 32 个博物馆和许多小艺术馆。游客在这里可游览链子桥、烟草街会堂、马加什教堂、盖勒特浴场、城市公园、布达城堡、瓦茨街、匈牙利国家歌剧院等景点。独特的地理位置让布达佩斯成为连接东欧和西欧的重要节点，便于举办各类国际体育赛事，吸引国内外观众和运动员前来参与。

（二）体育设施完善

布达佩斯拥有众多现代化的体育设施，包括符合国际标准的体育场、游泳馆、田径场等。这些设施不仅为本地居民提供了丰富的体育娱乐活动选择，也为举办大型国际体育赛事奠定了坚实的基础。

（三）历史底蕴深厚

布达佩斯是一座历史悠久的欧洲古城，拥有丰富的历史文化遗产和人文景观。这种深厚的历史底蕴使得布达佩斯在体育赛事的举办过程中能够融入更多的文化元素，增强赛事的观赏性和吸引力。此外，布达佩斯交通非常发达，其地铁历史在欧洲位列第二古老。除地铁外，还有有轨电车、公交车外以及上山缆车。

（四）政府支持有力

匈牙利政府及布达佩斯市政府对体育产业发展高度重视并给予大力支持。政府通过制定相关政策、投入资金等方式，推动体育设施的建设和体育赛事的举办，为布达佩斯体育产业的发展提供了有力保障。

（五）国际化程度高

布达佩斯积极引入国际大型体育赛事，如奥运会、欧洲杯、田径世锦赛、游泳世锦赛等。这些赛事的举办不仅提升了布达佩斯的国际知名度和影响力，也促进了与国际体育组织和机构的合作与交流。

（六）赛事数量多、种类丰富

布达佩斯是欧洲办赛数量最多的城市之一，一年内甚至举办过 300 多场各级别体育赛事。这些赛事涵盖足球、田径、游泳等多个项目，为运动员搭建了广阔的竞技舞台，也为观众带来了丰富的观赛体验。2019 年布达佩斯荣膺“欧洲体育之都”，并准备申请 2032 年奥运会主办权。

（七）体育与旅游深度融合

布达佩斯将体育与旅游深度融合，通过举办体育赛事吸引国内外游客前来观赛和旅游。这种融合不仅增加了城市的旅游收入和经济效益，还进一步提升了布达佩斯的国际知名度和美誉度。游客在观赏赛事之际，还能游览布达佩斯的历史遗迹和人文景观，感受这座城市的独特魅力。

（八）注重可持续发展

在体育产业发展过程中，布达佩斯注重可持续发展。政府和企业通过采用环保材料、节能技术等举措，降低对环境的影响。同时，布达佩斯还注重体育设施的赛后利用和改造升级，确保体育设施能够持续为城市发展做出贡献。

十四、波士顿

波士顿成为世界“体育名城”主要归因于其举办的城市马拉松比赛。

（一）悠久的历史与深厚的体育传统

波士顿马拉松始于 1897 年，是全球最古老的马拉松比赛，也是全球首个城市马拉松比赛，于每年的爱国者日（4 月的第三个星期一）举行。它不只是一项体育赛事，更是对历史的铭记以及体育精神的传承。这项赛事凭借对参赛资格的严格把控，吸引了全球顶尖的马拉松运动员和爱好者，在国际体育界享有盛誉。

波士顿还拥有多支历史悠久且成绩优异的职业体育队伍，如新英格兰爱国者队（NFL）、波士顿红袜队（MLB）、波士顿凯尔特人队（NBA）和波士顿棕熊队（NHL）。这些队伍在各自联赛中屡创佳绩，为波士顿赢得了无数荣誉，也吸引了大量球迷和媒体的关注。

（二）完善的体育设施与基础设施

波士顿拥有多个现代化的体育场馆，如吉列体育场（新英格兰爱国者队和新英格兰革命队的主场）、芬威球场（波士顿红袜队的主场）和 TD 北岸花园球馆（波士顿凯尔特人队和波士顿棕熊队的主场）。这些场馆不仅设施先进，还拥有举办大型体育赛事和活动的能力。

波士顿交通网络发达，涵盖地铁、公交、火车等多种交通方式，为球迷和观众提供了便捷的出行条件。例如，TD 北岸花园球馆位于波士顿市中心北端，靠近查尔斯河汇入大西洋的入海口，周边交通十分便利。

（三）浓厚的体育文化氛围

波士顿球迷热情饱满，对所支持的球队充满热爱和忠诚。在比赛日，球迷们会身穿球队队服或带有球队标志的服饰，为球队加油助威。这种浓厚热烈的球迷氛围既提升了比赛的观赏性，也营造了浓厚的城市体育文化氛围。

波士顿拥有众多的体育俱乐部和社区组织，为不同年龄段的体育爱好者搭建了参与和交流的平台。通过参与这些组织，人们结识了志同道合的朋友，共同享受体育带来的乐趣和成就感。

（四）体育产业的发达

波士顿体育产业发达，涉及体育赛事、体育媒体、体育用品制造等多个领域。这些领域相互关联、协同促进，构成了完整的体育产业链。

同时波士顿的企业家和投资人还组建了体育风投组织，为体育产业的发展提供资金支持和战略指导。这种支持不仅促进了体育产业的创新和发展，也提升了波士顿在国际体育界的竞争力。

波士顿成为世界“体育名城”得益于其悠久的历史与深厚的体育传统、完善的体育设施与基础设施、浓厚的体育文化氛围以及发达的体育产业。这些要素共同促进了波士顿体育事业的蓬勃发展，使其在国际体育界占据一席地位。

十五、达拉斯

达拉斯位于美国得克萨斯州，与周边城市沃斯堡、阿灵顿相互连通，共同构成美国第四大都会区。其经济基础雄厚，涵盖石油产业群、电子、飞行器、轻工、农业等领域，且金融业发达。市内有 33 所大学，并且达拉斯无公司税和个人所得税，也无州财产税，因此成为一座十分繁荣的都市。其成为世界“体育城市”的原因主要有以下几个方面。

（一）丰富的体育资源和设施

达拉斯拥有多支声名远扬的职业体育队伍，如达拉斯独行侠队（NBA）、达拉斯小牛队（NFL）和达拉斯星队（NHL）等。这些队伍在各自联赛中表现出色，吸引了大量球迷和媒体的关注。

达拉斯拥有现代化的体育场馆，如美国航空中心球馆（小牛队主场），这些场馆不仅设施完备，还能为观众提供优质的观赛感受。

（二）强大的经济实力和多元化产业

达拉斯是美国得克萨斯州的第三大城市，也是美国第九大城市，拥有强大的经济实力，为达拉斯在体育设施建设和赛事举办方面提供了坚实的经济基础。

达拉斯的产业结构丰富多元，涉及石油、金融、科技等多个领域。这种多元化的产业布局为达拉斯体育产业的发展提供了有力支持，也使得达拉斯能够吸引更多的国际体育赛事和活动。

（三）浓厚的体育文化氛围

达拉斯的球迷对各自支持的球队满怀热情和忠诚，在比赛日能营造出浓厚的球迷氛围。这种氛围不仅提升了比赛的观赏性，也增强了城市的体育文化氛围。

达拉斯经常举办各种体育赛事和活动，如 NBA 季后赛、NFL 季后赛等。这些赛事和活动的举办不仅丰富了市民的文化生活，也提升了达拉斯在国际体育界的知名度。

（四）国际化和全球化的视野

达拉斯积极申办和举办国际体育赛事，例如，奥运会预选赛、国际足球友谊赛等。这些赛事的举办不仅提升了达拉斯的国际知名度，也促进了达拉斯与其他国家和地区在体育领域的交流与合作。

达拉斯体育产业发展迅猛，已然成为全球体育版图中的重要一环。许多国际体育组织和品牌都选择在达拉斯设立分支机构或开展业务合作。

（五）特色

达拉斯的体育产业与商业发展联系紧密，许多体育赛事和活动都得到了当地企业的赞助和支持。这种紧密的结合不仅为体育赛事提供了资金保障，也为企业创造了更多的商业机会和品牌价值。

达拉斯作为全美技术人才的聚集地之一，科技在体育领域的应用也得到了广泛普及。例如，数据分析、虚拟现实等技术在体育赛事中的应用越来越普遍，为观众提供了更加丰富的观赛体验。

综上所述，达拉斯成为世界体育名城的原因和特色在于其丰富的体育资源和设施、强大的经济实力和多元化产业、浓厚的体育文化氛围、国际化和全球化的视野以及体育与商业的紧密结合和科技助力体育发展等。这些因素共同推动了达拉斯体育事业的蓬勃发展，使其在国际体育界占据了重要地位。

十六、世界著名“体育城市”共性特征

（一）通过对以上十几个世界著名“体育城市”的分析，可以得出以下几个表面共性特征

经济社会发展水平高：拥有强大的经济实力，能够支持体育事业的发展，包括建设体育场馆、举办大型赛事等。

举办顶级赛事：经常举办或承办具有重大国际影响力的顶级赛事，如奥运会、世界杯、世锦赛等。这些赛事不仅能提升城市的知名度，还能带动相关产业发展。

拥有职业体育俱乐部：有知名的职业体育俱乐部，吸引着高水平运动员和大量球迷，推动体育文化传播与发展。

标志性体育场馆：拥有特色鲜明且具标志性的体育场馆，它们不仅是举办赛事的重要场所，也可能成为城市地标性建筑。

体育社会化、生活化特征显著：体育运动深度融入市民生活，居民对体育活动参与度高，经常参与各类体育锻炼。

体育文化发达：具有浓厚的体育文化氛围，包括体育传媒发达、体育教育资源丰富等。例如，有知名的体育类高等教育或科研机构，且众多传媒机构致力于体育赛事和文化的传播。

城市综合实力强：在资金、硬件、管理及资源配置等多方面具有综合实力，有能力举办各类大型体育活动。

对体育产业的重视：政府与相关社会组织重视体育产业发展，将其列为城市发展重要战略，以此带动经济增长、促进社区复兴并提高社会凝聚力等。

具备独特的赛事体系：一些城市会构建具有特色的赛事体系，使职业体育赛事与城市发展相互促进，同时注重本土体育赛事打造，塑造城市体育品牌。

体育与其他领域融合发展：如体育与文化、旅游、娱乐等相结合，呈现多点开花态势，带动相关产业蓬勃发展，为城市创造巨大的经济效益。

（二）在共性特征之下，还有以下基本条件

首先，具备坚实的经济基础，以上城市都属于发达国家的重要城市，人均经济条件优越，城市规模大多在几百万人以上，且常年处于和平发展环境。如此，可保障有经济实力持续开展城市基建和体育场馆建设，市民有足够的时间和资金投入体育活动中，毕竟仅靠健身认知，若没有足够的资金是很难做到的。目前我国人均可支配收入相对偏低，虽然可采用共享方式加大体育场馆等设施投入，但是个人体育消费仍处于低位。比如，我国生产的中高端健身器材大多用于出口，消费不仅取决于收入，还与休闲时间有关，在这方面我国城市人群不占优势。

其次，传统体育文化的影响。在当下欧美文化占主流的世界环境中，竞技是体育的主题，“以友谊、团结和公平竞赛的精神”为奥林匹克宗旨。然而在中国几千年的传统体育文化中，养生是主题。尽管中国近代引入了大量的现代体育竞技项目，但是仍然无法撼动传统体育文化的地位，且竞技体育的种种弊端反而更彰显了中国传统体育文化的合理性。西方传统体育文化自古希腊时期起，除奥林匹亚赛会外，还有三个赛会，主题都为竞争，借体育竞争解决战争相关问题，让体育成为战争的工具。数千年来，诸多学者不断论证体育对战争的价值，在这种文化的前提和引导下，形成了西方体育文化，这也致使现代奥林匹克要践行“以友谊、团结和公平竞争的精神”。中国传统体育文化从未产生此类问题，虽然中国古代也是纷争不断，但体育的养生地位从未被动摇，这从侧面证明了中华民族自古就是爱好和平的文明体。

再次，旅游资源非常重要，体现在自然生态环境和历史遗产方面，很多“体育城市”兼具悠久灿烂的历史文化与发达的旅游业。因此从长远看，积累丰富的旅游资源，加强生态环境治理和美化，整理修缮已有文化古迹，都是非常有意义的基础工作。

最后，在赛事运行方面，交通是一大难题。欧洲形成一大区域，美国相对独立成一个区域。在大区域内开展赛事较为便捷，布达佩斯在 2019 年能举办 360 余项赛事，和其所处欧洲地理中心有关。美国的职业篮球、美式橄榄球、棒球、冰球、印地 500 等赛事在美国大区活跃开展。中国要加入这些体育竞赛大区面临不少困难，包括地理、语言、价值观等都存在问题，所以发展有价值的中国特色体育项目迫在眉睫。随着亚洲区域综合局势的改善，中国需要在亚太区域体育赛事发展上加大投入，打造世界第三

个大体育区域并形成区域特色。

此外，在政府推动方面，各国均付出极大努力，若没有政府的推动、政策的制定和相关法律规则保障，“体育城市”的建成很难实现。但是可以看到，中国在这一方面具备先天优势，即集中精力办大事的能力独一无二。在社会各界共同努力下，我国“体育城市”建设迎来巨大飞跃，体育事业整体也会大步迈进。

还有很多地区的“体育城市”不再赘述。在2022年BCW世界体育城市排前50名的城市中，中国北京列第14位。中国已经步入一个崭新的发展期，我国体育工作若还按原有方式运行，势必产生偏差，因此，“体育城市”排名对我国整体体育工作提出了新的挑战。

| 第三章 |

我国的“体育城市”

第一节　我国在建“体育城市”案例

近年来，我国许多城市不约而同地开启创建“体育名城”“体育城市”工作，包括北京、上海、广州、成都、南京、长沙、沈阳、大连、苏州、哈尔滨、济南、青岛、厦门、昆明、泉州、郴州等。此外，还有部分城市致力于创建“特色体育名城”，如福建晋江，山东日照、泰安、德州等。值得注意的是，不少城市的“体育城市”建设计划早在2019年《体育强国建设纲要》(以下简称《纲要》)颁布之前就已经启动，这足以说明“体育城市”建设的重要意义。

有些“体育城市”在全国范围颇具影响力，例如，大连曾经以田径、足球享誉全国，青岛则凭借海上运动、体育制造业闻名全国。而有些“体育城市”将目标定为具有世界性影响力，比如北京作为唯一同时举办过冬、夏季两类型奥林匹克运动会的城市，目标是成为世界性的“体育之都”，上海目标是建成“全球著名体育城市”，广州、南京志在打造“世界体育名城”，成都致力于建设“世界赛事名城”，泰安则把目标定为“国际体育休闲名城”。

下面介绍中国在建“体育城市”的基本状况。

一、上海

上海正朝着“全球著名体育城市”迈进。上海是中国经济规模最大的城市，凭借一己之力带动整个长江口经济的腾飞。长江三角洲经济区因此成为我国最大的经济圈。周边的苏州、杭州、南通、无锡、常州、宁波等城市经济总量超过万亿元，这使上海具备了人口和经济的双重优势。2024年5月，上海承办了巴黎奥运会系列资格赛，此外还将举办一级方程式赛车等诸多赛事。仅 2023 年，上海就举办了 121 项赛事，涵盖 43 个项目。上海的“体育名城”计划始于 2015 年，早于《纲要》的颁布时间，可见上海超前的发展思维发挥了积极作用。上海市政府计划用十年时间将上海打造成“全球著名体育城市”，经过近十年的发展，上海在赛事运行、城市环境、配套建设上做出了很大努力，完成了大量具体工作并取得显著进步。

（一）上海在建设“全球著名体育城市”方面的目标

政策支持：上海市政府高度重视体育事业发展，出台了一系列政策和规划，如《上海市体育发展条例》《上海全球著名体育城市建设纲要》等，为体育发展提供了政策保障和有力指导。

完善体育设施：加大对体育设施建设的投入，建成了一批现代化体育场馆和设施，如徐家汇体育公园、自行车馆等。同时充分利用城市的“金角银边”，建设了更多的公共体育设施，如利用高架桥下空间、闲置地、楼顶空间等建设体育公园，满足市民的健身需求。

举办高端赛事：上海举办了众多国际国内重大赛事，如 F1 中国大奖赛、上海 ATP1000 大师赛、上海马拉松等，提升了上海的体育影响力和知名度；重视竞技体育发展，培养了众多优秀运动员，他们在国际国内赛事中屡获佳绩。同时，不断加强竞技体育后备人才培养，为竞技体育的可持续发展奠定了基础。

推动体育产业发展：上海体育产业发展迅猛，体育服务业占比达 80%。通过举办体育赛事、发展体育旅游等多种方式，推动体育与其他产业深度融合发展，促进了经济增长。

加强体育文化建设：上海注重体育文化的传承和发展，通过举办体育文化活动、建设体育博物馆等举措，大力弘扬体育精神，有效提高了市民的体育文化素养。

促进全民健身：通过建设社区市民健身中心、长者运动健康之家、市民健身步道等，不断完善全民健身公共服务体系，致力于实现“处处可健身”“天天想健身”“人人会健身”的目标，推动全民健身事业的蓬勃发展。

强化体教融合：上海教育与体育部门在学校体育和课外青少年体育公共服务方面建立了良好的合作机制，形成了体教融合的“上海模式”，极大促进了青少年体育的健康发展。

（二）不足

中国毕竟是发展中国家，在最近几十年甚至今后的若干年，仍处于紧张工作与艰苦奋斗的时期，对于需要金钱和时间投入的体育比赛、体育休闲、体育文化，中国人还需很长时间去发展和适应，在国情现实面前，一些基本问题难以得到解决。

与世界融合程度不足，致使举办顶级综合性赛事和单项赛事的机会较少。上海未曾举办过奥运会这类顶级的全球综合性赛事，且综合性的赛事和顶级的单项赛事数量也不多。

市场化、商业化程度相对较低，缺乏有知名度的俱乐部；公共体育设施不足，体育场馆供不应求，人均拥有的体育设施数量与英国、美国、日本等发达国家相比存在差距。

体育生活化理念需进一步推广，科学健身素养有待提升，学生和中青年群体参加体育锻炼的比例，尤其是学生参加体育锻炼的比例有待提高。

竞技体育项目布局有待优化，科学训练水平需进一步提高，体育后备人才短缺。

体育消费供给存在矛盾，市民的体育消费热情需要进一步释放，对经济的贡献力还不够大。

专业人才相对紧缺，如高水平的体育经纪人、重大赛事组织人才、体育知识产权保护和相关法律法规保护方面的人才，以及高素质的体育志愿者组织人才等。

上海的旅游资源略显薄弱，博物馆、音乐厅、剧院等文化基础设施及其活跃度尚显不足，历史遗迹较少，自然环境风景基础较差，需要在特色旅游项目建设方面加大投入。

上海市政府始终致力于解决这些问题，通过政策支持、加大投入、完善设施、举办赛事、加强人才培养等举措，全力推动上海“全球著名体育城市”的建设。随着各项工作的持续推进，上海在体育领域已经取得显著成效，未来也将继续朝着“全球著名体育城市”的目标努力。

在当前一些机构的统计中，上海的国际体育城市指数排名仍较为靠后，与其规模地位不相匹配（同样的问题北京也存在，虽然北京是冬、夏两季奥运会举办地），我国其他创建“体育城市”的城市也普遍存在此类问题。一旦这些基本问题得到解决，相信所有创建的“体育城市”都会迎来快速发展。

二、广州

2021年是“十四五”开局之年，广州市委、市政府做出了建设“世界体育名城”的决策部署，并明确了目标任务。广州市体育局将加快推进“1+1+N”发展措施的出台与落地，努力实现体育在群众、竞技、产业、大赛、场馆、文化、科技等方面的“七个新突破”。广州市体育局根据相关精神和部署要求，深入开展调查研究，编制了广州建设“世界体育名城”的“1+1+ N”系列政策措施，基本确立了“三步走”的总体目标：2025年基本建成“世界体育名城”；2035年全面建成“世界体育名城”；2050年成为“世界体育名城”典范。并着力打造“六个中心”，即“健康运动活力中心”“冠军培育发展中心”“体育产业服贸中心”“高端赛事聚集中心”“智慧体育创新中心”“体育文化交流中心”；在近三年实施“七个行动”，即“全民健身升级行动”“体育赛事提质行动”“竞技体育优才行动”“体育产业优化行动”“数字体育赋能行动”“体育场馆增效行动”“体育文化发展行动”。

目前广州的成功之处包括：政策支持与规划及时合理，明确了目标任务、实现路径与方法措施，为体育事业发展提供了指导和保障；举办高端赛事，通过举办国际、洲际赛事，如广州马拉松赛、世界羽联世界羽毛球巡回赛总决赛、国际攀联中国攀岩公开赛等，直接带动了周边餐饮旅游、商品销售、物流运输等产业的发展，提升了城市的影响力；重视竞技体育，在省运会和亚运会上取得优异成绩，培养了众多优秀运动员，提升了城市的体育竞技水平；推动群众体育，组织、举办大量市级以上体育赛事，打造“群体通”服务平台，推动众多社会场馆进驻，市民可享受优惠预订场馆的便利，激发群众参与体育活动的积极性。截至2023年初，“群体通”惠及市民群众已超过1000万人次；完善体育设施，对天河体育中心等场馆进行升级改造，包括建设塑胶跑道、网球中心等，为举办各类赛事和群众健身提供良好的场地条件。全市已形成较为完善的体育场地网络，平均每万人拥有一定数量的体育场地；促进体育产业融合发展，挖掘马术运动消费潜能，推动“体育+”融合发展，为经济持续快速发展培育新动能、注入新动力；加强体育文化建设，举办世界体育名城·广州论坛等活动，探讨体育文化与城市精神的融合，丰富并弘扬城市精神；加强合作与交流，与国际体育组织合作，引入国际先进理念和经验；与媒体合作，通过宣传推广体育赛事和活动，提升城市的体育知名度。例如，广州市体育局与广州市广播电视台达成深度合作意向，利用其媒体矩阵和超高清技术优势宣传广州体育。

为实现“世界体育名城”的目标，广州在以下几个方面还需进一步加强：在创新与多元化的体育产业方面，需要进一步加大对体育产业的创新投入，培育更多具有国际竞争力的体育企业和品牌；促进体育与科技、文化、旅游等领域的深度融合，开发更多新型体育产品与服务，提升体育产业附加值；完善体育人才培养体系，不但要注重培养优秀运动员，还要加强对各类体育专业人才的培养，如教练、裁判、体育经纪人、体育管理人员等。建立更加完善的人才选拔、培养和激励机制，吸引并留住更多的体育人才；提升体育赛事的国际影响力，虽已举办众多赛事，但在赛事的国际化运营和推广方面仍需加大力度。加强与国际体育组织合作，争取更多顶级国际赛事举办权，同时提高赛事组织水平与服务质量，打造具有全球影响力的赛事品牌；加强社区体育和学校体育，进一步推动社区体育设施的建设和完善，开展丰富多样的社区体育活动，提高居民参与度。在学校方面，加强体育教育，培养学生体育兴趣和习惯，提高学生身体素质；体育文化的传播与推广方面，需深入挖掘广州的体育文化内涵，通过多种渠道和形式进行传播和推广，增强市民对体育文化的认同感和自豪感。同时加强与其他“世界体育名城”的文化交流，提升广州体育文化的国际影响力；优化体育设施的布局和利用，根据城市发展与人口分布，更合理规划体育设施布局，提高设施的利用率和可达性。特别是在新兴城区和郊区，增加高质量体育设施供给；提高体育科技应用水平，利用先进的科技手段提高运动员训练效果、赛事转播质量、观众观赛体验、医体结合监测水平以及体育服务管理的效率和精准度；加强环境保护与推动旅游业持续发展，在举办体育赛事和发展体育产业的过程中，注重环境保护，促进生态环境和旅游业结合，提升旅游景点文化内涵和档次，给“体育城市”建设增添魅力。

三、成都

成都是中国西部一个极为繁华的城市，地处“天府之国”的四川盆地。其西边是海拔 7000 多米的雪山，边缘呈现山地气候。成都地理环境优越，人口众多，气候宜人，文化历史悠久，诗人李白曾说：“蚕丛及鱼凫，开国何茫然。尔来四万八千岁……”此地至今留有大量历史遗迹，具有非常鲜明的地方文化特色。2017 年成都提出建设“世界赛事名城”目标。短短数年，成都市在建设赛事体育名城方面取得了显著成效，在最近某机构的世界体育城市排行榜上，成都跃升到第 8 位，这与举办“大运会”和 2025 年即将举办的“世界运动会”有关，更主要的是成都的旅游资源和历史文化获得了高附加分。成都的成功主要体现在以下几个方面。

（1）明确目标与科学规划。成都市自提出建设“世界赛事名城”的目标后，便将其与世界文创名城、世界旅游名城、国际美食之都、国际音乐之都、国际会展之都结合，共同构成世界文化名城的整体目标；编制了《成都世界赛事名城建设纲要》和《成都市体育赛事体系规划（2021—2035 年）》，为赛事名城建设提供了科学的指导和规划。

（2）高水平赛事的引进与举办。近年来，成都市成功引进了第 31 届世界大学生夏季运动会、第 56 届国际乒联世界乒乓球团体锦标赛、2024 年羽毛球汤尤杯、2025 年世界运动会等一系列国际顶级赛事，显著提升了成都市的国际影响力和知名度；成都市还积极培育自主品牌赛事，如成都马拉松已成为中国首个世界马拉松大满贯候选赛事，并培育出“‘一带一路’品牌系列赛”“天府绿道”“熊猫杯”“天府龙泉山”等四大赛事品牌。

（3）体育设施的完善与提升。成都市加大了体育场馆的建设力度，建设了天府奥体城、成都体育学院新校区、高新体育中心等多个重大项目和设施，为赛事的举办提供了良好的硬件条件；成都市还深入实施全民健身场地设施补短板工程，推动构建覆盖“市—区（县）—社区（村）”三级的公共体育设施体系，为市民提供了丰富的健身选择。

（4）体育产业的培育与发展。成都市出台了一系列体育产业发展专项规划和支持政策，明确了体育产业的发展目标与举措，并投入大量专项资金支持体育市场主体的发展；成都市推动成立了体育产业联盟和办赛兴业专家委员会，并创建了体育资源交易平台“体淘荟”，促进了体育产业要素的有效配置和市场的繁荣发展。

（5）城市形象的展示与提升。通过举办国际顶级赛事和自主品牌赛事，成都市加强了与国际体育组织的交流与合作，提升了城市的国际知名度和美誉度；成都市还积极举办各类全民健身活动和体育公益活动，鼓励市民参与体育运动和赛事活动，让市民共享体育发展的成果和乐趣。

虽然成都基础条件较好，但由于推出“世界赛事名城”的方案相对较晚，目前还有很多不足和问题，主要有以下几方面。

（1）高等级赛事数量与国际影响力有待提升，赛事等级与影响力不足。尽管成都已成功举办了多项国际赛事，但整体而言，高等级赛事的数量仍然不多，且整体影响力有限。目前成都所举办的国际赛事中，除铁人三项、国际象棋、体育舞蹈、极限运动等少数项目外，多数赛事属于B级以下，国际顶级赛事以及在欧美国家影响力大的赛事数量较少。

（2）赛事文化与城市特色融合不足。成都作为一座具有深厚文化底蕴的城市，在将赛事文化与城市特色相融合方面还需深入研究与设计，以便彰显成都文化特色，形成独具魅力的赛事文化。

（3）体育场馆设施体系不健全，缺乏大型体育场馆。成都在大型体育场馆数量上与北上广津等一线城市存在巨大差距，与深圳、杭州、南京和重庆等城市相比，也有较大差距。这致使成都在承办大型国际综合性运动会时面临诸多困难，例如，至今无法承办全运会、亚运会或青运会。

（4）职业体育俱乐部与联赛市场有待发展。成都的职业体育俱乐部数量相对较少，这在一定程度上限制了成都在体育产业方面的多元化发展和综合竞争力的提升。

（5）赛事运营管理平台与市场化运作水平不高。成都缺乏专业化的赛事运营管理平台，致使赛事的组织、管理和运营效率低下，同时市场化运作水平不高，难以发挥体育赛事对城市经济、社会和文化发展的带动作用。

（6）体育赛事与其他产业融合度不高。成都体育赛事与其他产业的融合度不够，缺乏以体带旅、以旅彰文、以文塑体的系统化以赛谋城指导体系，这限制了体育赛事在推动城市经济多元化发展、提升城市综合竞争力方面的潜力发挥。

（7）赛事宣传力度与全民参与度不足。成都对于赛事的宣传力度还不够大，致使全民参与度和关注度不高，这影响了体育赛事在提升城市形象、增强市民认同感方面的效果。[①]

成都的排名，有的机构给予了很高的名次，有的给予了较低名次，这说明相关机构在评价侧重点上各有差异。目前的几篇分析成都体育城市评价标准的论文，其标准构想制定不够全面，低估了成都的实力。

四、深圳

深圳建设“国际著名体育城市”具有显著优势。在经济方面，深圳作为中国的经济特区，拥有雄厚的经济基础和强大的财政实力，能够为体育

① 以上信息来自成都体育局和成都市政协。

事业的发展提供充足的资金支持。在体育制造产业方面，高度发达的产业体系为体育产业的创新及多元化发展提供了广阔空间。在体育科技方面，可为体育赛事的组织、运营和传播提供先进技术手段，如智能化的场馆设施、赛事直播和数据分析等，科技的融入有利于提升体育训练的科学性和运动员的竞技水平。在环境方面，深圳地理与气候条件优越，毗邻港澳，便于与港澳地区在体育领域开展交流合作，加上深圳地处南方沿海，气候温暖湿润，这些自然环境为举办各类体育赛事和开展全民健身活动创造了有利条件，适宜开展多种户外运动和水上运动项目。此外，深圳还拥有人口结构年轻化优势；城市交通、通信、住宿等基础设施完备，足以满足举办大型国际体育赛事需求；在城市文化方面，深圳具有开放、创新、包容的特质，能够吸引国内外优秀的体育人才和体育企业入驻，具备优惠政策和良好的发展环境，例如，我国众多体育产业都把研究发展中心设在深圳。

深圳的发展目标如下：到 2025 年，体育产业增加值占全市生产总值比重达到 2.8%，体育产业增加值超过 1000 亿元；到 2035 年，成为体育高质量发展的全国典范，体育创新能力、体育综合竞争力世界领先，成为国际著名体育城市；到 21 世纪中叶，跻身世界体育产业高度发达城市行列，成为国际体育示范城市。如今，深圳正从产业布局、高端赛事、职业体育、体育消费、市场主体、运动环境六大方面推进体育产业的国际化进程，通过开展体育消费城市试点、推进体育产业创新试验、创新赛事服务等举措，激发市场活力和消费热情，推动体育产业成为国民经济支柱性产业，努力构建与国际著名体育城市定位相匹配的发展格局。

深圳在建设“国际著名体育城市”的进程中，仍存在一些不足：由于深圳城市发展进程过快，尽管体育设施建设不断推进，但面对庞大的人口基数和日益增长的体育需求，部分区域的体育场地的数量和质量仍显不足，尤其是一些新兴城区和偏远地区。相较于国际知名体育品牌，深圳本土体育品牌在市场份额、品牌知名度和核心竞争力方面仍有较大提升空间。体育人才培养体系水平有待进一步完善，虽已有所努力，但在培养顶尖运动员、高级教练和专业体育管理人才等方面的体系还不够完善，人才输出的数量和质量有待提高。深圳虽为新兴城市，年轻、有活力，但体育文化底蕴相对薄弱，可扬长避短。体育产业结构不均衡，体育科技、体育器材制造发达，但主体体育服务业相对滞后，影响了体育产业的整体协同发展。缺乏高端体育赛事，这点与我国其他城市类似，还需和世界进行更广泛融合，并培养自身的高端赛事。校园体育发展欠佳，大部分学校对体育教育的重视程度不够，师资力量、课程设置和体育设施配备存在缺陷，影响了青少年体育人才的培养和选拔，这点是我国的实际国情，需要通过整体规划加以改善。体育与医疗融合不够紧密，深圳在运动康复、运动医学硬件软件领域虽在国内占据优势，但与医疗的结合不够紧密，无法为运动员和市民提供全方位的健康保障服务，也致使全国医体结合、医养结合未能取得实质性突破，深圳理应在这方面树立成功典范。因为是新兴城市，深圳在文化建设方面需要加强，可创建新兴文化项目，建设特色旅游项目，以提升城市魅力。

在建设过程中，深圳应该充分利用特区身份获取特殊政策，凭借经济优势，推动“体育城市”快速建成。

五、南京

南京作为江苏省省会，是一座具有悠久历史和深厚文化底蕴的城市。南京是中国四大古都之一，其建城史可追溯到3100多年前的商代晚期。南京还是国家重要的科教中心，拥有众多高等院校和科研机构。截至2022年，南京有各类高等院校68所，其中“双一流”高校13所、“211”高校8所，两院院士数量众多。南京经济实力雄厚，是长三角辐射带动中西部地区发展的重要门户城市。南京自然生态优美，山水城林相互交融。城市中遍布绿地、公园、湿地和动植物园等生物多样性丰富的区域，生态环境质量位居长三角前列。

南京的“世界体育名城”计划启动较早，在2012年召开了建设亚洲体育中心城市和世界体育名城动员大会，南京正式将建设世界体育名城纳入其发展规划。会上，南京市委、市政府提出到2020年建成具有鲜明特色和较强国际集聚辐射能力的“世界体育名城”的目标，并为此制订了详细的实施计划。随着时间的推移和新冠疫情等实际情况的变化，相关资料显示，到2035年南京将建成具有鲜明特色和较强国际影响力的“世界体育名城”。近年来，南京成功举办了多项国际体育赛事，如青奥会、世界羽毛球锦标赛等，这些赛事的举办不仅提升了南京的国际知名度，也为其建设世界体育名城积累了宝贵的经验和资源。南京在建设世界体育名城方面取得了显著的成效，主要体现在：加大对体育设施的投入，建设了一批现代化的体育场馆和设施，如南京奥林匹克体育中心、青奥体育公园等，为举办各类体育赛事和活动提供了良好的设施条件；承办各类国际、国内体育赛事，如南京马拉松、羽毛球世锦赛、篮球世界杯等，提升了南京的体育影响力和知名度；培育了一批具有竞争力的体育企业和品牌，推动了体育与文化、旅游等产业融合发展；建立了完善的体育人才培养体系，培养出一批优秀的运动员、教练员和体育管理人员；大力推动全民健身运动，提高市民体育意识和健康水平，营造出良好的体育氛围；注重体育文化的传承和发展，弘扬奥林匹克精神和中华体育精神，丰富了城市的文化内涵。

南京在建设“世界体育名城”方面虽已取得显著进展，但仍存在一些不足和困难，主要有：

（1）体育综合实力仍需加强。据权威体育数据机构评估，南京在全球体育城市中的排名虽逐年上升，但与其他国际知名体育城市相比，仍存在一定差距。特别是在体育综合实力方面，南京需要进一步强化，缩小与国际领先城市的差距。

（2）体育赛事引进和培育竞争力欠缺。尽管南京已成功举办了多项国际体育赛事，但在赛事引进和培育方面仍存在竞争力不足的问题。缺乏持续吸引和培育高水平国际赛事的能力，会对南京在体育领域的国际声誉和影响力产生影响。

（3）体育产业增加值偏低。虽然近年来南京体育产业发展迅速，但增加值仍不高，产业规模有待进一步扩大。同时，体育产业结构也需要进一步优化，以提高整体竞争力和经济效益。

（4）缺乏有影响力的体育俱乐部。南京在体育俱乐部建设方面相对滞后，这是我国较为普遍的问题，缺少具有国际影响力的体育俱乐部，限制了南京在体育产业和赛事运营方面的竞争力。

（5）体育公共服务供给存在短板。尽管南京在公共体育设施建设方面取得了一定成绩，但仍存在供给总量不足、供给结构失衡等问题。特别是在社区体育设施、体育健身活动的组织等方面，还需要进一步加强，以满足市民日益增长的多样化体育健身需求。

（6）体育国际影响力有待提升。南京在提升体育国际影响力方面仍需努力。加强与国际体育组织交流合作，引进更多国际高水平赛事和运动员，提升南京在国际体育舞台上的知名度和美誉度，是提升其体育国际影响力的关键。

（7）政策与规划支持有待加强。南京在建设“世界体育名城”过程中，需要更完善的政策支持和规划引导。自 2012 年，南京一直没有具体完整的政府“体育名城”计划或方案，影响了科学合理的体育产业发展规划和政策措施的推出，且缺乏实施力度和效果评估。虽然如今各项工作仍在推进，但后劲不足、缺乏活力。相比成都而言，南京的条件并不逊色，起步更早，理应有更好的成效。

六、杭州

（一）杭州为何致力于建成“国际赛事之城”

1. 提升城市形象与知名度

杭州计划建设“国际赛事之城”主要是为了借助已有的城市美誉，进一步提升城市形象和知名度。通过举办国际赛事，能够向全世界展示杭州的城市风貌、文化特色以及发展成就，从而提升杭州在全球的知名度和美誉度，塑造良好的城市形象。

2. 推动经济发展

杭州凭借地理优势以及电子商务的快速发展，其经济实力正快速迈向世界级大湾区规模。国际赛事的举办能够带动旅游、餐饮、住宿、交通等相关产业发展，创造大量就业机会，促进消费增长，进而推动城市经济的繁荣。

3. 促进体育产业成长

建设“国际赛事之城”有助于杭州体育产业的培育和发展。体育产业将成为未来极具规模的经济增长点，通过发展体育赛事运营、体育培训、体育装备制造等领域，推动体育产业成为杭州又一新的经济增长点。

4. 丰富市民文化生活

为市民提供更多观看高水平赛事的机会，激发市民对体育运动的热情，促进全民健身运动的开展，丰富市民的精神文化生活；传承和弘扬体育文化，国际赛事的举办有助于传播体育精神和体育文化，促进不同文化间的交流与融合，提升城市的文化软实力；增强城市竞争力，在全球城市竞争日益激烈的当下，“国际赛事之城”的建设能够提升杭州的综合竞争力，吸引更多人才、资本和资源流入。

5. 推动城市基础设施建设和更新

为了承办国际赛事，需要对城市的体育场馆、交通设施、通信设施等基础设施进行建设和完善，从而提升城市的整体品质与功能。

6. 促进城市国际化进程

吸引国际运动员、观众和媒体的到来，加强杭州与国际社会的交流合作，加快城市的国际化进程，提升城市的国际影响力。

（二）杭州建设“国际赛事之城”的基础优势

赛事场馆：全市现有综合体育场馆 61 个，很多场馆的硬件水平达到“亚洲领先、世界一流”。杭州亚运会 56 个竞赛场馆中，19 个全民健身场馆将面向市民群众开放；21 个市场化运营场馆将以低于当地市场价格的收费标准对外开放，并通过搭建平台组织开展体育赛事、培训、会展等活动；8 个专业场馆将引进相关专业队伍作为训练基地；8 个高校场馆主要面向校内教育教学开放。

办赛经验：近年来，杭州承办了第 14 届世界短池游泳锦标赛、第 5 届世界水上运动大会、CBA 联赛赛会制比赛、杭州马拉松、杭州女子半程马拉松、中国西湖赛艇公开赛、京杭大运河赛艇对抗赛等大中型以上体育赛事 100 多项，积累了丰富的办赛经验。

政策支持：杭州市政府出台了《关于放大亚运效应打造国际赛会之城的实施意见》《杭州市嵌入式体育场地设施建设三年行动计划（2022—2024 年）》《杭州市加快推进打造国际赛事之城三年行动计划（2024—2026 年）》等政策，在政策层面大力支持体育赛事产业发展。

经济实力：2022 年杭州生产总值总量超过 1.87 万亿元人民币，在中国城市排名第九位。

城市基础：杭州是“历史文化名城，创新活力之城，生态文明之都”，拥有西湖、大运河、良渚古城遗址三大世界文化遗产。这三大世界文化遗产交相辉映，“人间天堂”美誉流传甚广。杭州在历史文化和旅游资源方面可与成都、南京和西安相媲美。

体育氛围：杭州市民观赛热情高涨，杭州亚运会的“票房”表现不俗，充分彰显了杭州市民强烈的观赛热情，也为打造“赛”“会”之城奠定了良好基础。

（三）杭州建设“国际赛事之城”存在的问题与不足

体育文化：相比北上广，甚至成都、重庆、西安等城市，无论是办赛经验、市场热度还是民间热情方面，杭州都存在差距。

赛事运营：目前，杭州的体育赛事运营尚不成熟，缺乏专业的赛事运营团队和人才，在赛事策划、组织、推广等环节仍需进一步提高。

赛事影响力：尽管杭州举办了一些国际赛事，但在国际影响力上还较为有限，缺乏具有国际影响力的品牌赛事。

体育产业：体育产业发展相对滞后，体育赛事产业尚未形成完整产业链，在赛事版权、赛事营销、赛事衍生品开发等方面存在不足。

七、天津

天津建设具有国际影响力“运动之都”的条件优势、成功经验和问题不足如下。

（一）条件优势

自然资源丰富：天津坐拥得天独厚的自然生态资源，山、河、湖、海共存，具备优质的世界级静水资源，且海岸线绵长，拥有开展户外运动的天然优势。

经济实力较强：多年来，天津在经济发展方面一直被公认为“北方第二城”，对整个北方城市经济发展具有标杆性意义。

体育文化繁荣：天津有着崇尚体育运动的悠久文化历史底蕴，是近代中国体育的发祥地，体育文化繁荣。

体育赛事经验丰富：天津成功举办过世乒赛、体操世锦赛、东亚运动会、全运会、残运会等国际国内外大型体育赛事，积累了丰富的办赛经验。

（二）成功经验

政府高度重视：天津市委、市政府以及天津市政协通过协商指导，对“十四五”时期天津体育事业发展做出重要部署，致力于把天津建设成为具有国际影响力、充满活力和魅力的运动大都市，以满足人民群众对美好生活的向往。

体育产业发展迅速：近年来，天津市大力发展户外运动产业，优化空间布局，着力打造山地健身休闲产业带、湿地健身休闲产业带、滨海健身休闲产业带、冰雪健身休闲产业带，并培育了一批优质的户外运动特色项目。

体育赛事丰富多彩：天津举办了天津市第十八届冰雪运动大会、“行走大运河”健步走、“大美天津”自行车生态巡回赛等诸多赛事活动，同时积极推动天津马拉松的筹备工作，提升了广大群众的幸福感、获得感。

体育与文化旅游融合发展：天津市已连续6年举办中国·天津体育旅游大会，成功将其塑造为天津市“体育”和“旅游”融合发展的品牌活动。

（三）问题和不足

体育产业发展不平衡：体育产业结构不合理，体育服务业发展相对滞后，体育制造业和体育销售业所占比重较大。

体育场地设施不足：人均体育场地面积不足，特别是中心城区场地不足的问题仍然存在，体育场地设施的开放程度和利用效率均不高。

体育人才短缺：体育人才培养体系尚不完善，高端体育人才短缺，体育人才的引进和留用机制不健全。

体育文化宣传不够：对体育文化的宣传推广力度不足，体育文化的影响力和感召力有待增强。

天津在建设具备国际影响力“运动之都”方面具有一定的条件优势，而现存的一些问题和不足可以逐渐得到解决。

八、德州

德州是山东省的地级市，其体育事业与大型城市相比虽有不小差距，但凭借其在体育器材制造业的地位，计划创建“特色体育名城”，是一个极具前瞻性的思路。以德州的城市体量来说，建设“体育城市”在全国的排名或许较为靠后，而凭借体育器材制造业的卓越影响力，摘取“特色体育名城”的桂冠大有希望。

（一）近年来，德州在创建“特色体育名城”方面成效斐然

1. 加强基层体育设施建设

2023年，县级“三个一”全民健身工程被纳入市政府民生实事，目前该工程已实现全覆盖，各县新增体育设施用地面积达3000平方米以上，新建、改扩建体育公园4处，体育场馆10余处。例如，投资15亿元、占地521亩的德州市体育公园定期对外开放，至今已接待健身群众、游客100万人次以上。此外，全市免费或低收费向市民开放的公共体育场馆达到36个，

向社会合理开放体育设施场地的学校达 338 所。

2. 推动全民健身活动开展

构建起以全民健身运动会、“村村有好戏”乡村体育“四赛”、达标测试赛、全市机关“运动 365”全民健身品牌创建等为依托的全人群覆盖活动体系。2023 年举办的第 13 届全民健身运动会共设置 20 多项赛事活动，参与人数超两万人次；2023 年 9 月，乡村体育“四赛”活动部署后，多种形式的农村体育活动如火如荼开展。2023 年以来，全市举办国家级、省级赛事活动 40 余项次，市级赛事活动近 300 项次，区县级活动 1000 余项次，参与赛事人数超过 55 万人次。

3. 打造品牌赛事、推动产业融合

积极打造“运动之城·活力德州”赛事品牌。2023 年，德州接连承办中国板式网球巡回赛 CPT–100、CPT–200 和 CPT–300 三项国家级板式网球赛事，并被授予“中国板式网球推广试点城市”荣誉称号。此外，还成功举办了中国钓鱼明星赛、“生态齐河·黄河湿地”马拉松赛、中国青年女子篮球挑战赛、全国青年体操 U 系列锦标赛、SCBA 全国体育院校篮球联赛、山东省公路自行车锦标赛、德州运河马拉松等 20 余项省级以上比赛。同时引导社会力量踊跃参与各类自主品牌赛事。

4. 助力体育产业高质量发展

德州已形成多个区域特色产业集群，涵盖宁津的体育健身器材、乐陵的竞技体育器材、庆云的场馆器材，以及德城、陵城和天衢新区的场馆和冰雪项目器材等。拥有 4 个国家级体育产业基地、2 个国家级体育产业示范单位，体育用品制造业拥有多个知名品牌。2022 年，全市体育产业营业收入达 110.48 亿元，同比增长 7.9%。截至目前，全市体育产业企业数量突破 2000 家，总体规模超过 400 亿元。其中，著名的泰山体育产业集团连续服务七届奥运会、三届青奥会、七届世界大学生运动会、七届亚运会、九届全国运动会等 2000 余次国内外大型赛事，实现了“零失误、零故障、零投诉”，堪称我国体育产业的龙头企业之一。德州依据本地产业制定了相关规划，提出“一带引领、三核发力、一圈覆盖”的发展战略，并出台了一系列文件推动体育产业发展，包括制定激励办法、打造产业集群、引导企业走“专精特新”之路，搭建“政产学研金服用”融通平台，借助数字技术赋能体育产业，规划建设体育用品博览中心并举办相关博览会或交流大会等。

5. 促进体教深度融合

健全完善“1+N”制度体系，以体育中考为导向，学校体育强调“勤练”，采用全新的体育科目成绩评定方式，逐步提高体育分值，开展相关评选，建立体育项目“超市”和体育家庭作业制度。赛事活动突出“常赛”，规范市、县、校三级竞赛制度，举办全市运动会，有效带动青少年参与体育锻炼。

6. 培育体育消费

通过培育新场景、新业态和新模式，以及制定相关政策措施等，全力推动全民健身成为消费新时尚，让“德州赛事”成为消费新热点，使德州体育产品成为消费新名片。例如，打造中心城区体育竞赛表演集聚区，举办“赛事 + 美食节 + 文化节 + 展销节 + 音乐节”系列活动；规划特色体育旅游线路；建设相关专家智库和运动处方库；发展数字体育、在线健身、线上培训等新业务；多渠道引导体育消费。

7. 围绕“京杭大运河”世界遗产展开大规模开发

成功申报南运河生态园，修缮南运河沿线健身步道，建成连接南运河、岔河、减河的标准马拉松、自行车比赛赛道，完善马颊河、徒骇河、部分永济渠的沿岸体育旅游线路。建成全长约 130 公里的“黄河”“大运河”牵手观光健身通道，该通道成为德州域内主要沿河体育旅游线路网的骨干路线，连接黄河、徒骇河、马颊河、减河、漳卫新河、南运河等沿河旅游线路。这条路线由 6 米宽的车行风景道、1.5 米宽的绿化隔离带、3 米宽的骑行道、2 米宽的慢行步道构成，南起潘庄引黄干渠入口，北至运河四女寺水利枢纽，为自行车、马拉松等赛事提供了比赛场地，同时还将自然景观、特色村庄、农家采摘、特色养殖、特色民宿、文化遗存、水利工程等资源进行有机整合与修缮，为旅游发展、文化挖掘、体育赛事举办与产业繁荣搭建了新平台。德州本是相对落后的小城，但通过“体育名城”的创建，极大地推动了城市建设，其做法经验值得借鉴。

（二）存在的问题和不足

1. 体育产业总体规模小

德州体育产业虽成效显著，在健身器材和体育竞赛器材制造方面具有优势，但其总体的体育产业规模依旧偏小，与一些发达地区相比尚有差距。

由于在“体育城市”发展进程中，经济总量占主导地位，因此促进整体经济发展更加重要，单一的制造业结构会对产业平衡产生影响。

2. 体育服务业发展滞后

德州体育产业以体育器材制造为主，在体育鞋服、体育培训、体育旅游等领域发展迟缓，体育服务业发展相对滞后。旅游资源在“体育城市”发展中属于极为重要的条件，德州已认识到这一问题，正努力扭转这一被动局面。体育制造业与体育服务业、体育消费协同共进，可带动体育产业强劲发展。但受中国传统体育文化影响，人们普遍喜欢徒手练习而不重视器材装备，致使内需不足，极大地制约了制造业发展。

3. 科技创新能力不强

德州体育产业的科技创新能力尚显薄弱，缺乏具有自主知识产权的核心技术和产品，在高端体育装备、智能体育等领域的竞争力有待提高。德州曾是四千年前的“古鬲国”“有穷国”，擅长制造锅和弓箭，在当时可谓运动与科技融合的部落。如今的德州正奋起直追，以高端体育器材生产为突破口，力求创新发展以提升科技水平。

4. 体育文化氛围不浓厚

德州的体育文化氛围不够浓厚，市民对体育的认知和参与度还有待提高，需要进一步加强体育文化的宣传和推广工作。在政府的激励和推动下，德州群众体育已有了显著发展。但群众体育活动与竞技赛事存在差异，需将活动转化为赛事形式，并纳入“体育城市”评价标准体系。

5. 竞技体育水平过低

德州竞技体育在山东省内的综合水平处于下游，严重制约了对体育城市综合价值的认知力。这或许是由于政府过度聚集体育制造业发展，从而相对忽视了竞技体育的培养和发展；也可能因若干年前体校被撤销，放弃了竞技体育发展规划，致使竞技体育陷入困境。

6. 学校体育没有优势

和国内所有地区一样，德州的学校接受了统一但低效的体育管理模式，改革举步维艰。地方虽有改革的魄力和意愿，但也因害怕承担风险而不敢做任何调整。这就好比锁住车把的自行车，即便对准了方向，若不及时开锁，也会一头栽下去。

7. 关联“体育名城”发展的其他问题重视不够

体育城市建设并非仅涉及上述标准，还存在一些相关的重要问题需要重点关注。这些问题能提升“体育名城”的影响力和美誉度。例如，当前食品安全问题趋于严重，若能结合“食品名城”的创建工作，在某些规则方面在全国发挥带头作用，将会为“体育名城”建设提供助力。此外，交通、环境、城市规划、人才培养、相关科技产业、医体结合项目、各类博物馆等建设均需要进一步推进。德州市区人口已达100万，提高人均可支配收入仍是头等大事。依托体育制造业的发展，提高收入水平不失为一条好途径。但由于产业基地大多分布在县、市、区，德州城区的发展才刚刚起步，这方面还需大力突破。

总的来说，德州在创建“特色体育名城”方面具有一定的基础条件优势，但也存在一些不足。未来，德州可进一步加大政策扶持力度，若能争取成为“体育名城”试点城市，便可在政策制定上有更大的自主性和针对性。加强体育产业的规划和引导，提高科技创新能力，以体育器材制造业为引领，向更广泛的相似制造业拓展延伸，壮大地方产业规模。加快体育服务业发展，营造浓厚的体育文化氛围，注重体育课堂教学，培养具备良好体育素养的市民，增强城市活力。扎实推进体旅资源的创建与积累，挖掘和弘扬历史文化，提高旅游景点档次和文化内涵，推动特色“体育名城”建设取得更大成效。

（三）4000年历史的“体育名城”和“科技之邦”

德州在4000年前就是体育名城，也是科技之城。此地是大禹治水的核心区域，据记载，处于夏朝初期或更早年代，距今有4000~5000年，处于龙山文化时期。这里地势平坦，经济繁荣，地处黄河冲积平原中心区域，因黄河泛滥频繁，且每年雨季海河水系洪水暴涨，严重影响了人们的生存。但这里适宜居住，农业较为发达，大禹治理的“九河”多分布于此。清朝学者田雯提及“禹疏九河，其五在德”，经笔者考证，其中六条均在现德州境内。夏朝初期，此地部落射箭运动盛行，颇具地方特色，影响力深远，代表人物是后羿。因为地处平原，弓箭成为主要的狩猎工具，故而此地名为“有穷氏”（有穷国），“穷”通“穹”，“穹”即为弓箭。汉刘熙《释名·释兵》记载：“弓，穹也，张之穹隆然……”中国的张姓有说法起源于德州附近，“张”即拉开弓之意。

如今在德州市博物馆里，存有大量骨镞石箭头，虽然目前尚未发现铁制箭头，但该地区极有可能已有铁和铜等金属制品。据记载，中国用铁的历史有 6000 年，夏朝初期太康失国为公元前 1978 年到公元前 1974 年，距今约 4000 年，这里可能已经有了铁器，只是铁器腐蚀过快，很难留存。附近地域自古以来便铁矿资源丰富，沧州有巨型铁狮子、铁制钱币，东光有大型铁制佛像的铁佛寺，可见当地铁材较为丰富。这些铁矿或许来自对黄河泥沙中的矿石采集，采集方式简单便捷，现今仍有人采用此方式采集铁矿，所获得的铁粉纯度达 70% 以上。

这里不仅是弓箭的制造地，还是锅的盛产地，“古鬲国”（有鬲氏）便位于此处。鬲是用于煮食物的陶器，在德州市博物馆有大量出土物品展品，如灰陶鬲以及其他陶器、瓷器器具。在当今，火箭是高科技产物；拿破仑时期，炮兵是高科技代表；而 4000 年前的弓箭制造和造锅技艺也是当时的高科技。一个因射箭运动而闻名的地域，按照如今的评判标准来看，便是“体育名城”和“科技之城”。如今这里再度与体育器材制造业结缘，可谓一种跨越时空的传承与发展。无巧不成书，乐陵的“友谊体育器材”是世界 6 家（国内唯一）专业射箭制造商之一，其厂址与著名的泰山体育产业集团仅一路之隔。

大禹治水体现了人类与自然顽强斗争的精神，这与体育所培养的价值理念是一致的；与此同时，大禹治水还融合了科学精神，毕竟斗争也要讲究策略与技巧。大禹采用的方法是正面疏浚连通河道，引导洪水一同入海，侧面则修筑堤坝进行堵截，以此保护人民生命财产。大禹文化是中国古代最真切、最现实、最宝贵的文化，大禹治水所体现的是科学精神与斗争精神相融合的中华优秀传统文化，具有极高的价值，是中华文化重要的根基。

九、其他城市“体育城市”建设状况

通过对上述城市的对比分析可知，“体育城市”建设一般都是围绕五到六个标准展开，将这些标准落实到位，便有可能成为“体育城市”。但要成为“体育名城”则需要在某些方面表现极为突出，或者总体实力十分强大才行。成都的例子告诉我们，丰富的自然景观、悠久繁荣的文化历史以及众多古迹、独特的地方文化，都是极为重要的加分项，是展现整体城市魅力的关键所在，“体育城市”依托这样的城市发展能取得更大成效。

目前，在建的“体育城市”名单中，还有济南、郑州、武汉、西安、大连、青岛、厦门等城市，带有特色定语的则有哈尔滨（冰雪体育运动名城）、泰安（国际体育休闲名城）、日照（海滨体育名城）、泉州（海丝体育名城）等。

十、我国大量城市建设“体育城市”的原因

近年来，随着体育强国、健康中国战略的不断推进，中国多个城市掀起建设各类“体育城市”的热潮。同一时期，如此多的城市开展“体育城市”建设，主要是因为看到“体育城市”建设是现代化发展的外在体现，加之2019年《纲要》的颁布，使得很多工作在“体育城市”建设中得到同步推进。如今，“体育城市”所构建的体育事业已成为民族复兴大业的标志，具体原因如下。

（一）推动体育产业发展

体育产业作为朝阳产业，具有巨大的发展潜力。建设“体育城市”能带动体育及相关产业的发展，如体育用品制造、体育赛事运营、体育旅游、体育培训等，进而形成完整的产业链和产业集群，为城市经济注入新的活力。体育产业的快速发展会创造大量的就业机会，涵盖从运动员、教练员到赛事组织、体育旅游、场馆管理、体育培训等新兴业态，进而为城市经济增添新活力。创建“体育名城”，意味着要加大对体育基础设施的投资力度，如体育馆、运动公园、健身中心等，这些举措能直接拉动建筑业、制造业等相关产业的发展。

（二）提升城市形象和影响力

国际知名度提升：通过举办大型体育赛事，如奥运会、亚运会、世界杯等，城市能够吸引全球目光，迅速提升国际知名度和美誉度，塑造独特的城市品牌形象。这些赛事的举办往往成为城市的一张名片，让更多人了解和认识这座城市。

城市品牌建设：体育名城的建设有助于塑造城市的品牌形象，展现城市的活力和魅力。这种品牌形象的提升将吸引更多的投资、人才和游客，为城市的可持续发展奠定坚实的基础。

（三）促进全民健身和居民健康

体育设施完善：体育名城的建设注重体育设施的完善，包括公共体育

场馆、社区体育设施、学校体育设施等。这些设施的完善为市民提供了更多的运动场所和选择，促进了全民健身的普及和发展。

健康生活方式：体育运动的普及有助于培养市民的健康生活方式，提高其身体素质和免疫力。通过参与体育活动，市民能够增强体质、调节精神、娱乐身心，从而提高生活质量和幸福感。

（四）推动体育文化交流

提高文化软实力：体育名城的建设有助于提高城市的文化软实力，通过举办体育赛事和活动，吸引国内外体育爱好者和游客前来参观和交流，促进不同地区、不同文化之间的体育文化交流，让市民在参与中感受到体育精神的魅力，进而将这种精神内化于心、外化于行，形成积极向上的社会风气。这种精神风貌的塑造，对于提升城市的整体文明程度和凝聚力具有重要意义。

丰富城市文化内涵：体育名城的建设还将推动城市体育文化的传承和发展，形成具有地方特色的体育文化品牌，丰富城市的文化内涵和底蕴。

（五）学术价值和意义

推动体育学科研究：“体育城市”的建设能够促进体育学科的发展和研究，包括体育科学、体育医学、体育心理学等学科的理论和实践研究。不仅有利于提高体育产业的竞争力，也能够推动该领域的学术发展。

促进跨学科研究：“体育名城”的建设是一个跨学科的工程，涉及城市规划、建筑设计、体育设施建设、体育产业发展等多个领域。这可以推动不同学科之间的合作研究，促进跨学科研究的发展和创新。

综上所述，同一时期，我国很多城市开展“体育城市”建设具有多方面的功效和意义。这些城市通过建设“体育城市”，不仅推动了体育产业的发展和城市形象的提升，还促进了全民健身和居民健康以及体育文化的交流。同时，为城市的可持续发展注入了新的动力和活力。

当代中国众多城市创建“体育名城”的征程，是一场关于梦想与现实的深刻对话，是城市转型升级、文化繁荣、社会和谐的重要实践。它不仅仅关乎体育本身，更是城市发展的战略选择，是人民对美好生活的向往与追求。在这条充满挑战与机遇的道路上，每一座城市都在用自己的方式书写着属于自己的“体育名城”故事，共同绘就了一幅幅生动绚丽的城市新篇章。

十一、申办奥运

未来两届奥运会主办地分别是2028年的美国洛杉矶和2032年的澳大利亚布里斯班。此前很多消息爆料：我国12座城市有意争夺2036年奥运会举办权，若有城市能脱颖而出，将成为国内第二座举办奥林匹克运动会的城市，这也意味着夏季奥运会时隔28年后将再次回归东方文明大国。

我国有意愿申请的12座城市分别为上海、广州、深圳、南京、苏州、武汉、成都、郑州、济南、大连、西安、厦门。这12座城市都是我国比较有名的城市，经济实力也名列前茅，且大部分都举办过一些国际赛事。有意愿申办2036年奥运会的国外城市为：韩国首尔将联合朝鲜一起申奥、印度尼西亚新首都努桑塔拉、埃及的开罗、德国的柏林、印度的新德里以及阿根廷的布宜诺斯艾利斯、俄罗斯的圣彼得堡和喀山等。其中，有72.8%的首尔市民希望继1988年汉城奥运会之后再次举办夏季奥运会。印度尼西亚总统佐科在2022年11月16日表示：印尼新首都努桑塔拉已准备好申办2036年夏季奥运会。首尔和努桑塔拉均表示志在必得，看来2036年奥运会举办权的争夺将会异常激烈。

第二节 “世界体育之都”
——北京

北京成为“世界体育之都”是多方面因素共同作用的结果，类似伦敦、纽约、巴黎、东京，都拥有综合优势，北京作为幅员辽阔且人口众多的中国首都，更有实力跻身世界“体育城市”之列。

北京对于中国人而言是首都，其知名度主要源于首都的地位。部分外国人或许仅知道北京是中国的首都，而且很大一部分外国人知道北京可能还是因为2008年的北京夏季奥运会。奥运会的巨大关注度和影响力将北京展示给了每一位体育爱好者。各国体育健儿的精彩表现和辉煌瞬间都定格在那个时刻和北京这座城市的坐标轴上，比如百米比赛中博尔特神奇的一跑，创造了世界纪录，留下了精彩话题；菲尔普斯斩获8枚游泳金牌，缔造了夺金神话；还有开幕式宏伟壮观的场面震惊世界，北京由此成为著名的“体育之城”。

2022 年，北京又举办了冬季奥林匹克运动会，成为“双奥之城”，这在历史上前所未有，北京再次成为世界体育焦点，极大提升了其在世界“体育城市”中的排名，是实至名归的“体育名城”“世界体育之都”。

中国在努力改善生活品质和生态环境质量，争取经济优势、科技优势、军事优势、文化优势的同时，也在树立“体育名城”优势。北京、上海、成都的排名逐渐上升。体育是中华民族伟大复兴的标志性事业，必须在“体育城市”上取得辉煌业绩。然而目前我们与世界其他城市还有差距，在 BCW2022 年世界“体育城市”前 50 排名中，我国仅有北京列第 14 位；2023 年，在我国相关机构评比的榜单中，北京列第 13 位，上海排在第 47 位，由此可见我国“体育城市”建设任重道远。2023 年，国际领先的体育智库量子咨询（Quantum Consultancy）与英国杜伦大学商学院（Durham University Business School）联合发布了关于国际赛事影响力的全球城市体育发展报告——《全球体育之都报告：奥林匹克生态系统》，其中北京居第 4 位、成都居第 8 位、杭州居第 26 位、上海居第 30 位。

一、北京成为“世界体育之都”的优势分析

（一）历史积淀

北京作为中国的首都，拥有悠久的历史和深厚的文化底蕴，这为体育事业的发展提供了良好土壤。新中国成立以来，中国体育事业蓬勃发展，北京作为全国的政治、文化中心，始终走在前列。

北京是中国唯一举办过亚运会和奥运会的城市，也是全世界唯一举办过夏季奥运会和冬奥会的“双奥之城”。这一独特的身份使北京在体育领域具有极高的品牌影响力和国际知名度。

北京奥运会和冬奥会的成功举办，不仅展示了中国体育事业的巨大成就，也向世界展示了北京作为现代化国际大都市的魅力和风采。

（二）赛事举办与产业发展

在成功举办 2008 年夏季奥运会后，北京不断承办各类国际体育赛事，如世界游泳锦标赛、马拉松、世界杯赛等。这些赛事不仅进一步提升了城

市的国际影响力，也积累了丰富的赛事组织经验和管理模式，赛事服务广受好评。政府注重全民健身运动的推广，通过举办各种市民参与的体育活动，提升了社会公众的体育意识和健身热情。例如，“奥林匹克日长跑”、社区体育活动和各类健身赛事，让体育逐渐成为市民生活的重要组成部分。这种自上而下的体育文化氛围，极大地加快了北京成为“体育名城”的进程。

近年来，北京的体育产业呈现出蓬勃发展态势。体育竞赛市场活跃，主办、承办的体育赛事数量逐渐增多，赛事开发水平不断提高。同时，体育健身休闲市场也呈现出快速增长的态势，公众健身消费支出有较大幅度增长。在现代科技迅猛发展的背景下，北京利用高科技手段提升体育竞技水平和观赛体验。例如，利用大数据分析运动员的训练效果，提升比赛策略的科学性和有效性；通过虚拟现实（VR）和增强现实（AR）技术，提升观众的观赛体验，使观看比赛不仅仅是眼前的现实，更是一种沉浸式体验。

（三）基础设施与人才资源

北京的体育场馆及设施资源丰富，全市体育场馆、组织数量众多，经营性体育场所遍布全城。在奥运会筹备期间，北京进行了大规模的基础设施建设，高标准的体育场馆和公共设施为国际赛事的顺利举办提供了保障。例如，国家体育场（“鸟巢”）和国家游泳中心（“水立方”）不仅成为城市地标，在赛后也被充分利用，成为公众体育健身和娱乐活动的场所。这些设施的建设和利用，极大提升了北京的城市形象和居民生活质量。同时北京还积极推进体育设施的智能化、现代化改造，提高设施的使用效率和服务水平。

北京拥有数量众多的体育从业人员，且整体水平较高，人才结构性优势明显。北京还拥有一批高水平的体育院校和研究机构，如北京体育大学、首都体育学院等，为体育事业的发展提供了强有力的人才支撑和智力支持。

（四）政策支持与国际合作

政府的高度重视和政策支持是北京成为“体育名城”的重要保障。北京市出台了一系列促进体育发展的政策，从体育产业的发展规划到具体赛事的组织管理，都进行了详细部署和规范。这些政策不仅提升了体育产业的专业化和规范化水平，还吸引了大量的社会资金和资源投入其中，形成了良好的体育生态环境。

北京积极开展国际体育交流与合作，与多个国家和地区建立了广泛的体育合作关系。通过举办国际体育赛事、参与国际体育组织等方式，北京不断提升自己的国际影响力，已经成为全球瞩目的“世界体育之都”。

二、北京成为“世界体育之都”存在的不足

（一）体育资源分布不均

尽管北京在体育设施建设方面成绩斐然，但体育资源的分布仍然存在不均衡的状况。中心城区的高标准体育设施相对集中，而郊区和远郊区县的体育资源相对匮乏，这不仅影响了当地居民的体育健身条件，也不利于全面推进全民健身运动的均衡发展，亟须加大对偏远地区体育设施建设力度和资金投入。

（二）过度依赖政府资金

尽管政府的资金支持是北京体育事业发展的重要保障，但过度依赖政府资金也会引发一些问题，如资源配置不合理、部分资金效益不高等。如何引导社会资本和企业资金参与体育事业，形成多元化的资金来源，是未来需要解决的问题。

（三）体育产业结构单一

北京的体育产业发展虽然迅速，但整体产业结构仍较为单一。体育赛事的组织和运营占据了主要份额，而体育教育、体育科技和体育旅游等新兴领域的开发力度不足。这种单一化的产业结构，限制了体育产业的可持续发展，不利于经济多元化发展的长远目标实现。

（四）长期赛事影响的可持续性问题有待解决

大型体育赛事的成功举办，给北京带来了瞬时的经济和社会效益，但如何实现其长期影响的可持续性，仍然是一个亟须解决的问题。例如，赛后场馆的维护和运营成本高昂，难以实现自负盈亏，需要政府和社会多方力量来共同维系。

（五）赛事后续利用不足

大型赛事结束后，场馆的利用率和后续管理问题一直备受关注。一些高标准建设的体育场馆因缺乏后续赛事和活动的支持，出现了利用不足或

维持费用高昂等问题。例如，一些场馆在赛后闲置，成为“白象工程”，如何提高这些设施的后续利用率是需要认真对待的问题。

（六）群众体育参与率有待提升

虽然北京的体育文化浓厚且社会参与度较高，但在实际参与体育运动的人口比例方面，仍有提升空间。特别是部分老年人和低收入阶层，他们因场地、费用等问题，参与体育运动的机会有限。关注各年龄段和收入阶层的体育需求，提供多样化、普惠性的健身服务，是未来需要努力的方向。

（七）专业人才短缺

尽管北京在体育赛事的组织和管理方面已经积累了丰富经验，但高水平的体育专业人才仍然比较短缺。从事体育管理、赛事运营、体育科技研发等领域的优秀专业人才数量不足，制约了北京体育事业的进一步发展和提升。强化体育教育和人才培养，成为未来的重要任务。

北京在成为“体育名城”之后，处于相对平静期，相关问题接踵而来。如果北京能进一步提高活跃度，真正承担起开创世界第三个体育大区（亚太大区）的使命，尤其是在创新推广中国传统文化方面有所作为，相信北京的“体育名城”之路将更加稳健和辉煌，最终实现“世界体育之都”的荣耀。

第三节　“体育城市”各类型划分和特点、价值、不足

一、“体育城市”的类型

关于“体育城市”类型的分类，并没有统一的标准。各大评价机构未提供更为详细的类型划分，我国各城市也有着各自所定义的建设目标，即在“体育城市”概念之下有着多种类型，如“全球著名体育城市”“世界体育之都”“国际赛事之城”“世界休闲体育名城”“体育城市”“国际著名体育城市”“体育之都”“赛事体育之城”“休闲体育名城”“体育产业名城”等。世界各个“体育城市”都具有自己的个性、优势与不足，全面综合性的只是少数，多数

存在一定的偏向性。若对其加以分类，常见的分类角度包括以下几类：

体育赛事型：这类城市经常举办具有国际影响力的顶级赛事，以及拥有全球影响力的品牌体育赛事，通过举办大型体育比赛吸引大量观众和游客，从而提升城市的知名度和影响力。世界“体育之城”多属这一类，如巴黎、伦敦、纽约、布达佩斯、北京等。

单项赛事型：比如，波士顿以马拉松比赛而闻名，该赛事创办于1897年，自创办起，波士顿马拉松每年举办一次，从未间断，它是世界六大马拉松赛事之一（其他五个分别是伦敦马拉松、柏林马拉松、芝加哥马拉松、纽约马拉松和东京马拉松）。

职业竞技体育发达型：拥有国际知名的职业体育俱乐部，职业体育高度发达，往往是国际顶级职业联赛的举办城市，比如一些拥有著名足球、篮球、棒球等俱乐部的城市，如米兰、曼彻斯特、马德里、巴塞罗那、达拉斯、洛杉矶、休斯敦等。

群众体育活跃型、体育旅游休闲型：当地体育氛围浓厚，有较高的民众参与度，具备完善的群众体育设施和丰富多样的群众体育活动。比如，悉尼、温哥华、阿姆斯特丹、奥克兰、哥本哈根、慕尼黑等城市，人们热衷于丰富多样的运动项目；中国日照计划打造“海滨体育名城”、泰安正在建设“国际体育休闲名城”。

体育产业集聚型：以体育产业为核心或重要支柱，聚集了大量的体育企业、制造商、服务商等，形成了完整的体育产业链，例如，一些体育用品制造基地或体育科技创新中心。像德州正在建设以体育器材制造业为主的“特色体育名城”，晋江正在打造“体育城市”等。

不同城市可能在不同的体育领域具有优势和特色，并且一个城市也可能同时兼具多种类型的特点。这种分类方式有助于更好地理解和分析不同城市在体育方面的发展模式和重点方向。

二、各类型“体育城市”的特点和不足

（一）体育赛事型“体育城市”

体育赛事型“体育城市”有以下特点：

丰富的赛事资源：举办各类国内外知名的大型体育赛事，涵盖多种体育项目。

完善的体育设施：配备先进、齐全的体育场馆和设施，能够满足不同

赛事的举办需求，同时也为市民提供了良好的体育锻炼环境。

高质量的城市配套服务能力：在交通、住宿、餐饮、医护、环境方面条件出色。

浓厚的体育氛围：市民对体育活动具有高度的热情和参与度，形成了广泛的体育文化和粉丝群体。

专业的组织运营：具备专业的赛事组织和运营团队，能够高效地举办各类大型体育赛事。

强大的体育产业：包括体育培训、体育旅游、体育用品制造与销售等相关产业协同发展，为城市经济增长做出贡献。

人才储备丰富：培养和吸引了大量的优秀运动员、教练、裁判等体育专业人才。

其价值主要体现在以下几个方面：

经济推动：促进城市的旅游、餐饮、住宿等相关产业发展，增加就业机会，提升城市的经济实力。

城市形象塑造：提升城市的知名度和美誉度，塑造积极、健康、活力的城市形象，增强城市的吸引力和竞争力。

社会凝聚力：体育赛事能够激发市民的归属感和自豪感，增强社会凝聚力和社区互动。

健康促进：鼓励市民积极参与体育运动，提高居民的健康水平和生活质量。

文化交流：吸引国内外的运动员和观众，促进不同文化之间的交流与融合。

基础设施改善：为了举办赛事，城市会不断完善交通、通信等基础设施，造福市民。

相对的不足：

赛事周期性影响：赛事通常具有周期性，在非赛事期间可能面临经济和关注度的低谷。

成本压力：举办大型赛事需要巨大的投入，包括场馆建设、赛事组织等，可能给财政带来压力。

赛后设施利用：赛事结束后，场馆和相关设施的有效利用成为难题，可能存在闲置和浪费现象。

交通和治安挑战：赛事期间，大量人流涌入，给城市交通和治安管理带来巨大挑战。

以上是对体育赛事型“体育城市”的一般分析，实际情况会因城市的具体条件和发展策略而有所不同。

（二）体育文化繁荣型“体育名城”

体育文化繁荣型“体育名城”具有以下特点：

深厚的历史传承：拥有悠久的体育发展历史，形成了独特的体育传统和文化遗产。

丰富的体育故事与传奇：涌现出众多著名的运动员、教练和体育团队，他们的事迹构成了城市体育文化的重要组成部分。

广泛的体育文化传播：借助报纸、电视、网络等各种媒体渠道，对体育赛事、人物、故事进行广泛传播，让体育文化深入人心。

强烈的城市认同感：市民对本地的体育队伍和体育文化具有强烈的认同感和归属感，为城市的体育成就而自豪。

多样化的体育艺术形式：体育主题的电影、音乐、绘画、雕塑等艺术创作丰富多元。

教育融合：将体育文化融入学校教育，培养青少年对体育的兴趣和热爱。

其价值主要体现在以下几个方面：

增强城市凝聚力：使市民因共同的体育爱好和情感联系更加紧密，形成强大的社会凝聚力。

塑造独特城市形象：在国内外塑造鲜明且独特的城市形象，提升城市的知名度和美誉度。

促进经济发展：带动体育旅游、体育消费等相关产业，创造经济效益。

培养积极价值观：传播团结、拼搏、公平竞争等积极向上的价值观，影响市民的行为和观念。

丰富市民精神生活：提供丰富多样的精神文化享受，满足市民的文化需求。

相对的不足：

商业化过度：可能致使体育文化过于追求商业利益，削弱其原本的精神内涵。

发展不均衡：可能存在某些体育项目或领域繁荣，而其他方面相对薄弱的状况。

文化传承压力：在现代社会快速发展的背景下，传统体育文化的传承可能面临挑战。

短期功利性：为追求短期的成绩和关注，可能忽略体育文化的长期培育和发展。

受众局限性：部分体育文化活动或内容可能仅吸引特定群体，难以实现全民普及。

（三）群众体育活动活跃型“体育名城”

群众体育活动活跃型“体育名城”具有以下特点：

广泛的参与度：市民参与体育活动的热情高涨，参与人数比例较高，不同年龄、性别、职业的人群都积极投入各类体育项目。

多样化的项目选择：包含丰富多样的体育项目，如传统的球类运动、健身操、广场舞、跑步、骑行以及新兴的极限运动、电子竞技等。

完善的场地设施：拥有充足且分布合理的体育场地和设施，包括公园、广场、健身步道、社区运动中心等，方便市民就近参与体育活动。

社会组织活跃：众多体育社会组织和俱乐部纷纷成立，为群众体育活动的组织和开展给予有力支撑。

活动常态化：各类体育活动定期举办，形成常态化机制，如周末的社区篮球赛、年度的城市马拉松等。

宣传推广有力：通过媒体、社交平台等多种渠道，对群众体育活动进行广泛宣传，营造良好的体育氛围。

其价值主要体现在以下几个方面：

提升居民健康水平：助力市民养成良好的运动习惯，以增强体质，减少疾病，提高生活质量。

增强社会凝聚力：体育活动成为人们交流互动的平台，增进邻里情谊，强化社区团结，提升城市的社会凝聚力。

塑造城市活力形象：展示城市充满活力、积极向上的形象，吸引人才与投资，推动城市发展。

培养体育文化：孕育独特的体育文化，传承和弘扬体育精神，丰富城市的文化内涵。

减轻医疗负担：削减因健康问题产生的医疗支出，节约社会资源。

推动体育消费：带动体育用品、培训、健身等相关消费，促进体育产业的发展。

促进教育发展：培养青少年的团队合作精神、竞争意识和坚韧品质，有助于学校体育教育和人才培养。

相对的不足：

资源分配不均：可能存在区域之间、不同群体之间体育资源分配不均衡的问题。

专业指导缺乏：部分群众体育活动缺少专业教练的指导，容易引发运动损伤或效果不佳。

资金保障压力：持续开展丰富的群众体育活动需要稳定的资金投入，可能面临资金短缺的难题。

管理协调难度大：众多的体育社团和组织需要有效的管理和协调，以避免活动冲突和资源浪费。

活动可持续性差：一些临时性的群众体育活动可能难以长期持续开展，影响整体效果。

以上是对群众体育活动活跃型“体育城市”的一般分析，实际情况会因城市的具体情况有所不同。

（四）体育器材制造业发达型“体育名城”

体育器材制造业发达型“体育名城”具有以下特点：

产业集聚效应明显：众多体育器材制造企业集聚在该城市，形成规模化的产业集群，便于企业间的合作与交流。

先进的生产技术：具备领先的生产工艺和技术，可不断创新并改进产品，以满足市场需求和行业标准。

多元化的产品种类：生产涵盖各种体育项目的器材，如球类、健身器材、户外运动装备等，产品丰富多样。

优质的原材料供应：拥有便捷、高效的原材料采购渠道，保障原材料的质量和供应稳定性。

强大的研发能力：投入大量资源进行产品研发，不断推出具有创新性和竞争力的新产品。

完善的质量控制体系：对产品质量进行严格把控，确保生产出的体育器材符合高质量标准。

专业的人才储备：吸引并培养了大量的技术工人、设计人才、管理人才等，为产业发展提供人力支持。

其价值主要体现在以下几个方面：

经济支柱：成为城市经济的重要支柱，为地方创造可观的税收和财政收入。

就业机会提供：带动上下游相关产业发展，创造大量就业岗位，助力居民就业和增收。

技术创新引领：推动制造技术的创新和发展，提升城市在制造业领域的整体技术水平。

品牌建设：有助于打造城市的特色品牌，提高城市在国内外的知名度和影响力。

产业升级带动：促进城市其他制造业的转型升级，提升整体产业竞争力。

城市基础设施改善：产业发展带来的经济效益可以用于完善城市基础设施和公共服务。

促进体育事业发展：为本地及其他地区的体育活动提供高质量的器材支持，推动体育事业的普及和发展。

相对的不足：

市场依赖风险：可能过度依赖若干主要市场，一旦市场需求波动，容易受到较大影响。

创新竞争压力：技术创新需持续投入，面临国内外同行的激烈竞争，加上创新成果、知识产权保护难度较大，影响创新积极性。

环保压力：生产过程中或许会产生环境污染，在环保要求日益严格的背景下，面临整改和成本增加的压力。

人才流失隐患：如果城市综合发展水平欠佳，可能导致人才流向更发达地区。

产业升级瓶颈：在向高端制造与智能化转型过程中，可能遭遇技术、资金等瓶颈。

（五）体育休闲旅游型“体育城市”

体育休闲旅游型“体育城市”具有以下特点：

丰富的体育项目体验：提供诸如登山、骑行、潜水、滑雪、高尔夫等多种体育休闲项目，满足不同游客的兴趣和技能水平。

优质的自然环境：通常依托优美的自然风光，如山脉、河流、湖泊、海洋、森林等，为体育活动提供绝佳的场地。

配套服务完善：包括专业的教练指导、运动装备租赁、医疗救援保障等，确保游客的安全和舒适。

主题活动丰富：举办各类体育主题节庆、赛事和培训活动，增强游客的参与感和互动性。

文化融合：将当地的历史文化、民俗风情与体育活动相结合，赋予体育旅游更深层次的内涵。

融合型的旅游产品：将体育活动与当地的自然景观、文化特色相融合，打造出独特的旅游体验。

多元化的营销推广：通过多种渠道进行宣传推广，吸引国内外游客。

季节性差异：部分体育旅游项目可能具有明显的季节性特点。

其价值主要体现在以下几个方面：

经济增长：带动当地旅游业及相关产业的发展，增加财政收入和就业机会。

城市形象塑造：提升城市的知名度和美誉度，塑造活力、健康、开放的城市形象。

促进文化交流：吸引不同地区的游客，促进文化的交流与融合。

推动体育产业发展：刺激体育消费，推动体育培训、装备销售等相关产业的繁荣。

基础设施改善：为了满足游客需求，促使城市不断完善基础设施建设，提升居民生活质量。

生态环境保护：在开发体育旅游资源的过程中，加强对生态环境的保护和可持续利用。

相对的不足：

淡旺季明显：受气候和节假日等因素影响，旅游流量在不同时间段差异较大，导致资源闲置或过度集中使用。

服务质量参差不齐：部分旅游服务提供者可能缺乏专业素养和规范管理，影响游客的体验感。

生态压力：大量游客的涌入可能对当地生态环境造成一定破坏，如植被受损、水质污染等。

投资风险：开发体育休闲旅游项目需要较大的资金投入，市场需求的不确定性可能导致投资回报不理想。

安全管理挑战：一些高风险的体育项目存在安全隐患，对安全管理和应急救援能力提出较高要求。

依赖外部市场：经济容易受到外部旅游市场波动的影响，如旅游目的地竞争、旅游政策变化等。

（六）竞技体育型“体育名城”

竞技体育型“体育名城”是特殊原因致使该地区涌现出大量优秀运动员，比如河北保定，就涌现出了 24 位世界冠军、36 位亚洲冠军、150 多位全国冠军。

竞技体育型“体育名城”具有以下特点：

涌现出大量在国内外赛场上取得优异成绩的运动员。

体育荣耀成为城市文化的重要组成部分，市民对体育赛事和运动员关注度高，在世界和全国拥有较高的知名度。

体育知名度能够推动体育场馆、训练基地、特色运动体育学校等的建设，有助于推动学生基础阶段的早期训练和选材工作。

其价值主要体现在以下几个方面：

提升城市知名度和形象：通过培养知名运动员，让城市在国内外获得广泛关注与认可，提升城市的美誉度，促进政府对体育的投资。

促进学校体育的发展：促使政府和学校领导更重视学校体育工作。

培养体育人才：为国家和地区输送优秀的体育人才，提升在体育领域的竞争力。

激发市民的体育热情：推动全民健身运动开展，提高市民的健康水平和生活质量。

增强城市凝聚力和自豪感：市民会为城市的体育成就感到骄傲，增强对城市的归属感和认同感。

相对的不足：

资源过于集中于竞技体育：可能致使对群众体育的投入相对不足，全民健身设施和活动不够普及。

体育文化过于单一：过度强调竞技成绩，或许会导致体育文化内涵的挖掘以及多元化发展不足。

运动员发展的可持续性差：部分运动员在退役后可能面临职业转型困难等问题。

| 第四章 |

“体育名城”与“体育强国”

第一节 “体育强国”的概念

“体育强国”是最近出现的高频词，一般分为“广义”和“狭义”两层含义。

一、“体育强国”的狭义概念

“体育强国”的狭义概念即指2019年《国务院办公厅关于印发体育强国建设纲要的通知》，主要是政府为实现体育强国目标而提出的具体工作任务，其要求条目颇为具体，需各个地方政府贯彻实施。若依此标准推进，将会有一批城市达到“体育城市”的标准，因为这些标准也是中华民族伟大复兴过程中必须实现的，实施标准也成为促进城市发展的有效抓手，能够带动城市经济、文化、环境各方面全面提升，所以各地纷纷出台“体育城市”“体育名城”计划。“体育强国”建设工作势在必行，先行一步将占得先机，尤其是有些具备良好基础的城市，更是跃跃欲试。

（一）《体育强国建设纲要》主要内容

1. 总体要求

以习近平新时代中国特色社会主义思想为指导，坚持以人为本、改革创新、依法治体、协同联动，持续提升体育发展的质量和效益，努力将体育建设成为中华民族伟大复兴的标志性事业。提出了到2020年、2035年和2050年的战略目标，包括建立相应的体育发展新机制、实现体育治理体系和能力现代化、全面建成社会主义现代化体育强国等。

2. 战略任务

落实全民健身国家战略，助力健康中国建设：完善全民健身公共服务体系，统筹规划场地设施建设，广泛开展健身活动，优化组织网络，促进重点人群体育活动开展，推进全民健身智慧化进程。

提升竞技体育综合实力，增强为国争光能力：完善举国体制与市场机制相结合的竞技体育发展模式，构建科学合理的训练体系，建立中国特色现代化竞赛体系，做好奥运会等备战参赛工作，推动足、篮、排球等运动的普及与提升，推进职业体育发展。

加快发展体育产业，培育经济转型新动能：打造现代产业体系，激发市场主体活力，扩大体育消费，加强体育市场监管。

促进体育文化繁荣发展，弘扬中华体育精神：弘扬中华体育精神，传承中华传统体育文化，推动运动项目文化建设，丰富体育文化产品。

加强对外和对港澳台地区体育交流，服务大国特色外交和“一国两制”事业：构建体育对外交往新格局，加强与重点国家和地区交流合作，提升中国体育国际影响力，深化对港澳台地区体育交流合作。

3. 九大工程

明确了体育场地设施建设、全民健身活动普及、青少年体育发展促进、国家体育训练体系构建、科技助力奥运、体育产业升级、体育文化建设、体育志愿服务与体育社会组织建设等九大工程。

4. 保障措施

强调要强化组织领导，加大政策支持力度，促进区域协调发展，加快体育人才培养和引进，推进体育领域法治建设和行业作风建设，加强体育政策规划制定。各地、各部门和单位要建立目标任务分解考核和动态调整机制，制定实施方案，确保体育强国建设目标如期完成。

（二）《体育强国建设纲要》的实施意义

《纲要》的颁布具有极为深远的意义，主要体现在以下几个方面。

1. 国家战略层面

体育强国建设的重要性：体育既是国家强盛的象征，也是人民健康幸福生活的重要组成部分。《纲要》的发布充分彰显了党和国家对体育事业的高度重视，为将体育建设成为中华民族伟大复兴的标志性事业提供了有力的政策保障。

贯彻党的政策精神：这是贯彻落实习近平总书记重要指示和党的十九大精神的具体体现，是顺应世界体育发展大势、推动体育全面高质量发展的必然需求。

2. 体育事业发展层面

明确发展方向：《纲要》为体育事业绘制了融入新时代的发展蓝图，明确了体育强国建设的战略目标、战略任务、战略支撑和战略保障，为体育事业的未来发展指明了前进方向。

推动体育改革：近年来，我国体育改革全面深入推进，体育公共服务水平持续提升，全民健身蓬勃发展，竞技体育成绩斐然，体育产业日益壮大。《纲要》的出台将进一步推动这些改革措施的深入实施，促进体育事业的全面发展。

3. 社会民生层面

提升人民健康水平：《纲要》着重强调落实全民健身国家战略，助力健康中国建设。通过广泛开展全民健身活动，提高人民群众的身体素质和健康水平，推动健康中国的建设进程。

满足多元化需求：随着经济社会的发展和人民生活水平的提高，人民群众对体育的需求日益多样化、个性化。《纲要》的实施将推动体育产品和服务的多元化供给，以满足人民群众日益增长的多元化、多层次体育需求。

4. 国际交流层面

《纲要》提出加强对外和对港澳台地区体育交流，服务大国特色外交和“一国两制”事业。这将有助于提升我国体育事业的国际影响力，推动中国体育在国际舞台上发挥更为积极的作用。

5. 具体内容与亮点

战略目标：构建完善的公共体育服务体系，不断满足广大人民群众多元化、多层次的体育需求，不断提高人民的幸福感和获得感。

战略任务：包括落实全民健身国家战略、提升竞技体育综合实力、加快发展体育产业、促进体育文化繁荣发展、加强对外和对港澳台体育交流等。

战略支撑与保障：提出了体育强国建设的九大工程项目和六大政策保障，包括体育场地设施建设工程、全民健身活动普及工程、青少年体育发展促进工程等以及加强组织领导、加大政策支持力度等。

由此可见,《纲要》的颁布在推动我国体育事业的全面发展、提升人民健康水平、满足人民群众多元化需求以及提升国际影响力等方面都具有重要意义。这里指的是广义的“体育事业”，不是狭义的“体育”。

二、“体育强国”的广义概念

广义的“体育强国”概念，除《纲要》涵盖的内容外，还包括体育能为强国带来的一切价值运用。例如，包含体育思想以及不同视角的价值观，个人与政府对体育价值观存在不同视角，这样的讨论对于家长和每位学生而言更具意义。《纲要》是从政府角度出发需要落实的举措，而每个个体应正确认识体育价值观，把自身发展与民族强盛有机结合，有效利用体育调节情绪、发展智力、增强意志作风的功效，先实现自身发展，进而为社会和民族做出更大贡献。体育思想是近代以来利用体育价值来争取民族解放、民族独立、民族强盛的思想，我们凭借先辈的体育思想获得伟大成功，不断总结原因并积极运用。

广义的“体育强国”除了《纲要》所涉内容外，还应该包括以下方面：

在体育精神层面，培养和弘扬积极向上、充满斗志、坚韧不拔、团结协作、公平竞争等体育精神，使体育成为塑造国民精神品质的重要力量。一个国家的国民只有具备这些品质，才能屹立于世界之林，实现伟大民族复兴，这是体育对人的首要培养目标。此为最重要的一条，但在《纲要》里并未被强调，甚至连重要环节“体育课程”都未提及。忽略体育课程实则是忽视了狭义“体育”一词的概念，仅强调体育事业而未突出核心细节。当下种种现实表明，体育课程的式微已产生不良后果。

从社会治理角度来看，体育相关法律法规完备，体育市场监管得力，保障体育事业健康、有序发展，确保体育活动公平、公正、公开。体育本身就建立在公平、公正、公开基础之上，是对这种社会风气的有力宣传。然而体育却与社会贪污腐败等不良风气融合“狼狈为奸”，由于体育存在利益诱惑因素，导致专业者难以抵御，背离初衷，更易引发腐败和不公，助长社会不良风气。

在体育与健康融合方面，充分发挥体育在促进全民健康、预防疾病、康复治疗等方面的作用，推动体医融合向纵深发展，提升民众的整体健康水平。体育与健康紧密相连，两者相辅相成，共同致力于更健康的目标。

在区域平衡发展方面，实现不同地区体育事业的均衡发展，缩小城乡之间、东西部之间在体育资源、体育参与度、体育竞技水平等方面的差距。在打造“体育之都”“体育城市”的同时，还需要把乡村振兴工作做好，借助体育旅游、生态环境保护建设，带动乡村体育发展。

从体育与环境的关系着眼，倡导绿色体育理念，在体育活动和体育设施建设中，注重保护环境和资源节约，推动体育可持续发展。环境与体育联系紧密，世界著名“体育城市”都拥有高质量的生态环境和优美风景，生态和体育相互促进、协同发展。

在人才培养多元化方面，不仅培养专业的运动员、教练员、裁判员，还培养体育管理人才、体育营销人才、体育传媒人才等，以满足体育事业全方位发展的需求。体育产业的主体为体育服务业，其需要大量服务型人才。我国体育产业刚刚起步发力，需要在人才培养上率先布局。而且体育制造业涉及众多行业领域，需要大量高素质、多元化的人才。

在体育与文化传承的结合层面，挖掘与传承具有民族特色和地域特色的传统体育项目，使其在现代社会中焕发新活力，丰富体育强国内涵。当前中西方体育文化已产生激烈碰撞，业内人士尚未认清本质，传统体育文化虽博大精深，但仍需发展进步才能适应新时期的需要。

对于特殊群体，如残疾人、老年人等，提供充足且适宜的体育服务和保障，实现体育的包容性和普及性。每届奥运会之后均有残疾人奥运会举办，世界文化已达此高度，我国也应该展现相应层次和水平。

在国际体育援助方面，积极向其他国家提供体育技术、人才、经验等方面的支持和帮助，彰显负责任大国的形象。中国正在全面崛起，需要广交朋友，体育是增进友谊的绝佳交流方式。

其他发展体育涉及的问题，如食品安全问题，其与锻炼身体、健康生活相悖，会产生反作用的不良后果。在积极锻炼增强体质的同时，却吃着垃圾食品，危害健康，这不应该是文明国家存在的问题，如超量添加剂、危害极大的氢化植物油等。

广义的“体育强国”要求更为深层、宽泛、具体以及更现代化，关乎切实成效，与每个人的利益关联更为紧密。《纲要》中指导思想的第一条“坚持以人为本……持续提升体育发展的质量和效益”，意味着目标指向每个人的成长、素养提升、价值发挥、利益获取、保障享有等。广义的“体育强国”更重实效，不是口号或敷衍了事的任务，而是追求实际成果。

广义的体育强国核心在于正确的体育思想，自清末起，大量学者在中外发展对比中认识到了先进思想和人格的重要性，积极推动极具塑造品德、意志、人格、作风价值的体育教育，这种民族性昂扬的体育思想对国民影响深刻，是中国革命取得胜利的内在动因。新时期的“体育强国”要完成民族复兴大业，体育思想的正确引导仍非常重要。

体育的根本在于人，必须“以人为本”。体育事业是围绕体育而开展的，失去了培养人的核心任务，体育事业也将偏离航线。

三、“体育强国”的分析

先来看什么是“强国”。强国不同于大国，也不同于富国。

“强国”通常涵盖经济、科技、政治、文化、教育、社会保障以及军事实力等方面：意味着具备强大的经济实力，包括高水平的国内生产总值（GDP）、完善的产业结构、高效的经济运行机制、丰富的资源配置能力以及在全球经济体系中的重要地位和影响力；拥有领先的科研创新能力，有众多高水平的科研机构和人才，能够在前沿技术、核心技术等方面取得重大突破，并将科技成果有效转化为生产力，推动经济社会发展；具有稳定的政治制度、高效的治理体系、良好的政府公信力和国际政治影响力，能够制定并执行符合国家利益和人民需求的政策；具备独特而深厚的文化底蕴，既能传承和弘扬本国优秀文化，又有强大的文化创造力和传播力，在国际文化交流中发挥重要作用；拥有优质、普及且公平的教育体系，能够培养出大量高素质人才，为国家发展提供持续的智力支撑；具备完善的社会保障体系，人民生活水平高，社会公平正义，公共服务优质，社会秩序良好，生态环境优美。此外，还必须拥有强大的国防力量，包括先进的武器装备、高素质的军事人员、完善的军事战略和指挥体系，能够切实维护国家的主权、安全和发展利益。国防力量与前述有所不同，前面讲的多是繁荣、富饶、和谐，即所谓大国、富国的特征，而国防力量的加入才成就“强国”。当年清朝虽为大国、富国，国内存有大量银两，但是最后被列强当成“肥肉”争抢掠夺，深刻的历史教训近在眼前。所以要成为“强国”，必须具备多领域的综合实力，尤为重要的是拥有“强大”的军事力量。这样才可称为“强国”。

强国必要强军，强军是综合实力的体现，一方面要有物质基础，另一方面要具备人的身心能力，若无物质基础，强军举步维艰；若无人的身心能力，便只能沦为奴隶，遭受无尽的压迫和奴役。强军的基础是军事人员素质，在军事人员的主要素质中，思想政治素质居首位，缺少思想政治素质便无法认真履行任务，甚至会滋生危害极大的叛徒和汉奸。中国抗日战争时期的状况表明，推翻清政府统治后，只有部分人的思想精神素质过硬，仍有部分人处于麻木状态，致使出现大量叛徒和伪军。随后是军事素质，要求对理论、经验、技巧以及战略战术能够熟练灵活运用。再者就是要拥有出色的身心素质，具备应对各种艰难困境的体能，以及坚强的意志品质，敢于斗争，冷静、果断、勇敢的心理素质。由此可见，体育成为强军和强国的一块重要基石，体育是培养身心发展最为有效的手段之一。德国总理俾斯麦曾说过一句话，一直流传至今：“尊严只在剑锋之上，真理只在大炮射程之内。”尽管完美主义者认为此语失之偏颇，但现实中的世界便是如此。

所以“体育和战争”在古希腊时期曾是一个长期激烈争论的话题。现在来看，体育无疑是强军强国的一项重要手段，民国时期的军国民体育，解放初期的劳卫制体育，都是基于这个原理。

“体育强国”首要的一点，是思想强国，健全的国格如同健全的人格一般，“天行健，君子以自强不息”，要努力竞争、创新发展以再度实现民族复兴大业，必须怀有宏伟的理想、坚定的信念，还要有强大的意志、顽强的作风、勇敢的斗争精神作为支撑，而这些唯有通过体育才得以有效培养。

第二节 体育与战争

一、体育的价值与起源

体育并非仅源于战争，在动物的生长过程中，便能观察到都出现过类似体育的行为。例如，处于生长时期的猫和狗，会通过一些游戏来促进运动技巧和体能的增长，培养捕捉、打斗的能力。由此可以推测，人类体育起源与之类似。

体育的起源可以追溯到人类史初期，也就是人类早期进化过程中。在当时严酷的生活条件下，为了生存，人类不断地增进体力和智力，逐渐培养了走、跑、跳、投、攀、登等各种活动技能，这些技能经过发展和提炼，演变成了体育项目。结合人类的需求，关于体育的起源主要有以下几种说法。

劳动起源说：从马克思主义的观点来看，劳动创造了人类，也催生了人类的社会活动，体育便被包含其中。在原始社会的生产劳动中，人类获得了各种技巧，这些技巧成为体育中某些基本动作和技能的源头。例如，原始人类为了获取小动物做食物，需要有快跑的能力；为了抵御和擒获大猛兽，需要有使用器械和投掷的力量；为了捞取水中的鱼虾，需要掌握游泳技能；为了采摘高树上的果实，要学会攀登技巧。当人类认识到这些能力和技术的重要性，并有意地去学习和锻炼时，体育便应运而生。这种劳动起源说本质上是为了生存，属于生理需求。

游戏说：18 世纪德国哲学家席勒率先提出，19 世纪英国哲学家斯宾塞也认为游戏是精力的发泄途径，有助于身体器官的练习，对提升人的生存能力有益。不过，此说法仅从生物学角度出发，未能揭示体育产生的根本意义。从动物行为可知，其目的在于有针对性地促进技能和体能发展，这种目的或许就存在于基因中，人类也应该如此。

巫术宗教说：原始社会中，人们认为存在超越自然力的神灵主宰着自然和人类，于是产生了巫术和宗教。在巫术活动和祭祀中，逐渐出现了早期的游戏、舞蹈等形式。人们用舞蹈竞技和奖励来表达对神灵的崇拜，如古奥运会。但体育的起源归根结底还是离不开人类的各类实践活动，巫术和宗教并非体育起源的最初动力，而应是一种应用形式，例如，玛雅人的宗教足球比赛，中国西南地区也有类似的活动，如上刀山和下火海。这种需求属于多种需求的综合，或者直接称为宗教需求。

模仿说：古希腊哲学家德谟克里特和亚里士多德认为，艺术是模仿的产物。原始社会儿童模仿成人打猎、捕鱼、作战等活动而进行的游戏，被视为体育的源头，此说法与游戏说类似。

战争说：源于德国菲特的《体育百科全书》。为了取得战争的胜利，人们常采用各种手段训练士兵，随着战争的发展，创造出更多军事类体育项目，如举重、摔跤、蹴鞠、赛马、射箭等，这些项目最终演变为体育竞赛活动。战争对体育的产生起到了积极的促进作用。战争的目的是满足安全需求，也是为了生存。

需要说：该学说认为体育是为适应社会生产、生活需求以及人的生理和心理的需要而产生的，属于社会需求。

在多种学说中，劳动起源说被普遍视为体育起源的重要因素，其主要目的是生存。但体育的起源是一个复杂的过程，夹杂多种社会因素，如宗教、艺术、战争以及人类生理本能等，在其产生及初期发展阶段均发挥了各自特殊的作用。历史文献、人类学和民族学资料及原始人类活动的遗迹都证明，以人类社会劳动生存为主，包括多种因素的体育起源“多源论”更符合历史事实。

亚伯拉罕·马斯洛提出需求的五个层次，从最基本到最高级依次是生理需求、安全需求、社交需求、尊重需求、自我实现需求。按此理论来分析，劳动起源说属于最底层的生理需求，战争起源说属于安全需求，是排在生理需求之后的次底层次基础需求，两者均属于生存需求。所以，体育与战争关系极其紧密，人类发展史在一定程度上也是战争史，尤其是古代冷兵器时代，体育对战争意义重大。

二、体育与战争

“国虽大，好战必亡；天下虽安，忘战必危。”该句出自中国战国时期的古代兵书《司马法》，体现了中国古人的智慧，至今仍是需牢记的规则。因好战而亡的大国比比皆是，那些迅速崛起占领大量国土的国家衰落得极为迅速，成于好战，亦亡于好战，而多年忘战的国家随时可能陷入崩溃。2000 多年来，这一规则在世界范围内不断重现。

《司马法》成书于战国初期，相传由姜太公所著，但学界一般认为是由司马穰苴整理而成。该书保存了春秋前期一些非常珍贵的军事制度和战争观念。其内容涵盖了战争目的、军队组织、兵器使用、战术运用以及军事礼仪等诸多方面。这部兵书强调以“仁”为本，主张“以战止战”，注重军事与政治、道德的结合。在军事思想史上占据重要地位，对后世兵书的撰写和军事思想的发展产生了深远影响。

据史学家记载，人类历史在很大程度上就是一部战争史，据军事专家马骏讲述，近五千年间的战争达一万四千五百余次。战争极为残忍却又往往是不得已而为之。经济学家负责资源配置，军事家则秉持不好战亦不忘战的理念。体育作为有规则的竞争游戏，往往更能体现此原则，诸多“体育与和平”的故事便是证明。体育作为对抗与竞争的文明运动，是和平生活中英雄主义的最好诠释。

（一）古希腊“体育（赛会）与战争”争论

由于战争和体育存在特殊关系，自古以来便深受统治者重视。古希腊时期对此有着较为全面且详细的记载，并且经过长期的争论和发展，试图探寻最终答案。反观中国历史，却缺少这类争论。

在中国古代，体育与战争关系紧密且相对统一，未出现明显的争论。古代中国军事训练本身就包含了许多具有体育性质的活动，如射箭、骑马、武术等，这些技能既是军事作战所需，也是日常锻炼和竞技的项目。体育活动在很大程度上服务于军事目的，被视作培养士兵身体素质和战斗技能的重要手段。此外，古代中国的社会价值观和文化传统推崇“文武双全”，对在军事和体育方面表现出色的人往往给予赞赏和尊重。再者，社会结构和政治制度决定了战争的发动和进行具有较高的权威性和统一性，体育活动作为战争准备的一部分，其地位和作用明确，体育作为军事训练手段的运用毋庸置疑，故而无须就两者关系争论不休。由此可见，中国古代与古希腊在这一问题上的显著差异在于体育赛会的目的。

1. 古希腊开启奥林匹克赛会

古希腊奥林匹克赛会的起源可追溯至公元前 8 世纪前后。当时，古希腊由众多城邦组成，由于这个区域比较贫瘠，各城邦之间经常发生战争和冲突。为了缓解紧张局势、促进和平，古希腊人寻求一种类似战争却具有和平形式的活动来替代战争。公元前 780 年，伊利斯的统治者伊菲图斯即位，他希望能够暂时停止战争，便决定改革奥林匹亚运动会，规定每四年在夏季举行一次，参赛期间交战国必须停战，所有参赛者不得携带武器进入奥林匹亚，所有城邦都有资格参加。这就是古代奥林匹克运动会的起源。

奥林匹克赛会的创立与宗教仪式密切相关。古希腊人崇拜众神，尤其是宙斯神。奥林匹克赛会最初是为了纪念宙斯神而举行的宗教节日。在这个节日中，人们会进行各种体育竞技活动，以表达对宙斯神的敬意和崇拜。这种祭祀活动中的体育项目和比赛在中国少数民族中也一直存在。通过举办赛会，各城邦间得以加强交流和合作，鉴于很多战争源于误解，交流可消除隔阂，降低战争发生的可能性。赛会也成为展示城邦实力和荣誉的舞台，各城邦纷纷选派最优秀的运动员参加比赛，争夺荣誉和奖励。由于古希腊时期文化活动也非常繁荣，赛会期间还举办诗歌朗诵、音乐演奏等文艺表演，彰显了古希腊的艺术和文化成就。这些活动不仅为观众提供了娱乐项目，也促进了文化交流和传承。

此后，这种赛会形式逐渐发展为大型体育赛事，除奥林匹克赛会外，公元前 6 世纪前 25 年，皮提亚、地峡和尼米亚赛会也先后成立，体育运动和赛会日益繁盛。

2. 赛会价值

虽然古希腊创建了大型体育赛会，但是战争仍然伴随着体育赛会频繁发生，赛会本是为了和平而生，却事与愿违。这一问题涉及古希腊社会、文化和政治的多个方面。

首先，古希腊是重视体育的社会。体育在古希腊被视为一种重要的教育途径，通过体育锻炼，人们能够提高身体素质、培养毅力与团队合作精神。体育比赛也是古希腊社会生活中的重要组成部分，诸如奥林匹克运动会和各种大型赛会，这些体育活动不仅是娱乐方式，更是展示个人与城邦实力的机会，因此，体育在古希腊社会中具有重要地位。

其次，古希腊原本一直是战争频发之地，城邦之间常因争夺领土、资源和权力而发生冲突和战争。至今，巴尔干半岛仍弥漫着战争气息，多民族在此交会，引发复杂矛盾。尽管赛会有交流和培养感情之效，但收效甚微，比赛所培养出的斗志和勇敢反而让人们更加不惧怕战争。

正因为体育和战争在古希腊社会中均占据重要地位，一方面，体育比赛可为战争提供训练和选拔士兵的机会。通过体育锻炼，人们可以增强体质，提高战斗力，为战争做好准备。另一方面，战争结束后，人们也需要通过体育活动来恢复身心健康，释放战争带来的压力和紧张情绪。同时，体育比赛也成为庆祝胜利和凝聚人心的方式。

此外，古希腊城邦之间的竞争也促使体育和战争交替发生。城邦之间经常举办体育比赛，以展示自己的实力和荣耀。这些比赛既是体育竞技的场所，也是政治斗争的舞台。城邦之间通过体育比赛争夺荣誉和地位，而这种竞争往往会演变为战争。

3. 体战之争

在古希腊时期，由于“体育与战争”周而复始，关于“体育与战争”的话题引发了激烈争论。当时社会对于体育和战争之间的关系有着不同的看法和观点。

一方面，许多人认为体育是战争的延伸和准备。他们认为，通过参与体育活动，人们培养身体素质、耐力和技能，而这些对于在战争中的表现至关重要。体育训练被视为一种备战方式，可以帮助士兵提高战斗能力，增强体力和耐力，从而在战场上更具优势。此外，体育比赛也被用来选拔优秀的战士，通过比赛来测试他们的体能和技能，以便其在战争中发挥更大作用。在公元前 520 年的奥林匹亚赛会上，增设了一个十分特殊的比赛项目——“重装赛跑”，其军事目的显而易见。这项比赛完全是为战争而设立的项目。

另一方面，一部分人则认为体育与战争存在矛盾与冲突。他们认为，体育应该是一种和平的活动，目的在于促进健康、友谊和团队合作。体育比赛理应是公平竞争的舞台，而非战争的替代品。他们认为，将体育与战争联系在一起，会使暴力和竞争的价值观渗入体育领域，破坏体育的本质和意义。此外，他们还担心体育训练可能会导致过度军事化，忽略其他重要方面的教育和发展。

这场争论引发了广泛的讨论和辩论。一些人试图寻求平衡，认为体育可为战争做准备，但也应该保持其独立的和平价值。他们认为，体育能够培养团队合作、纪律和领导能力，这些素质在战争中同样重要。同时，他们也倡导体育应是一种娱乐和享受的方式，不应被过度军事化。

古希腊时期“体育与战争”的争论持续数千年，罗马时期人们还在激烈争论，此后若干年仍会有人拿出来讨论，对后来的历史和文化产生了深远的影响，根源就在于“体育和战争”的复杂关系。

4. 赛会促使战争

作为一项重要的体育盛事，古希腊的奥林匹克赛会在当时的社会中占据着极高的地位，而且对于当时战争频率产生了颇为显著的影响。这一赛事的举办，无疑成为促使战争频繁发生的一个关键因素。

首先，奥林匹克赛会很多项目设置与军事高度相关，尤其是“重装赛跑”，其为战争准备的目的显而易见。在这种以战争为导向的赛事中，领导者与选手皆充满斗志，敢于竞争、拼搏、作风顽强且好战易战，备战和开战仅一步之遥，这种情绪和文化背景极易诱发战争。

其次，比赛本身的竞争性质使得各个城邦间的紧张关系不断加剧。在这项赛事中，各城邦都希望能在比赛中斩获优异成绩，以彰显自己的实力和荣耀，然而，由于比赛的结果往往与城邦的荣誉和利益密切相关，因此，各个城邦为争夺胜利展开了激烈角逐。这种竞争不仅体现在赛场上，还可能延伸到赛场之外，导致城邦间紧张关系升级，甚至引发战争。

此外，奥林匹克赛会的举办还可能引发城邦内部的动荡。在部分城邦中，参赛运动员通常由贵族阶层选拔和培养，这引发了社会阶层间的矛盾和不满。在某些情形下，这种不满可能演变为社会动荡，甚至引发内战。而内战的发生，往往会削弱城邦实力，从而使其他城邦有机可乘，进一步提高战争频率。

古希腊的“赛会与战争”相互推动，致使古代奥林匹克赛会持续了近1200年。公元393年，古希腊奥运会被终止。笔者查阅相关资料，发现并无文献表明在此后的1000多年里，该地区城邦间依旧处于战争频繁的状态。所以，赛会促进体育竞技发展的同时，也在一定程度上促使了战争的频繁发生。这一现象值得深思，它反映了古代希腊社会的复杂性和多样性，也为我们正确且深入认知古希腊历史和文化提供了重要窗口。

关于“体育与战争”，可参考北京人民大学王大庆《略论古希腊人的“体育与战争之争”》一文。由于“体育”一词在中文里的使用范畴过广，所以理解该文时需注意区分，文中的“体育”指代赛事或竞技项目，也可指锻炼。由于该文阐述的是从古希腊开始的“体育与战争”争论，而古希腊是战争与体育的典型区域，对相关研究很有意义。从前述体育起源的“战争说”可知，体育关联着安全需求、生存需求，从这个层面来看，体育和强国关系非常密切。

这里有两点特别值得思考。其一，为什么古代奥林匹克运动会在古希腊持续1000多年，体育赛会与战争不断交替且频繁进行，而古希腊人只在争论“体育与战争”，却始终没有寻到解决之路。其二，为什么在现代奥林匹克运动会起始的50年里爆发了人类史上最大规模的两次战争。

（二）近代西方体育和战争的关联

历史上体育与战争这种关联在不同的时期和文化背景下有不同的体现形式。在近代，体育服务于军事训练，有助于增强国民身体素质和意志品质，培养尚武精神。经过两次世界大战后，现代体育更加倡导和平、友谊和团结的精神，通过体育交流促进国际的理解与合作，而不是将其与战争直接画等号或用于战争目的。

1. 近代英国的宗教改革、殖民主义、工业革命促进体育发展

宗教改革对英国产生了深远的影响，强化了都铎王朝的君主专制，国

王成为教会首脑，加强了中央集权，使英国在海外殖民冒险和贸易掠夺活动中总能更自主决策和行动，对英国社会经济发展起到推动作用。宗教改革激发了英国民众的民族意识和国家认同感，促进了国内团结和稳定，为其海外殖民扩张提供了支撑。

英国的殖民统治与体育发展联系紧密。对外侵略扩张要求殖民者具有冒险精神，而这与体育培育的胆识、勇气、斗志、毅力等特质相契合。

随着英国殖民主义的扩张，英国的各类体育运动逐渐传播到世界各地。例如，足球、羽毛球、板球、曲棍球、网球、乒乓球等运动项目在英国有着深厚的根基和广泛的群众基础，英国殖民者将这些运动带到殖民地及其他地区。这些体育项目在各地得到推广与发展，在满足人们娱乐需求的同时，英国试图借此培养殖民地人民对英国文化的认同感和归属感，传播自身价值观、生活方式和社会规范，以巩固殖民统治。殖民扩张带来了经济利益和资源，为体育设施的建设、体育组织形成以及体育赛事举办提供了物质基础。殖民地的资源和市场也为英国体育产业发展创造了机会。

2. 英国现代体育发展在世界范围内发挥了多方面的重要作用

体育项目的起源与推广：许多现代体育项目起源于英国，如足球、橄榄球、网球、羽毛球、乒乓球、曲棍球等。随后，这些运动借助英国的海外殖民、贸易和文化传播等途径在全球得到普及和推广，成为备受世界欢迎的运动项目。

体育文化的传播：英国在现代体育发展过程中，形成了独特的体育文化，例如，强调公平竞赛、尊重规则、注重体育精神等。这种体育文化随体育项目的传播，对其他国家的体育观念和文化产生了影响。

体育赛事的举办与规范：英国举办了众多具有影响力的体育赛事，如温洛克奥林匹亚运动会被认为是现代奥运的雏形，残奥会也起源于二战后的英国。同时，英国还制定了部分体育项目的比赛规则和规程，为这些运动的规范化发展贡献力量。

体育教育理念的影响：英国教育体系重视体育教育，将体育视为培养学生综合素质的关键手段，包括锻炼身体、培养团队合作精神、塑造人格等。这种体育教育理念对其他国家的教育观念有一定的启发和影响。

体育产业的发展：英国的体育产业较为发达，在体育商业化、体育俱乐部运营、体育营销、体育商务等方面积累了丰富经验。这些经验为全球体育产业发展提供了借鉴，推动了体育产业在世界范围内的发展壮大。

体育人才培养：英国培养了众多优秀的运动员、教练和体育专业人才，他们在国际体育舞台上扮演重要角色，并将英国的体育技术和经验传播到世界各地。

3. 法国体育发展受到英国明显影响

英国的繁荣及体育事业的蓬勃发展，引起了海峡对岸法国的关注，法国对其进行了学习效仿，在这一过程中，顾拜旦起到了重要作用。顾拜旦认为，强化体育教育应当从以下几个方面着手：

（1）强调体育教育的全面性，其内容不仅包含身体锻炼与遵守规则，还涉及道德、意志以及个人发挥与团队合作社交能力的培养。

（2）主张将体育纳入学校教育的核心课程体系，以保证每个学生都能拥有充分的时间和机会参与体育活动。

（3）倡导体育教育应遵循科学的方法和原则，根据学生的年龄、性别和身体状况进行合理的安排和指导。

（4）体育教育需要营造积极的氛围，激发学生的兴趣和主动性，让他们自愿参与并享受体育所带来的益处。

（5）提倡体育教育应当与文化教育相互融合，推动学生的全面发展，培养出既有强健体魄又具备丰富知识和高尚品德的人才。

顾拜旦指出，德国体育只重视体操锻炼和纪律性是不行的，还需要集体竞技项目的个人发挥和团结协作，以及更为丰富灵活的内容练习。这里体现出德法两国不同的行事特点，这种差异所产生的影响至今仍在延续，例如，德国给人严谨、机械、刻板的印象，而法国则充满自由、艺术、浪漫的气息。

4. 体育在德国同样备受重视

昔日普鲁士便利用体育来培养军事技能和体能，注重纪律与规范，还推行了专门的军事广播体操，旨在塑造军队中身体素质优异的士兵。1933 年，希特勒上台后，立即批判德国教育体系中“重智轻体”的倾向，转而强调“国家责任在于利用青少年，弘扬未来种族”，企图通过体育塑造具有德意志种族特性、主人翁精神、高度主动性和无畏精神的公民，对青少年开展“政治化的身体教育”。在纳粹思想主导下，德国体育走上了种族化与军事化的道路，呈现出畸形发展态势。其战略措施具体表现为：

（1）将身体训练置于教育核心地位，认为青少年教育重点在于身体的全面发展，而非“无用”的文化知识积累。体育被赋予培养军事技能的重任，纳粹军事思想成为学校教育的主导理念，军事体育训练大幅增加，搏击、越野行军、射击及野营等军事活动逐渐融入课堂，几乎取代了传统体育项目。

（2）推行体育组织的一体化进程，成立了“纳粹体育运动联合会”，统一管理各体育项目，并设立“希特勒青年团”“劳动服务处”等军事训练机构负责青少年体育活动。同时，推行三级体育奖章制度，作为法西斯军事体育的基础。

（3）将种族、军事、领袖及优化意识融入体育之中，借助“全民体育”推广运动，强制实施体育锻炼标准，要求 45 岁以下德意志人通过“体育标准”，以培养合格的雅利安人。体育的种族化与军事化倾向明显，旨在构建民族共同体，禁止犹太运动员等群体使用公共体育设施。

（4）利用奥运会开展政治宣传，通过举办赛事推动公共工程建设，缓解失业问题。1936 年柏林奥运会更是纳粹思想传播的巅峰，借机宣扬日耳曼种族的优越性，巩固希特勒的领袖地位。

纳粹时期的德国体育战略紧密围绕强权、种族优化与军事化理念展开，完全服务于国家政治需求。军事、种族与领袖意识成为体育的核心战略要素，体育因此沦为培养纳粹公民、服务于法西斯战争的特定教育工具。纳粹法西斯将体育价值极端化，这恰恰是其最大的失败。

5. 日本效仿德国制度进行明治维新，改革的日本在体育培养上较为极端

明治维新后，日本军国主义把体育作为强化军事预备教育进而实现对外扩张的重要手段。其主要举措包括：

（1）思想灌输：借助军国主义教育的系统化、体制化，大力强化军国主义意识形态，向民众灌输为天皇和国家奉献、崇尚武力等思想观念，使体育与军事思想深度融合。

（2）学校体育军事化：在学校教育中着重突出体育的军事功能，成为日本强化军事预备教育并进行对外扩张的重要途径。兵式体操、“刺枪术”等武术教育成为学校体育教育的重要内容。昭和时期，日本文部省曾下达通知，要求在女子中学体育课中推广薙刀和弓道，随后又确定了相关基本动作和规则，在全日本学校中对女生普及薙刀术。薙刀术原本是一种武术技法，当时被纳入学校体育范畴并加以推广。此外，其他体育项目也可能受到类似影响，被赋予军事训练或备战的意义。到二战时期，日本政

府进一步强化忠于天皇的思想教育与法西斯军事体育训练，致使学校“兵营化”。

（3）强调武士道精神：日本武士道精神包含效忠君主、崇尚武艺和绝对服从等观念，这种精神与军国主义思想相互契合。体育活动能够用于培养学生或民众的坚韧不拔、勇敢和服从等品质，以契合武士道精神的要求。

日本军国主义的这些行径旨在将整个国家纳入军事和战争轨道，服务于其侵略扩张政策，给周边国家和人民带来了深重灾难，日本人民也深受其害。不过，日本的体育竞技水平确实得到显著提升。当我们如今为潘展乐荣获100米自由泳奥运冠军并打破世界纪录而高兴时，也要想到，在1928年、1932年奥运会上，同为亚洲人的日本选手鹤田义行曾两度夺得200米蛙泳冠军，并创造世界纪录。

日本和德国一样，法西斯体育过度极端化地强调体育价值，过度夸大精神、意志力量，违背了物质决定意识的自然规律，背离了全面教育“五育并举”的客观规律。德国当时呈现出带有自身特点的西方体育文化弊端，日本作为经济暴发户，原本的文化就扭曲落后且具有野蛮性，又汲取西方体育文化的极“左”倾向，最终落得“邯郸学步”的下场，日德两国均走向失败。法西斯体育推崇的是违背人性的极端功效，因违反自然规律而失败乃是必然的，这些在中国古代文化中均有清晰阐释。

二战后不久，大松博文带领的日本女排号称“东洋魔女”，曾在世界排坛所向披靡。大松博文的训练手段实际上带有少许法西斯体育的特征，然而他对运动员生活等方面给予诸多关怀，其理念是为了实现伟大目标必须付出艰苦努力。我们可以认为大松博文训练法是法西斯体育的延续，在适度范围内能够取得较好效果，若能配合得当，则契合“天将降大任于是人也，必先……劳其筋骨……”的道理，“有志者，事竟成”也得以完美演绎。

（三）中国古代“体育与军事”

前面古希腊部分聚焦于“体育赛会与战争”，主要探讨的是“赛事”与“战争”的关联，而中国这部分我们称为“体育与军事”，二者存在较大差别。有些学者指出，古代或许存在以“赛事”替代“战争”来化解纠纷的例子，这说明赛事和战争有相似的竞争特性，但实际情况并非如此理想化，矛盾被激化时，往往只能诉诸战争。而“体育和军事”意味着体育锻炼的成效可用于军事训练，或者中国古人正是出于这般考量，因而不存在“体育与战争”的争论。

远古时期记载的“有穷国”之人善射箭，且拥有广泛的群众基础，其后他们的首领后羿夺取了统治权，这是军事和体育相结合的最早例证。春秋时期的齐国，君主为提高军队战斗力，组织开展了射箭比赛，孔子“六艺”中的“射”便与之相关。鉴于射箭在战争中的重要作用，它既是军事技能，也是一项重要的体育活动，各国都重视对士兵射箭技能的训练，这也促进了射箭技术的发展和普及。当时还有关于“五射”的记载，诸如“白矢”（射箭透靶，见其镞白）、“参连”（前射一箭，后射三箭，连发而中）、“剡注”（用猛力使箭贯物而过）、“襄尺”（尊者卑者同时射，但卑者须后退一尺）、“井仪”（射四箭皆要中靶且呈井状）等多种射箭技巧和训练要求。此后，射箭始终是中国广泛开展的体育运动，且主要服务于军事训练。

从战国时期开始，周朝统治名存实亡，天下纷争四起，军事行动愈发活跃，体育和军事之间的紧密关系展露无遗。频繁的战争促使各国重视军事力量建设，军事训练成为常态，着重强调士兵的体能、技能和战斗素养。

战国时，战术由车战改成大兵团步兵作战，“兵之情主速”，步兵移动主要依靠走和跑，长跑训练便成为军事训练的重要内容。例如，孙武被聘为吴王阖闾的军师时，重视军队长跑能力的训练，命令士卒穿着全副甲胄，拿着作战武器跑完300里路才准许宿营。通过这样的训练，选拔出3000名长跑能力出众的士卒组成先锋部队，进攻楚国，因移动速度快而“五战五胜”，很快占领了楚国首都郢城。为了提高军队作战素质，许多诸侯国采用奖励的办法选拔身体强壮的士卒。吴起在魏国招募兵士时，就以武装长跑作为选拔标准。被征选者需穿上胸、腹、腿三块甲，戴上面胄，手提戈，背负弓矢，腰悬短剑，携带三天的干粮，“日中趋百里”。合格者被录为常备军，并免除其本户的徭役和田宅的租税。此举吸引了大量农民参与，推动了长跑练习的广泛开展。诸侯争霸之际，各诸侯国积极发展军事力量，骑兵的作用日益凸显。赛马运动作为训练骑兵的重要手段得到了广泛发展。通过赛马比赛，能够选拔优秀的骑兵和马匹，提高军队的战斗力。例如，贵族们通过参与赛马比赛来彰显自己的地位和财富，各诸侯国也利用赛马比赛展开竞争和展示实力。著名的“田忌赛马”就发生在那个时代。

赛马不仅是军事训练活动，还承载着一定的政治、经济和社会功能。我国多个朝代皆有赛马活动。早在公元前13世纪的商代晚期，人工饲养马匹并将其用于骑乘和战争的现象便已出现，至春秋战国时，孔子提倡“六艺”之“御”（可理解为驾车或骑马，技术类似），那时赛马和马术活动已然形成，迄今有3000多年的历史。战国时期，赛马活动较为流行，《史记·孙子吴起列传》中就记载了孙膑帮助田忌赛马取胜的故事。汉代赛马活动不仅流行于民间，在宫廷中也很盛行。魏晋南北朝时期，受北方少数民族的影响，赛马活动长盛不衰。唐代的赛马与马术极为兴盛，唐太宗李世民将马术列为军事训练科目，击鞠（马球）等游乐活动也盛行于军旅和宫廷之中。元代时，统治者带来了游牧文化，“诈马”（赛马）成为当时的国家赛事，每年举行一次。此外，大都（北京）城内也有民间赛马活动。清代宫廷赛马场地多选择在木兰围场一带，每年秋季举行，是“木兰秋狝”中的一项重要活动。北京城中也有依不同时间在不同地点举行的赛马活动。中国古代的赛马活动是一种体育竞技，和军事密切相关。

摔跤是古代军事训练的重要内容之一。它能够锻炼士兵的力量、灵活性、反应能力和战斗技巧。在春秋战国时期，军事训练中就设有摔跤项目。士兵通过摔跤训练，可增强身体素质和近身搏斗的能力，以适应战场上的近战需求。秦汉时期，摔跤活动在军队中仍然受到重视。唐代时，摔跤被列为宫廷军事训练的项目之一，其技巧和规则也得到了进一步的规范，据记载，唐玄宗时期曾多次组织宫廷卫士开展摔跤比赛，以检验和提高他们的战斗能力。宋代军中依然重视摔跤训练，将其作为提高士兵战斗能力的手段，《水浒传》里的浪子燕青便是摔跤高手。清朝时期，蒙古族盛行摔跤比赛，摔跤在军事训练中的作用依然存在，同时也逐渐成为民间娱乐和竞技的重要项目。

军事需求推动了体育发展，体育旨在培养身体素质和运动技巧，精准掌握军事技术。中国历史上几乎不存在以体育比赛替代战争的案例，用比赛替代战争未免过于轻浮且不切实际。

（四）类似古希腊“体育与战争”的争执未在中国出现的原因

类似古希腊“体育与战争”的争执从未在中国出现过，更何况中国历史5000多年一直是完整连续的。很多学者认为，中国历史延绵得益于文化，即能把各个民族融合到一起的文化；还有地理优势，中国大陆是世界气候最好的几大地域之一，最终大家都在这里居住发展。在这一繁荣发达的文明史进程中，人们只是把体育作为教育的内容之一和一种军事训练手段，并未因体育对战争特殊的贡献而专门举办赛会。为战争而搞的比赛项目和赛会只会让战争更频繁，古希腊的历史便是证明。如果培养训练出一批善战的士兵，最终极可能引发战争。二战前期，美、英、德、日都在大量建造军舰、飞机、坦克，且都投入使用，引发了世界大战。一般情况下，有什么准备会导致什么结果，扩充军备就容易用战争解决问题，除非双方达到平衡。中国古代的比武不计其数，但并未像古希腊那样陷入“赛会与战争”的怪圈，不断上演和平与战争的闹剧。1200年来高喊和平口号，实则不断重复战争，这便是古代奥林匹克的实质。

换个角度来看，可怕的是现代奥林匹克的产生也是如此。顾拜旦在考察英国体育时发现，其对强军大有裨益。普法战争的失利对他影响很大（其中受都德的《最后一课》影响，中国教材也选录过），他认为法国也应开展英式体育，随后又看到了奥林匹克赛事的价值，于是开始推行现代奥林匹克，推行不久便爆发了人类史上前所未有的“第一次世界大战”，造成了巨大灾难和经济损失，最终法国取得胜利。接着，希特勒大肆宣扬强化体育，1936年的柏林奥林匹克运动会可谓火药味十足，随即爆发了第二次世界大战，其间，德国取得阶段性胜利并迫使法国签署投降书，世界再次陷入巨大灾难，生命和财富被大量消耗。这都是发生在现代奥运会开始的50年间。人们在强调渴望和平的同时，往往伴随着战争，难道又要步入古希腊战争与和平交替的年代吗？此后的70年，小规模战争依旧不断，但人类学会了克制，经历两次世界大战之后，人们思考问题或许更为周全了。

百年来的奥林匹克运动，大致呈现这样的走势：起初因倡导竞争、勇气以及“更高、更快、更强”，成为众多国家国民体育体制的基础，对战争爆发起到了推动作用；但经过大规模战争的摧残并总结教训后，人们更加渴望和平、热爱和平，各国在外交矛盾中相对更为克制，通过奥运会特有的体育形式，在交流中缓和释放紧张气氛，凭借信息时代优势迅速获得全民关注，尖锐的矛盾得以缓和，历经战火洗礼的现代奥运会开始真正发挥促进和平与团结的价值。当然，其中还有诸多其他因素在起作用，孤立看问题是不恰当的。

体育赛会与体育并非同一概念。体育赛会在演变过程中会形成特殊的阶层和明暗规则，如运动员阶层。欧里庇得斯曾提到：“在希腊社会的诸多弊端中，运动员的竞技活动尤为突出。他们不仅未能掌握正确的生活方式，也缺乏相关教育。一个被物欲所驱使的人，如何期许他能超越先辈……？此外，这些运动员难以忍受贫困，财务管理亦非其所长，不良习惯更使他们在生活中频遇困境。年轻时，他们如城邦的璀璨雕像；然而，一旦步入暮年，便如同破损的地毯，昔日风采不再。”这些问题在当今依然存在（类似现代人的论述），虽只是一部分，却也表明问题由来已久。体育本是大众健康身心的手段，可一旦形成比赛项目，其性质便发生巨大变化，尤其涉及利益争夺时，这也是最初奥运会禁止职业运动员参赛的原因之一。真正的体育旨在培养优秀品质，而非专营输赢的比赛项目和赛会。

赛会看似可以代替战争发泄人的战斗欲望，但同时也会培养人的好战性格。人们做事往往存在优势惯性，弱小者争斗时不得已要用计谋或言辞，而强壮者擅长武力，争斗时直接动拳头。赛会培养出的结果不言而喻，然而人类若要废弃争斗和斗争精神，便会迅速走向灭亡，或被外族所灭，或被自然淘汰，或被其他物种侵袭。

中国兵家思想占据压倒性优势。中国是历史上兵家思想的发源地，如今兵家思想在世界上有广泛影响力。或许兵家早就将“体育与战争”的问题化解至不成问题的程度了。兵家思想无所不用其极，如“兵不厌诈”，既然已到兵刃相见、你死我活的境地，就无须顾忌手段了，且未发生“赛会与战争”的争论。相反，在现代体育技战术发展进程中，人们一直在研究中国的兵法，可见体育与兵法之间存在诸多关联。中国古代极其伟大的思想——“中庸之道”，是儒家的处世哲学，它倡导对待事物要避免偏激和过度，并非平庸，而是一种更高维度的智慧，很多学说都受其影响，即在“更高、更快、更强”的同时，也提醒着“亢龙有悔”，否则便会物极必反、乐极生悲。有些学者在质疑西方伪史，这也是一个重要疑点：古希腊 1200 年持续反复的“战争与和平”教训，却未让他们思索出更先进的思想。

第三节 “体育城市”和《体育强国建设纲要》的交叠内容

狭义的“体育强国”一般理解为国务院颁布的《纲要》，广义上则涵盖更加广阔全面的体育强国内容。对比分析《纲要》和“体育城市”的一般标准，可以发现《纲要》基本涵盖了“体育城市”的建设内容，而“体育城市”可以具有更多特色、更丰富的内涵以及更强的影响力和美誉度。因此，在《纲要》颁布之后，很多基础好的地区纷纷启动“体育城市”建设目标和计划方案，以便在完成《纲要》任务的同时，获得更多影响力和知名度，打造“体育城市”。

一、“体育城市”创建与《体育强国建设纲要》任务的共同点

两者内容存在大量重叠之处，我们可以从多个维度进行深入探讨。这两个目标虽侧重点不同，但在推动国家体育事业发展、提升全民体育素质、提高国际体育影响力等方面有着显著交集。以下是两者的重叠内容。

（一）全民健身与公共体育服务

1. 全民健身国家战略

共同目标：无论是“体育城市”还是“体育强国”的创建，都强调全民健身的重要性。完善全民健身公共服务体系，推动全民健身活动的普及与深入开展，是两者共同的任务。

实施策略：包括建设更多体育设施、开展多样化体育活动、推广科学健身方法等，以满足人民群众日益增长的健身需求。

2. 公共体育服务标准化

共同要求：在“体育城市”和“体育强国”的创建过程中，均需要推动公共体育服务标准化建设，确保不同地区、不同人群能够享受到均等化的体育服务。

具体举措：制定并执行统一的体育设施标准、体育活动组织标准、体育指导员培训标准等，提升公共体育服务的专业性和规范性。

（二）竞技体育与为国争光

1. 提升竞技体育综合实力

共同目标：两者都致力于提升国家竞技体育综合实力，培养更多优秀运动员，在国际赛场上为国争光。

实施策略：通过完善国家体育训练体系、加强科技助力奥运、提高运动员竞技水平和心理素质等措施，不断提升国家竞技体育竞争力。

2. 职业体育发展

“体育城市”和“体育强国”的创建都需要推动职业体育的发展，通过引入高水平的职业联赛、培养职业体育俱乐部、提升职业体育的市场化运作水平等措施，促进职业体育的繁荣和发展。

（三）体育产业与经济发展

1. 体育产业作为经济转型新动能

共同任务：两者都认识到体育产业在推动经济转型升级中的重要作用，致力于通过发展体育产业来培育新的经济增长点。

实施路径：加强体育产业的科技创新、优化体育产业结构、推动体育消费升级等，促进体育产业的快速发展和提质增效。

2. 体育消费与体育市场

两者都关注体育消费市场的培育和发展，通过丰富体育消费产品和服务供给、优化体育消费环境等措施，激发人民群众的体育消费潜力。

（四）体育文化与精神传承

1. 体育文化繁荣发展

两者都强调体育文化的繁荣发展对于提升国家文化软实力的重要性。通过推动运动项目文化建设、丰富体育文化产品等手段，弘扬中华体育精神，传承体育文化精髓。

2. 体育精神与社会主义核心价值观

两者都注重发挥体育精神在引领社会风尚、培育社会主义核心价值观方面的作用。通过推广以女排精神为代表的中华体育精神，激发人民群众的爱国热情和社会责任感。

（五）对外体育交流与合作

1. 提升国际影响力

无论是“体育城市”还是“体育强国”的创建工作，都致力于提升中国体育的国际影响力。通过加强对外体育交流、参与国际体育合作等方式，展示中国体育的成就和风采。

2. 服务大国特色外交

两者均认识到体育在服务大国特色外交中的重要作用。借助体育交流增进与其他国家和地区的友谊及合作，推动构建人类命运共同体。

由此可见，“体育城市”创建与“体育强国”任务在全民健身、竞技体育、体育产业、体育文化和对外体育交流与合作等方面存在显著的重叠内容。这些重叠内容不仅是两者共同追求的目标和任务，更是推动中国体育事业全面发展的重要支撑和保障。

二、创建“体育城市”与《体育强国建设纲要》任务的差别

在创建“体育城市”中，众多城市以《纲要》为参照来开展工作，其与《纲要》在目标、范围、侧重点以及具体举措上存在一些差异。以下是对两者差别的详细剖析。

（一）目标差异

“体育城市”：

具体目标：着力创建一个具有显著体育特色和影响力的城市或地区，通过完善体育设施、举办体育赛事、发展体育制造业、培养体育人才等举措，提升城市的体育氛围和知名度，力求成为具备引领价值的典范城市。

地域性：更聚焦于某一特定城市或地区的体育发展状况，带有明显的地域局限性。

《纲要》：

宏伟目标：旨在全面提升国家的体育综合实力和国际影响力，实现体育事业的全面繁荣和发展，成为体育强国，进而服务于中华民族伟大复兴的伟大事业。

全局性：从国家整体层面出发，涵盖体育事业的各个领域和方面，具有基础性、全局性和战略性特征。

（二）范围差异

“体育城市”：

范围限定：主要聚焦于某一城市或地区的体育设施建设、赛事举办、人才培养等方面，范围相对狭窄，在全面性方面存在欠缺，但往往各具

特色。

《纲要》：

广泛覆盖：涵盖全民健身、竞技体育、体育产业、体育文化等多个领域，涉及全国范围内体育事业的发展和改革，范围广泛且系统全面。

（三）侧重点差异

“体育城市”：

侧重点：目前国内“体育名城”大多侧重于体育设施的建设和体育赛事的承办，以及体育产业的拓展，其他方面稍显薄弱。

《纲要》：

多维度全面发展要求：在重视竞技体育成绩的同时，更为强调全民健身的普及和提升，以及体育产业的创新发展。与此同时，还注重体育文化的传承和弘扬，以及对外体育交流合作的加强。

（四）具体举措差异

“体育城市”：

具体措施：可能包括建设高标准的体育场馆、引入并举办高水平的体育赛事、培养本地体育人才、发展体育产业及取得创新和领先的业绩等。

《纲要》：

综合施策：需要采取一系列综合措施，包括健全体育法律法规体系、强化体育科技创新、推动体育产业升级转型、深化体育管理体制改革等。同时，还需要加强体育教育和宣传普及工作，提高全民体育意识和参与度。

创建“体育城市”和达成“体育强国”事业在目标、范围、侧重点和具体举措等方面存在一定差别。然而，两者相互促进、相辅相成。通过打造更多的“体育城市”，能够推动全国体育事业的繁荣发展，创建知名“体育城市”或“体育名城”需要全方位的努力；而实现“体育强国”事业的目标，则需要众多”体育城市”作为典范，全国各地共同努力，建成一批“体育城市”。

两者均未涉及体育课程，即体育狭义概念中的“学校体育”，它们都属于与体育直接相关的事业范畴，如体育场馆、体育文化、体育产业、竞技体育等，却未着重强调体育的核心价值——“以人为本”，这也是我们历经百余年成长起来的诸多体育思想家所追寻的体育价值，然而却未能成为我们新时期的重点任务所在。

第四节 “体育城市”的延伸

“体育城市”建设在《纲要》之外，要结合中国式现代化建设内容。“体育城市”在一般标准的建设目标任务以外，还有诸多延伸和拓展。这些延伸和拓展旨在进一步提升城市的体育综合实力和影响力，促进体育事业的全面发展。以下是部分可能的延伸方向。

一、体育科技创新与研发

创新高地建设：积极推动体育科技创新，打造集设计、研发、检测等功能于一体的体育科技创新公共服务基地，使其成为全国乃至全球的体育技术研发高地和人才集聚高地。中国将成为世界影响力最大、最有活力的国家，“体育名城”理应在体育科技、体育产业、体育文化方面勇挑重担，代表性的“体育城市”作用和价值极为重大。

智慧体育发展：利用大数据、云计算、人工智能等现代信息技术，推动智慧体育发展，提高体育场馆的运营效率和服务水平，为市民提供更便捷、智能的体育服务体验。在中国，为现代化的美好愿景的实现，将进一步巩固中国的经济、科技、文化实力，对世界充满吸引力，具备科技实力与产业实力的城市应当率先垂范。

例如，2024 年武汉推出无人驾驶出租车，在全球处于领先地位，此类案例的影响力非常大；2022 年北京冬奥会期间，中国泰山集团推出的“雪蜡车”极具开创性，其不仅涉及光伏发电、5G 通信、新能源动力等专业技术领域，还在赛事直播、仿生光源等领域实现突破，堪称“工业奇迹”。在零下几十摄氏度的寒潮下，雪蜡车内的温度依旧能保持在 20 摄氏度左右，车外寒风凛冽，车内打蜡师傅们却身着单衣作业。雪蜡车的供暖系统十分可靠，车内基础设备也非常齐全先进，仅打蜡台这一个设备就拥有十多项专利。在雪蜡车主车的扩展区域内，雪板柜、雪蜡台、运动员休息区、热身区、干湿分离卫生间一应俱全，车上六个雪蜡台可同时运行。车内还配备了独家研发的新风系统，用来排除打蜡产生的烟尘，下排风的独特设计既缩短了风道距离，又增强了出风口吸力。此外，在动力方面，雪蜡车配备了绿色节能的氢燃料电池作为动力，在增强低温下长距离转场能力的同时，更具科技性与环保性。这台中国首创且世界领先的雪蜡车，成为2022年北京冬奥会上耀眼的科技产品，彰显了人们对美好未来的追求。

二、体育产业多元化发展

体育服务业提升：大力发展体育服务业，包括体育赛事运营、体育培训、体育旅游、体育传媒等，形成多元化的体育产业格局。

体育消费升级：推动体育消费升级，引导市民从传统的体育消费向高品质、个性化体育消费转变，促进体育消费市场的繁荣和发展。

赛事运营服务消费一直是发达国家的重要衡量标准，目前我国处于发展初期，必将迎来巨大的发展机遇。我国相关产业的服务水平、服务质量、运行能力能否尽快跟上发展需求，需要由试点“体育城市”加速推进。可喜的是，成都、南京、广州、上海等城市已相继把赛事运营作为主要建设目标。

体育服务业是体育产业主体，体育制造产业则是体育产业周边产业。体育制造产业更多地与机械制造、服装鞋帽、电子产品相交融，易产生混淆，而真正的体育服务业属于消费型产业。目前，随着我国经济发展升级，需要消费来拉动发展，体育服务产业潜力巨大。国家体育总局数据显示，2022年全国体育产业总产出为33008亿元，增加值为13092亿元。与2021年相比，2022年体育产业总产出增长5.9%，增加值增长6.9%，体育服务业增加值为9180亿元，占体育产业增加值的比重为70.1%，比2021年提高0.1个百分点。从数据来看，体育服务业比例虽然偏低，但整体增长势头非常好，有预测称，到2025年体育产业总产出将达到5万亿元，按照当前趋势达成目标应无问题，不过体育服务业占比偏低问题仍难以解决。

三、体育文化交流与传播

体育文化挖掘：深入挖掘和整理城市的体育文化资源，包括历史传统、民俗风情、体育赛事等，营造具有地方特色的体育文化氛围。

国际体育交流：加强与国际体育组织和城市的交流与合作，举办国际体育赛事和体育文化交流活动，提升城市的国际知名度和影响力。

几乎所有“体育城市”都有很好的体育文化做支撑，若没有体育传统和体育氛围，仅靠政府政策推动将会极为困难。

伦敦是众多现代体育项目的起源地，多达几十项，极大地推动了现代体育的发展，我国在这方面处于劣势。虽然足球起源于我国，但是现代足球比赛的规则却始于英国。目前我国广泛开展并流行的大量体育活动是从西方传入，并在西方体育运作体系推动下发展起来的。我国传统的体育项目至今没有一项正式进入奥运会，在传统体育项目传播方面能力十分薄弱。篮球、排球、足球、田径、体操等众多引进项目在我国传播效果良好，不少在国内并未普及的项目，通过国家培养也获得了一些奖牌，融入了世界赛事体系，因为这些项目具备明显的竞技性，便于开展比赛。相反，我们许多传统体育项目重点在于健身、养生、修身养性，竞技性不足，虽有大量的练习人群，但是难以构成比赛规模。如何将众多传统体育项目结合竞赛、交流传播的特点，发展成具有活力的特色项目，是当前面临的一大难题。随着我国的崛起，文化输出势在必行，我们需要有拿得出手的体育项目向世界传播，进行中华文化和价值输出。在这方面，“体育城市”理应有所担当，要推出最具国情特色、地域特点鲜明、富有传播力、文化内涵深厚且具创新性的体育项目。

四、全民健身与体育普及

全民健身活动：持续推动全民健身活动的普及和深入发展，建设更多公共体育设施和健身路径，提高市民的体育参与度和身体素质。

体育特色学校：强化体育特色学校的建设和管理，培养更多的体育特长生和优秀运动员，为竞技体育和群众体育发展提供人才保障。

学校体育：我国在体育氛围上与世界存在较大差距。多年来，我们专注于科技发展与智力培养，孩子们从小就在考试成绩上奋力拼搏，将时间花在题海上，学校在这种大环境下也是无能为力。小学阶段要赢在起跑线，中考要进入重点高中才能有出路，高考更是一刻不能松懈，运动时间严重不足，学校体育状况急剧下滑，引发一系列后续问题。这种情形在全国普遍存在，整个社会因发展科技的压力致使资源向其倾斜，体育未受重视。倘若体育行业有巨大需求、可观收入且人才稀缺，体育必然能蓬勃发展起来。但是由于对体育价值认识不深刻，认识角度有偏差，即便努力营造体育氛围也难以实现整体改善。

目前，中国最佳的体育氛围并非存在于校园，而是在健身养生群体，特别是特定年龄段的中老年人群中，并且呈现出一种反常现象：按照人的生理进程，应该是青少年时期积极开展运动以塑造良好体质，中年时期维持良好体质，老年时期适度进行运动。可中国却恰恰相反，目前是青少年时期运动不足，中年时期开始锻炼，老年时期运动最为活跃。这与中国传统体育文化密切相关，我们需要积极发展体育文化，以适应新时期的要求。

学校体育要靠严格的管理，政策制度合理，标准制定规范，但倘若管理失职，便会满盘皆输。体育教育面向每一个同学，每个同学都应得到良好培养，健康体质是每一位学生应该达到的目标，日后也将受益于此。选拔与培养优秀竞技人才需建立在良好的学校体育基础之上，基础薄弱难以选拔出好苗子，“矮子里选将军”终究难成大器。体育健儿为国争光是振奋民族精神的有效途径，但倘若将大部分精力倾注于此，同样违背社会主义优越性原则。社会主义优越性在于让每个人都能受到良好的体育教育，而不是把资源集中于个别优秀运动员的培养上。公共资源能够共享、体育设施能够共享、荣耀能够共享，但是身心健康发展却不能共享！

学校体育是全国统一模式下的薄弱环节，“体育城市”理应针对这一问题率先开展试点，一个城市若能解决此全国性问题，那么全国范围内的问题也一定能迎刃而解，只要找准问题的关键，必定能够取得成效。

五、体育政策与制度创新

政策扶持：出台一系列扶持体育事业发展的政策措施，包括财政支持、税收优惠、土地供应等内容，从而为体育名城的建设给予政策保障。

制度创新：在体育管理体制、赛事举办机制、人才培养体系等方面进行创新尝试，构建具有地方特色的体育发展模式。

不过，当前的政策制度仍存在诸多问题，部分问题即便提出也因综合条件不足而难以解决。但是随着我国的持续发展，尤其是经济结构的调整变化，解决问题的恰当时机终会到来。

六、可持续发展与生态环保

绿色发展理念：将绿色发展理念贯穿“体育城市”建设全过程，推动体育场馆和设施的绿色化、低碳化改造和建设。

生态保护与修复：在“体育城市”建设过程中，注重生态保护与修复工作，确保体育事业与生态环境协调发展。以体育旅游和环境发展的关系为例，两者若协调得当，便可相互促进，反之则会破坏环境。近期体育旅游项目开发火热，如果不及时与环境保护密切相连，不久就会对当地生态产生破坏作用。

“体育城市”在达到一般标准的建设目标任务基础上，具备丰富的延伸和拓展方向。这些延伸拓展不仅有利于提升城市的体育综合实力和影响力，还能够促进体育事业的全面、可持续发展。

| 第五章 |

中西方传统体育文化

第一节　中国诸子百家对中国体育思想的影响

诸子百家，作为中国春秋战国时期各种思想流派的总称，对中国文化的发展产生了极其深远的影响。这些思想不仅在政治、哲学、伦理等领域有着重要贡献，也在一定程度上影响了中国古代体育文化的形成与发展。本章通过对儒家、道家、墨家、法家、兵家、名家、纵横家的分析，探讨诸子百家思想对中国体育传统文化的影响。

诸子百家各有其独特的理论体系和实践方法。儒家是中国古代极为重要的学派之一，其核心思想为仁爱、礼义、孝道等。儒家认为，人与人之间应该以仁爱为基础，借礼义规范行为，强调家庭伦理和社会道德的重要性，注重教育和个人修养，倡导君子之道，追求个人与社会的和谐发展。

道家的核心思想是道、德与无为而治。道家强调人与自然的和谐共生，主张顺应自然、无为而治的原则。道家认为，人应该追求内心的平静与自由，摒弃功利主义，追求精神的提升和超越。

墨家的核心思想是兼爱非攻、节俭用财。墨家主张人们平等地关爱所有人，反对战争和暴力，倡导和平与和谐，提倡节俭的生活方式，反对奢侈浪费，强调财富的合理利用。

法家的核心思想是法治国家、重农抑商。法家认为，国家应该依靠法律来治理社会，维护社会秩序和公平正义。法家强调农业的重要性，视农业为国家基础，主张对商业加以限制与管控。

兵家以孙子、吴子为代表，注重战略战术。兵家强调训练的重要性，认为“凡战者，以正合，以奇胜”。传统武术中的诸多技法和训练方式均受兵家思想影响。

名家的核心思想是名实之辩、言辞之辩。名家关注语言和逻辑的问题，主张通过辨析名词和概念的含义以达成正确的认识和表达，强调言辞的准确性和逻辑的严密性，追求思维的清晰和论证的合理性。

纵横家起源于战国时期，纵横家把灵活多变的权谋策略看得极为重要。为了追求利益以最终实际效果为导向，依据不同的形势和对象，制定不同的策略，甚至不择手段，不特别坚守特定的道德观念和价值准则。体育在很多情况下有类似特点。

总的来说，中国诸子百家学说思想核心涵盖了伦理道德、政治治理、哲学思考、语言逻辑等多个领域，形成了丰富多样的思想体系。这些学派的思想家们通过对人性、社会、自然等问题的思考和探索，为中国的文化传统和价值观念的形成做出了重要贡献。

一、儒家思想对中国传统体育文化的影响

儒家在中国被推崇2000多年，其核心思想具有正统且重要的社会价值，但统治阶级却利用了其中部分内容并加以改进，以固化人的等级观念和思想，无形中消磨了人们的斗争精神。它强调仁义、道德、修养并使人安于现状，虽维护了社会稳定，但丧失的“斗争”精神和“竞争”意识在关键时刻危害极大。清朝末期，国外称中国人为“东亚病夫”，据考证并非指中国人体质差，主要是指思想麻木，缺乏斗争精神和竞争意识，一方面是长期受儒家思想影响，另一方面是清政府长期对人性的残暴压制。就如同一群绵羊，所有人都被驯服后，无人敢出头，平时便于统治和剥削，待外敌入侵时也只能坐以待毙。西方的海洋文明、海盗文化刚好相反，强调个人英雄，注重意志力、竞争性、侵略性，致使殖民地极度扩张，而明治维新后的日本学到了侵略性和顽强性，所以肆无忌惮地对中国发动了惨无人道的侵略战争，尽管我们认为其文化落后、偏激又扭曲，但是历史反复证明，野性往往是文明的巨大威胁。儒家思想对中国传统体育文化产生了深远的影响，它与道家思想共同构成中国体育文化的主体基础。

儒家思想从最初孔子时期到汉武帝“罢黜百家，独尊儒术”时期，是有所不同的。因为要完全成为统治阶级的工具，董仲舒对儒学进行了修改。从当时的历史认知来看，儒学已相当成功，它融合了道家、法家、纵横家的一些先进思想，董仲舒也因此被称为“儒宗”（董仲舒是古代德州地域人，目前德州市在市区最繁华地段修建有宏伟的董子读书台，并有巨大雕像，以纪念这位文化宗师）。

历史上的孔子既强调道德修养的重要性，又注重身体锻炼，认为体育活动是培养人的道德品质和提高身体素质的重要途径。据说孔子经常参加各类体育活动，有着多方面的运动技能和特长，堪称体育全才。根据古代典籍的记载，孔子在以下几种体育运动项目上达到了很高的水平：一是射箭，《礼记·射义》记载："孔子射于矍相之圃，盖观者如堵墙。"意思是说，孔子在矍相的射箭场射箭时，慕名前来观看的人围得里三层外三层，犹如一堵厚墙。关于孔子射箭，《论语·述而》也有记载，即："子…弋不射宿。""弋"是系有长绳的箭头。孔子能拉弓射落飞鸟，这可不是一般人能练就的功夫，足可说明孔子箭术的不凡。二是驾车，六艺当中的"御"，也就是驾车，孔子驾车的技能很高，他认为，驾车甚至比射箭更重要。他曾说："吾何执？执御乎？执射乎？吾执御矣。"意思是，自己如果要在射箭和驾车两项中选择一项的话，他选择驾车。由此可见孔子对自己驾车本领的自信，属于那个时代的"自驾爱好者"。孔子不仅善于驾车，还有很系统且可操作的理论，《论语·乡党》所谓"升车，必正立，执绥。车中不内顾，不疾言，不亲指"，意思为：上车之后，必须站立于正确的位置上，然后手执马缰，驱车前行，行进过程中不要快速说话以免影响注意力，要注视前方而不要看车内情况，不要随便指点以免影响方向。三是短跑，孔子身材高大，《史记·孔子世家》说"长九尺有六寸，人皆谓之长人"。九尺六寸，相当于现在的1.9米，看来山东大汉自古便有，属于标准的大个子。《淮南子·主术训》中写道："孔子……足蹑郊兔，力招城关，能亦多矣。"孔老夫子竟可以追上野兔，可见其跑步能力超强。另有记载孔子可"力招城关"（举起关城门的门闩），这表明孔子的臂力惊人。古代有"人生七十古来稀"的说法，而孔子活到了73岁，且周游列国时生存条件极差，心情也是非常不好，但是靠着自己的信念坚持，实属不易。

孔子自己重视体育锻炼，也注重全面教育，如今我们说"德智体美劳"，孔子的"六艺"也包含了相似的内容。孔子的目标是培养全能型人才，他曾作过解释，即既要有智慧，又要有节操，既有敌猛虎的勇力，又具备各种技能。毛泽东"文明其精神，野蛮其体魄"的号召有相似的描述，也是对孔子思想的发展。

孔子明确阐明恪守道德规范，反对无道逞强好胜的主张："君子无所争，必也射乎！揖让而升，下而饮，其争也君子。"意思是，君子之间没必要去打斗，如果说必须有，比比射箭就行了，这就是标准的体育，也是古希腊时期一直争论不休的"战争与体育"的体现。比射箭之前相互行礼，比完之后相互敬酒，在竞争中表现出道德品质，好似古代的“友谊第一，比赛第二”，形式和当代奥林匹克运动相似。

但是真正因利益冲突导致的战争是不可能做到这样的，否则就是迂腐至极，类似的故事如中国历史上的宋襄公就是典型。春秋五霸之一的宋襄公，非常注重仁义道德，其三大迂腐行为的最后一个——泓水之战，体现了中国春秋时期极无人道的道德标准，但是这也彰显了文明古国的神奇一面。故事是这样的：宋襄公听说郑国支持楚成王做诸侯霸主，就决定攻打郑国。目夷劝阻他，襄公不听。周襄王十四年（公元前638年）初冬，宋襄公领兵攻打郑国，郑国向楚国求救。楚国派大将成得臣率兵向宋国国都发起攻击。宋襄公担心国内有失，只好从郑国撤退，双方的军队在泓水（古河流名，故道约在今河南省柘城县西北）相遇。楚军开始渡泓水河，向宋军冲杀过来。目夷说：“楚兵多，我军少，趁他们渡河之机消灭他们。”宋襄公说，“我们号称仁义之师，怎么能趁人家渡河攻打呢？”楚军过了河，开始在岸边布阵，目夷说：“可以进攻了。”宋襄公说：“等他们列好阵地。”等楚军布好军阵，楚兵一冲而上，大败宋军，宋襄公也被楚兵射伤了大腿。为什么叫无人道的道德标准呢？因为他手下那些士兵成了牺牲品，这是极其迂腐、毫无人性的道德标准。

孔子的运动休闲观念是很重要的观点，在春秋时期，人们在每年冬季农闲时节都要举行蜡祭等庆祝活动，“一国之人皆若狂”，弟子子贡为此疑惑不解，孔子说，“一张一弛，文武之道”，即劳逸结合，而运动休闲娱乐便是放松身心的一种极佳方式。《论语·阳货》记载孔子说：“饱食终日，无所用心，难矣哉！不有博弈者乎？为之，犹贤乎已。”其意思是，整天吃饱了饭，无所事事是不行的，空闲时间下下棋，总比什么都不做要好。

儒家思想对中国体育文化的影响可以从价值观、行为规范、精神追求与实际操作四个方面来看。儒家思想中的仁义礼智信五常，与体育精神存在诸多相通之处。体育文化中的公平竞赛、团队合作以及个人品德的发展，实际上是对儒家价值观的现代阐释；儒家强调礼仪和规矩，体育比赛中的规则制定和遵守，可以说是对儒家礼仪思想的一种延续。体育中的礼仪教育，比如敬重对手、尊重裁判、守纪律等，均可视为儒家行为规范的具体体现；儒家的修身理念在学校体育教育中得以广泛应用：借助体育活动培养学生的坚持、忍耐、自律精神，集体体育活动培养了学生的团队合作意识，并强调“和谐”理念，认为人与自然、人与社会应该达到和谐共处的状态。在中国传统体育文化里，我们可以看到许多与和谐相关的元素，如

“动中有静，静中有动”，强调人与自然的和谐统一；此外，儒家强调“中庸之道”，中庸之道是极为高明的处世哲学，其对中国传统体育文化产生了重要影响。

儒家思想长期以来作为主导思想，有利有弊，对中国传统体育文化发展影响深远，使得中国传统体育项目具备了独特的道德修养、礼仪规范、和谐意识以及中庸之道等特点。这些特点不但代表了中国传统体育文化的重要内涵，也为世界体育文化的发展提供了宝贵的借鉴。

二、道家思想与中国体育文化

道家思想是中国最基础的思想，有一种观点认为，儒家思想起源于道家，且道家思想对民间的影响更为广泛而深刻。有学者指出：“道家思想可被视为中华民族的伟大产物，是国民思想的核心，大有‘仁者见之谓之仁，知者见之谓之知，百姓日用而不知’的态势。”道家主张“无为而治”“天人合一”，强调自然、和谐、平衡和养生，这些理念在中国传统体育文化中得到了充分体现。尤其是在养生方面，由于剧烈运动和竞技体育对体能的过度开发不符合养生规律，所以中国传统体育文化在这一点上与西方体育形成了强烈反差。尤其是道家分支“道教”把养生作为最主要的目标，历经几千年的实践总结以及在广大群众中的深远影响，使得这种中西方体育文化的差异几乎难以调和。既然难以调和，那么中国传统体育文化便可以另一种典范形象向世界传播。

道家思想的核心为“天人合一”，倡导人与自然和谐相处，这一观念在体育文化中表现为追求身心的和谐与统一；道家的阴阳五行理论强调事物的动态平衡，形成了体育活动中的动静结合原则，即通过调整阴阳平衡来促进身体健康；道家重视“气”的修炼与运行，认为“气”是人体生命活动的根本，这对中国的养生功、气功和武术产生了深远影响，关于“气”的观念不仅强调外在运动，更注重内在修养和精神提升；道家提倡顺应自然、无为而治，这种思想反映在体育文化中便是不强求、不过度竞争，而是顺其自然地进行身体锻炼；在参与体育活动时，强调心态的放松和自然，防止过度紧张和焦虑，以利于身心健康；道家思想有力地推动了养生体育的发展，如气功、太极拳等均深受道家养生思想的影响；道家追求长生不老，倡导健康的生活方式和饮食习惯，这对中国传统体育文化中的长寿文化有重要贡献。

中国传统体育文化在很大程度上可以说是由道家思想构建的，主要体现在强调人与自然的和谐共生、注重内在修养、重视身体各部分的平衡发展以及注重身体健康和长寿等方面。道家思想不仅深刻地影响了中国传统体育文化的内涵和发展轨迹，还为现代体育贡献了珍贵的哲学基础和实践方法。未来应进一步探索道家思想的积极因素及其对人类的巨大贡献，将其融入现代中国体育文化中，为我国体育事业开辟新篇章。

三、墨家思想对中国传统体育文化的影响

墨家思想对中国传统体育文化有一定的影响，在古代，因“罢黜百家，独尊儒术”，使墨家受到一定程度抑制。但墨家仍有很多优秀思想得以传播，主要体现在其博爱、尚同的理念以及侠义精神的倡导等方面，这些思想不但丰富了中国体育文化的哲学内涵，也为现代体育的发展提供了重要借鉴。

（一）博爱

兼爱互利的思想：墨家提倡“兼爱”，主张对所有人平等地施以爱心，这一理念在体育文化中体现为团结友爱和公平竞争的精神。

对体育伦理的提升：通过强调人与人之间的平等和关爱，墨家思想增强了体育活动中的道德规范，推动了体育竞赛的健康和谐发展。

（二）尚同

团队精神协同竞技的培养：墨家主张“尚同”，即统一思想和行动，这在体育文化中表现为团队合作和协同作战的意识，有助于树立整体配合和团体荣誉的观念。

（三）侠义

武侠精神的传承：墨家思想中的“非攻”和侠义精神深刻影响了中国的武术文化，注重武术道德，倡导终身学习和自我修炼，这对武术教育及传承有重要影响，使武术成为修身养性的重要途径。

（四）非攻

反对暴力的体育精神：墨家主张“非攻”，即反对无谓的攻击和战争，

这种思想在体育文化中转化为反对赛场暴力、维护比赛公平的体育精神。

（五）科技

体育的需求带来了科技的发展和进步，墨家堪称科技创新的“鼻祖”，其鼓励人们不断通过技术创新来改造社会、造福人类。体育在训练、竞赛、传播、传媒、服务等诸多方面，有大量需要可借助科技进步予以解决。如巴黎奥运会中，中国提供了众多高科技装备服务比赛，如带芯片的足球、带检测功能的海绵垫、快速的通信设备等。中国在体育科技发展上很好地继承了墨家思想。

古代中国舍弃墨家还有一个重要原因，当时认为注重科技发展会引发社会动荡，而安稳的农业更利于天下太平。现代也有很多悲观者认为，人类会毁于科技的进步，这并非危言耸听，毕竟人类在打开“潘多拉魔盒”时，难以预测会引发何种后果。

四、法家思想对中国传统体育文化的影响

法家思想是中国古代思想体系里的重要分支，其核心理念为法治和权力集中，旨在维护社会秩序，实现政治权力的集中。法家思想能与兵家、儒家等其他思想很好融合，其所强调的纪律性、竞争性和规范性被广泛应用。以下是法家思想对中国传统体育文化产生的影响。

纪律性：法家强调法治和秩序，这种思想可类比到体育训练中的纪律性要求。在体育活动中，尤其是军事体育和武术训练中，严格的纪律和规范是必不可少的。法家关于人民、官员乃至国君都应守法且依法办事的观点，在体育训练中体现为要求严格遵循规则和纪律，以此保障训练效果和安全。

竞争性：法家提倡“兴功惧暴”，鼓励立战功，这种竞争和奖励机制也可用于体育竞技中。在古代的体育比赛中，如射箭、摔跤等项目，往往伴有奖惩举措，以激励参与者尽力而为，体现出一种鼓励竞争和追求卓越表现的氛围。

规范性：法家思想大力提倡法的拘束力和权威性，这在体育活动中表现为对比赛规则的严格执行和遵守。无论是哪种体育项目，明确规范的比赛规则都是保证比赛公正性的基础，参与者需严格遵守这些规则，确保比赛有序进行。

法家教育思想：虽然法家主张“燔诗书，明法令”，看似与体育并无直接联系，但其所强调的教育改革与实用性能够在体育教育中有所体现。体育教育同样强调实践和操作，借助实际动作教学而非仅靠理论学习来培养学生的身体技能和竞技能力。

法家政治哲学：尽管法家有其特定的政治哲学，包括权力集中和法律的严格执行等内容，这在某种程度上也影响了体育道德的形成。体育竞技中的公平正义、遵守规则等道德观念或许也受到法家思想的间接影响，其着重强调规则的重要性和公平竞争的原则。

五、名家思想对中国传统体育文化的深远影响

名家思想起源于儒家、道家与墨家思想的融合，对中国传统体育文化有着多方面的影响。首先，名家思想强调个体的自我修养与内在素质的提升，这一理念与中国传统体育中的“内外兼修”理念不谋而合。名家认为，身心相互依存，身体的锻炼能滋养心灵，而内心的平和与专注则有助于身体健康。所以，中国传统体育不仅重视锤炼外在的运动技巧，更重视内在修养与精神境界的提升。

其次，名家思想倡导人与自然的和谐共生，这与“天人合一”的体育观念相呼应。名家主张人类应遵循自然法则，与自然和谐共处。这一理念在中国传统体育中体现为倡导在自然环境中进行锻炼，以达到身心平衡与健康。例如，太极拳等体育项目，通过模仿自然动作，促进身心的和谐统一。

再次，名家思想对道德修养与人格完善的重视，也深刻影响了中国传统体育。名家认为，良好的品德与道德修养是人格完整不可或缺的部分。同样，中国传统体育强调运动员的道德修养与人格完善，认为优秀的运动员既要具备卓越的运动技能又要拥有高尚的品德。因此，体育训练不但关注技能的提升，还注重培养运动员的道德品质与社会责任感，使其在比赛中能遵守规则、尊重对手、团结协作。

最后，名家思想强调实践与应用的重要性，这一观点在中国传统体育中得到了充分体现。名家认为，知识与理论需通过实践加以验证与发展。中国传统体育同样注重实践，鼓励将理论知识与运动实践相结合，通过持续的训练提升运动技能与竞技水平。这种实践精神激励运动员不断挑战自我，达成个人突破与超越。

六、兵家思想对中国传统体育文化的影响

因兵家和体育的关联性，兵家思想对中国传统体育文化的影响极为深远。兵家思想强调的是战争的策略和战术，以及如何在战争中取得胜利，这种思想至今不仅在中国，也在世界范围内被学习研究，是西方军事和体育都极为崇尚的思想。

首先，兵家思想强调实战性，这与中国传统体育文化中的武术有诸多相似之处。武术不只是一种体育运动，更是一种实战技能。在武术练习过程中，人们不仅要学习如何攻击和防守，还要研习运用策略和战术来击败对手。这种实战性思想，正是兵家思想的核心所在。然而近几年，武术已经完全失去了实战性，进而失去了兵家思想的精髓，照此发展下去，武术或将走向没落。

其次，兵家思想强调的是团队协作。在战争中，个人力量是有限的，只有通过团队协作，才能发挥出最大的战斗力，这种思想在中国古代战争和传统体育文化中均有所体现。但是如今中国的竞技体育往往是集体项目成绩较差，个人项目相对出色。集体项目所需的团队协作素养培育不应仅局限于运动员，普通老百姓、在校学生、职工在体育活动中都需要培养团队协作精神，竞技体育若不发挥引领示范作用，相关部门就着实需要深刻反思。

最后，兵家思想强调灵活变通、三十六计、兵不厌诈。在战争中，局势瞬息万变，唯有灵活应对、足智多谋、知己知彼，才能取得胜利，这些思想在体育活动中也处处有体现。

兵家思想内涵丰富，几乎都与体育战术相关联。古代中国是兵家思想的发源地，面对博大精深的兵家思想，中国体育文化可借此获得更好发展。“狭路相逢勇者胜”便是兵家思想对体育价值的有力佐证，体育最重要的培养价值在于强意志，充满斗志且敢于拼搏方能取得胜利。

七、纵横家思想对中国传统体育文化的影响

纵横家思想对中国传统体育文化的影响非常微妙，且无处不在，既是对立统一，又是左右互搏。纵横家强调权谋和策略，这种思维方式在中国传统体育中普遍存在，例如，在围棋、象棋等棋类游戏中，选手们需要运

用各种策略和计谋来取得胜利，这与纵横家的思维方式极为相似。纵横家往往从更高维度来看待事物的发展，在正反两面都积极推演运作，其创立人鬼谷子堪称纵横大师，他的两个弟子张仪和苏秦仿佛是他的两枚棋子，各自以纵横手段推动局势变化。纵横家策略多样，会动用一切手段来达到目的，如同现在的律师，为使自己辩护方胜诉会采用一切能用的手段。所以纵横家往往追求“以弱胜强”，即通过智慧和策略来战胜比自己强大的对手，这种思想在中国传统体育中也有体现。例如，在格斗中，选手们需要借助技巧计谋击败对手。纵横家思想对中国传统体育文化的影响主要体现在思维方式、团队合作和竞技策略等方面，它既是中国传统体育文化的基础（相传围棋的发明者是鬼谷子），也为体育发展提供了丰富的思想和策略资源。纵横家的最高境界是拥有超然视角，纵横同步推进，从而共同推动事物发展，并相互推演对方走向，以便提前做好准备。我们在棋类计算、比赛训练乃至军事事务中都运用这种思想。

诸子百家的思想对中国体育文化的影响是深远且多方面的。在价值观方面，儒家的仁义礼智信与体育精神中的公平、合作等理念相呼应。在训练和竞赛方法技巧方面，兵家的严格训练与现代具有科学性全面性的训练方法相结合，提升了运动员的竞争水平。在身心调适方面也有一定的影响，道家顺应自然、和谐身心的理念，为运动员的心理建设提供了宝贵借鉴。而纵横家恰恰就是为体育而生。现代体育不仅是体能和技艺的较量，更是意志、精神和规则的展现。诸子百家的思想，尤其是儒家、道家和兵家的精髓，为现代体育教育提供了丰富的理论资源，有助于促进人的全面发展。

第二节　中西方体育文化对比

一、中西体育文化简介

（一）中国传统体育文化

中国传统体育文化与中国传统文化密切相关，经过中华历史的反复实践、探索、洗练与凝练，最终形成了博大精深且趋于稳定的体育文化体系，有待我们去继承和弘扬，并持续探索、实践和论证。

1. 背景与起源

中国传统体育文化深受儒、道、医等多种思想影响。从周、商、夏或更遥远时期开始，中国传统体育文化便与医学养生同步发展，百家争鸣后，各家思想开始对中国传统体育文化施加作用与影响。经历漫长岁月的演进，形成了丰富的内涵。到了汉代，汉武帝将儒家思想确立为正统，但诸子百家也一直在发展，并在传统体育文化中相互交融，道家与儒家思想体系为中国传统体育文化奠定了深厚的理论基础。

2. 内容

基本理论：中国传统体育文化的基本理论包括身心和谐、天人合一的生命观，以及阴阳平衡、顺应自然的哲学思想，其中道家思想占据主体地位。

文化属性：中国传统体育文化具有鲜明的民族性、传承性和发展性特征，是中华优秀传统文化的重要组成部分。由于中华民族的长久性和多元性，决定了体育文化蕴含极为丰富的文化内涵，既包含了众多体育活动的具体形式，也蕴含着深厚的文化意蕴和人文精神。

3. 传承、发展与传播

随着时代的发展，中西方思想相互碰撞，中国传统体育文化如同整个文化体系一样，不断创新和发展。传统体育项目在保留原有特色的基础上，不断融入现代元素；借助教育、媒体等渠道，传统体育文化获得了更为广泛的传播和普及，新兴运动不断涌现。中国传统体育文化越来越受到世界重视，部分项目在国际舞台上大放异彩。通过奥运会等国际体育赛事的展示，中国传统体育文化逐步得到了更多国际友人的关注和认可。与此同时，中国积极推动传统体育文化的国际化传播，强化与其他国家的文化交流与合作。近年来，中国传统体育文化的研究取得了丰硕成果。一方面，学者们从不同角度、不同层面、不同时期以及中外对比等多维度，对中国传统体育文化进行了深入剖析和探讨，大量学术论文成果的发表为中国传统体育文化的研究提供了丰富的理论支持和实践指导；另一方面，政府出台了一系列相关政策措施，加强对中国传统文化、传统体育文化的保护、传承和发扬。例如，将传统体育项目纳入非物质文化遗产保护名录等。

4. 未来展望

中国传统体育文化将继续深入发展。随着全球化进程的加速和国际交流的增多，中国传统体育文化将面临更多的机遇和挑战，科技的进步和社会的发展将推动中国传统体育文化不断创新与变革。我们务必进一步加强对中国传统体育文化的传承与弘扬，增强中华民族的文化自信，为文化繁荣贡献力量。

（二）西方体育文化

西方体育文化涉及历史、哲学、社会学、体育科学等多个学科，以下是对西方体育文化主要方面的探讨。

1. 历史背景与起源

西方体育文化的起源，依据可考记载，可追溯到公元前 700 多年的古希腊时期，这一时期被认为是西方体育文化的开端。古希腊联邦因体育活动和竞技精神而闻名，尤其是古代奥林匹克运动会的举办，对后世产生了极其深远的影响，现代奥林匹克运动更是将体育文化推向了高潮，成为全球体育文化的象征。随着历史的演进，西方体育文化不断快速发展和完善，形成了丰富且独特的风格，致使现代奥林匹克运动会的内容项目精彩纷呈。近代英国为奥林匹克项目的发展做出了巨大贡献，由于英国最早开展了工业革命，为社会带来了巨额财富，经济的发展极大促进了体育文化的繁荣。

近年来，大量事实证据和众多人士对西方文明史质疑，对古希腊长达 1200 年的奥林匹克史更是难以置信，科学精神包含质疑成分。西方文明史的确有很多难以解释的漏洞。对比中国体育文化的发展历程，西方体育文化如果经历如此漫长的发展不应该是现今这般模样。

2. 核心特点与价值观

强调竞技与竞争：西方体育文化注重竞技性、竞争性，强调通过比赛来展示个人或团队的技巧和能力。包含体能和技巧的竞争项目被看作推动体育发展的重要内容，塑造个人品质和精神风貌是极为重要的价值追求。

注重身体素质训练：西方体育文化重视力量、速度、柔韧、耐力等身体素质的训练，借助科学的训练方法和手段来提高人的能力。

受西方特有文化影响，体育文化也极为重视公平性和规则性，比赛过程中严格遵循规则，以确保比赛的公正性和公平性。这种对规则和公平的追求，彰显了西方社会对秩序和正义的尊重。

不得不承认，近代欧洲的海洋文明、海盗文化所体现的侵略性，必须将这种体育价值观作为支撑，而中国也是通过学习这些体育价值观，即

“学夷以制夷”才取得了革命胜利。

3. 主要表现形式

竞技体育：包括田径、游泳、体操、球类、棋牌、电竞等多种项目，这些项目以竞技为核心，注重技术、战术的运用以及心理、生理素质的展示。

群众体育：除竞技体育外，西方有大量的群众体育活动，尤其是发达国家，修建了大量体育场馆、健身跑道、体育旅游线路，且环境治理良好，鼓励人们积极参与体育锻炼，提高身体素质和健康水平。这些活动形式多样，大多是对抗项目，既可以独自练习也可以开展竞赛，如飞镖、台球、高尔夫球、徒步等，适合不同年龄与层次的人群参与。

4. 发展与传承

由于西方的近代工业革命和海洋文明（海盗文化曾在其发展过程中有一定体现）积累和创造了大量财富，其成为世界文明的主流之一，使得西方体育文化在全球范围内产生了广泛影响，推动了世界体育事业的发展，促进了不同文化间的交流和融合。同时，西方体育文化也面临着新的挑战和机遇，如全球化引发的文化多样性和差异性、科技进步对体育运动的影响，尤其是中华民族伟大复兴带来的挑战，以及其自身存在的片面性。西方体育文化理应与中国传统体育文化有机融合，构建更为全面的世界新型体育文化，为世界体育事业的繁荣做出更大的贡献。

二、中西方体育文化对比

（一）体育精神文化

中国强调身心和谐与天人合一的生命观，认为身体和心灵相互关联，通过体育锻炼能够实现身心健康的目标，包含环境、身体、心理和“气”融为一体的全息理念。例如，引导术、养生功、气功等传统体育项目均体现了这一理念，强调动作缓慢、呼吸深长，以达到调节身心、增强体质、延年益寿的效果。

中国并非仅追求外在的肢体运动，更重视内在的道德品质和精神境界，如气功、坐忘等静态，不注重速度和肢体动作，此外，武术中的“武德”着重强调习武者需要具备高尚的道德品质。

中国讲究阴阳平衡，深受道家五行八卦思想影响，万事万物皆遵循阴阳变化原理，像太极拳、气功等项目都体现了阴阳相互依存、相互转化的理念。

中国强调顺应自然，认为人类应该顺应自然规律，与自然和谐共处，秉持无为而治理念，不刻意追求过度的身体锻炼和竞技成就，而是遵循身体的自然规律，不过分强迫和劳累身体。强调和谐与平衡，反映于体育中即注重身心的协调发展，而非单纯强调身体的强壮或技能的高超。倡导“知足不辱，知止不殆”，意即懂得适可而止。

西方强调天人相对的哲学观，注重将体育价值直接作用在人体的塑造和品质修养上。西方体育文化鼓励人们通过体育锻炼来塑造强健的体魄和优美的体态，推崇更高、更快、更强，动作较为剧烈，且重视器械发展，从古代的雕塑渲染到普及的健身房设施，处处彰显这种哲学思想的影响力。

强化竞争意识，将体育视为一种竞争和战斗的方式，追求胜利和荣誉，同时培养顽强的意志作风，这种竞争意识于体育比赛中尤为显著，大量体育比赛皆以竞争对决形式来进行，谁的综合素质高、意志顽强，谁便能获得胜利，这种精神推动个人和国家在体育领域和其他领域不断拓展进取，不过也带有一定侵略性。

强调个性化和独立思考，运动员通常被视为独立个体，被赋予较大的自主权和决策权。这种价值观在体育运动中得以充分体现，鼓励运动员发挥自身特长和个性，突出个人英雄主义。

（二）体育制度文化

中国传统体育文化以修身、养性为目标，体育活动项目皆强调整体效果与直观感受，注重意念作用和内部修炼。例如，太极拳等项目更侧重内心修炼和感受，而非单纯的竞技成绩。

不太注重竞技运动的发展，传统体育项目多以娱乐、健身和修身养性为主，缺乏如西方那样高度组织化和竞技化的体育赛事体系，这在一定程度上限制了中国体育在国际舞台上的竞争力和影响力。

中国这种文化特征一方面是源自几千年悠久文化发展凝聚的经验，另一方面也是统治阶级长期用儒家思想麻痹人民的结果。大量事实证明，适当的运动能让人健康长寿，过度运动则适得其反，中国文化的“中庸之道”就是这个意思。统治阶级不希望人们有“斗争性”“竞争性”，不希望人民更强壮、意志更顽强，不希望人们有个性且善于独立思考，而希望民众有道德、守本分，从而限制了部分体育价值的发挥。

西方提倡竞争和超越，重视竞技活动的发展。西方体育文化鼓励人们通过竞技比赛来展示自身的能力和才华，追求更高成绩和荣誉。很多西方运动员为此不顾一切，如服用可能致命的兴奋剂，只为一时的快乐和荣誉，致使不少运动员早早结束宝贵生命。过度竞争性乃是弊端，由此可见，西方体育文化存在不足，远不及中国体育文化博大精深。

强调科学的训练方法和技术手段，注重运动员的身体素质和技能的提升。这种科学化的训练方法和技术手段让西方运动员在竞技比赛中具有更强的竞争力和优势。西方更为注重理性认识，注重细节丰富和全面，这些在竞技性方面占据较大优势。类比音乐，西方是交响乐，细腻全面、恢宏震撼；中国则是琵琶、唢呐、二胡，抽象写意、点到为止。

（三）体育物质文化

中国传统体育文化中占主导地位的是重人格和体育价值观，相应的体育行为多以个体活动为主，对抗性、竞争性和集体性的项目较少，缺乏场面感和大量观众，不重视场馆修建，在体育物质文化建设方面相对滞后，体育场馆、设施等需求乏力，体育器械、体育装备也发展缓慢，严重制约体育产业的发展。

西方重视体育物质文化的建设和发展，体育场馆、设施等非常发达，古代奥运遗址、罗马竞技场至今仍颇为壮观。奥运会等大型体育赛事的举办推动西方体育物质文化快速发展，使其在体育设施建设方面取得显著成就。

由此可见，中西方体育文化在价值观、精神、制度和物质层面均存在显著差异。这些差异体现了不同文化背景和社会环境对体育文化的不同理解和追求。在现代社会，随着全球化的深入推进，中西方体育文化也在相互交流和融合中不断发展壮大。

三、中西方体育文化的融合

随着全球化的深入发展，不同文化之间的交流愈发频繁。中西方体育文化在传播过程中不断产生冲突和矛盾，一个喜动，一个喜静；一个重竞技，一个重养生；一个重装备，一个爱徒手；一个更高、更快、更强，一个秉持阴阳平衡中庸之道；一个重写实，一个重写意。如何实现不同文化之间的和谐共进成为亟待解决的问题。在中国式现代化发展中，必须将两者完美结合，否则无法填补几千年来文化遗留的空白，这种空白也是自晚清开始中国落后的原因之一。值得庆幸的是，中国的革命先驱察觉并利用了西方体育特有的竞争意识、意志品质培养价值，历经百年来几代人的努力，使得中华民族再度得以强大。居安思危，必须妥善解决这个问题，否则会再次陷入被动局面。种种迹象表明，中国在青少年体育方面又出现大幅滑坡，少年强则国强，不仅需要智力强、科技强、经济强，更需要思想强、意志强、精神强、体能强，唯有如此，才能发展并捍卫我们的财富和尊严。对于中国而言，中西方传统体育文化的有机融合，将对中国现代化发展及中华民族伟大复兴产生重要影响。

在传统体育文化的交流融合过程中，有一些问题需要格外注意。首先，要尊重彼此的文化差异。不同的传统体育文化有着独特的历史背景和内涵，不可强行改变或轻视，应保持尊重和理解。其次，要注重文化的保护与传承。在交流融合之际，不能遗失各自文化的精髓和特色，要确保传统体育文化的核心价值得以延续。再次，要避免过度商业化。切不可让商业利益主导一切，而忽略文化本身的意义和价值，要在商业开发与文化保护之间寻求平衡。同时，要加强教育与宣传。让人们充分认识到传统体育文化的重要性，提高对不同文化的接纳度，推动更深入的交流融合。最后，还需关注交流的平等性。不能使一方占据主导地位，而应在平等的基础上相互学习、共同发展。只有充分注意这些问题，传统体育文化的交流融合才能健康、持续地发展，为人类体育文化的繁荣做出更大贡献。

第六章

近代中国体育思想

第一节　晚清时期体育思想的萌生

自1840年鸦片战争起，中国屡遭列强欺凌，签订了一系列不平等条约，割地赔款，代价惨重，民众生活苦不堪言。在这国运衰微至极之时，中华民族涌现出一批具有前瞻性的知识分子。他们深刻剖析中外发展差异，意识到“学夷以制夷”的必要性，且逐渐发现仅靠学技术不足以扭转乾坤，还需借鉴国外教育制度，提升国民的精神风貌与意志品质，即体育救国。因此，以蔡元培、陈独秀、李大钊、杨昌济等为代表的学者，致力于教育革新，尤其强调体育的重要性，旨在培养救国人才。在此背景下，毛泽东等新一代青年脱颖而出。

在民族存亡的紧要关头，一批有识之士能够敏锐洞察社会问题，于民族危亡之际觉醒并积极探索解决之道。

一、魏源的“师夷长技以制夷”

魏源在其所著《海国图志》中提出的“师夷长技以制夷”理论，影响深远。1842年，《海国图志》问世，魏源在《原叙》中阐明其著书宗旨：通过学习西方先进技术以抵御外侮。他强调，学习西方军事技术是手段，战胜外敌、维护国家主权是目的。此主张彰显了强烈的爱国主义情怀，为中国向西方学习开辟了新路径，成为中国近现代思想史上的重要里程碑。它不仅是洋务运动的先声，也影响了后来的维新变法、辛亥革命等革新运动。

随着认识的深入，中国不仅学习技术，还逐步引入国外体制和思想，其中体育在培养国民意志精神方面发挥了重要作用。

二、日本体育对中国的影响

明治维新后的日本迅速崛起，其体育教育功不可没。嘉纳治五郎作为柔道创始人，不仅革新了柔术，还提出了“智、德、体三育主义”，强调体育的重要性。作为首位亚洲奥林匹克委员会委员及知名教育家，嘉纳治五郎的思想深受儒家影响并结合西方教育理念，对中国留学生产生了深远影响。陈独秀、杨昌济、鲁迅等大量学生在日留学期间，深受体育培养的熏陶，回国后积极投身救国事业，无论是民主革命还是教育、科学领域，都取得了显著成就，推动了国家现代化进程。

嘉纳治五郎以体育为手段的教育思想无疑对他们起到了积极作用，其中影响最大的是陈独秀和杨昌济，他们对毛泽东的成长起到重要作用。

第二节　晚清主要革命者学者的体育救国思想

中国近代涌现出众多学者，他们对体育思想与体育文化的发展起到了积极推动作用。其代表人物如下：

一、严复

严复是中国近代著名的资产阶级启蒙思想家，在体育思想方面有重要的贡献。作为资产阶级维新派的杰出代表，他深刻阐述了体育对个人成长与国家强盛的不可或缺性。

严复的体育思想主要包括以下几点：

（1）发展教育以强国：他认为德育尚公、体育尚武、智育尚实，三者皆是强国之要素。他强调通过教育改革来培养合格人才，以此巩固新式教育制度，投身救亡大业。

（2）发展运动以强身：严复认识到甲午战败与“三民”（鼓民力、开民智、新民德）相关。他从达尔文进化论出发，意识到民力是国家富强的根本。他呼吁禁止吸食鸦片以及女子缠足等损害民力的行为，以提升国民的身体素质，将体育提升到关乎国家富强的高度，与国家富强的理想紧密相连。

（3）重视体育教育：严复将体育落实于教育领域，使其与智育、德育并驾齐驱，他认为民众需要增进对体育知识的了解，认识到强身健体的重要性。他甚至呼吁废除科举的同时保留武科，体现了他对体育教育的重视。

严复对近代体育发展的主要贡献包括：提升体育的政治地位，以实现教育救国的理想；阐明体育的文化内涵，促进国民身心和谐发展；树立正确的教育观念，凸显体育的教育成效；继承传统并弘扬新思想，推动近代体育的进步。

严复的体育思想反映出他对国家命运的关切和对国民素质提升的期望，对中国近代体育的发展和民众体育观念的形成产生了积极的影响。

二、康有为

康有为是中国近代著名的政治家、思想家和教育家，戊戌维新运动的核心领导者，其思想加速了西方近代体育理念在中国的传播与接受。

他的体育思想主要包括以下几个方面：

（1）强调体育的重要性：康有为认识到国家的强盛与国民的身体素质密切相关。他主张“欲强国必须强民，欲强民必须强体”，认为体育锻炼可以提高国民体质，增强国家实力，以便与西方列强相抗衡，维护中华民族的根本利益。

（2）“德、智、体三育并重”：康有为以“仿洋改制”“中体西用”为起点，汲取西方教育思想，倡导“德、智、体三育并重”。他认为各级学校均应重视体育卫生教育，为学生创造实施近代体育的物质条件，并较为系统地提出各级学校的体育和卫生理论。例如，他在万木草堂讲学时，特别重视少年儿童的体育，主张在儿童阶段应将体育置于首位；在《长兴学记》中把礼和枪（军事训练）列为体育内容，在课外学科中设置体操和游泳科目。中国近代在非军事学堂，尤其是私学中开设体操课，康有为可谓首创。

（3）重视军事体育：他提出“练兵以强天下势”的军事体育思想，倡导将军事与体育结合，通过操练躯体使民众强健，以振奋民族精神。例如，在《公车上书》中，他主张“今环地球五十余国，而泰西争雄，皆以民为兵”，积极推崇军事与体育相互结合，通过专门的训练来增强民众体魄。

（4）关注学校体育：康有为在《大同书》中阐述了有关体育课程的一

系列设想，他认为小学体育是重要基础，儿童和青少年需要体育锻炼并注意卫生。依据不同年龄阶段的特点，他提出了相应的体育教育要求，如小学功课应稍少、游戏稍多；中学时期不能仅专注智育而还要重视锻炼身体；大学时期也要重视体操以行血气而强筋骨等。他主张采用多种多样的体育活动形式，包括体操、游戏、秋千、跳水、划船、游览、跳舞等。

（5）提倡社会体育思想：康有为的社会体育思想秉持“大同以求平等”的理念，期望构建一个人人相亲相敬、完全平等的社会，体育教育是其中的一部分。他设想在未来社会中，人们经过系统教育，拥有高尚的情操、专门的知识、独立生活的能力以及熟练的劳动技能。

康有为的体育思想在当时具有一定的先进性和影响力，对中国近代体育的发展、学校体育教育的改革以及民众体育观念的转变均产生了积极的推动作用。其思想不但关注个体的身体健康，也着眼于国家和社会的整体发展，强调了体育在教育和民族复兴中的重要地位。

三、梁启超

梁启超是维新派的重要一员，他高度重视体育在社会层面所发挥的积极作用。他的体育思想主要包括以下几个方面：

（1）强调德、智、体全面发展：他提出“德育、智育、体育三者为教育上缺一不可之物”。他重视教育的作用，认为国家的强弱与教育相关，中国要变法图强需从改革教育、培育新民着手，而体育是教育的重要组成部分。他在儿童教育方面，建议为儿童安排适当的体育活动，如在《变法通议论幼学》中规定儿童每天下午上课前进行体操练习。在担任湖南时务学堂中文总教习时，他也明确提出“重体育锻炼”的“摄生”方法。

（2）倡导“尚武”的军国民思想：中国长期存在重文轻武的习俗，梁启超认为这是中国近代挨打受侵的原因之一。他指出“尚武者国民之元气，国家所恃以成立，而文明所以赖以维持者也”“苟无尚武之国民，虽有文明，虽有智识，虽有众民，虽有广土，必无以自立于竞争剧烈之舞台”。他推崇斯巴达人的军国民教育及锻炼方法，提倡通过体育等方式养成尚武精神。他注意到在古代斯巴达以及近代的德国，尚武精神是国家自立自强的重要因素，而彼时整个欧洲都在推行军国民教育、提倡与普及体育。他认为当时的中国也应大力提倡体育，以改善民族的体质和精神面貌。

（3）从“新民”视角认识体育的作用：20 世纪初，随着梁启超与日本、美国等人士接触增多，他进一步从近代世界经济竞争的大势出发，指出“今日世界之竞争国民竞争也”“其原动力乃起于国民之争自存”。他意识到体育对于铸造“新民”、提升国民素质的重要性，中华民族要自立于世界民族之林，必须造就符合时代需要的新国民。

梁启超的体育思想顺应了时代潮流，对当时中国社会产生了深远影响，也对当代体育教育具有一定的启迪意义。他将体育上升到国家战略层面，强调了体育对于国家强盛、民族振兴的重要性，推动了体育在教育领域地位的确立，为中国近代体育思想的发展奠定了基础。同时，他的女性身体观对中国妇女的解放和女性体育的发展起到了积极的促进作用。

不过，梁启超的“新民”体育思想也具有一定的历史局限性，在当时的社会背景下，部分思想带有工具理性的色彩。但其体育思想促进了国人现代意识的觉醒，推动了中国社会和体育由传统向现代的转型。

四、孙中山

孙中山是资产阶级革命派的领袖，他倡导通过体育来增强国民体质，进而实现国家的繁荣强大。

孙中山的体育思想主要包括以下几个方面：

（1）提倡健身、强身理念：他就任临时大总统后发布的《大总统令内务部通饬各省劝禁缠足文》中“夫将欲图国力之坚强，必先图国民体力之发达”的表述，阐明了在当时历史环境下“体力”与“国力”的关系，强调了国民体力发达的重要性，这与当今全民健身的理念相仿。

（2）重视中国武术：20世纪初，爱国武术家霍元甲在上海创办精武体育会，孙中山为该会题写了“尚武精神”四个大字，并为《精武本纪》作序，文中彰显了他重视体育、强身保国的思想，他认为精武体育会与强种保国有莫大之关系。

（3）关注足球等运动的发展：在其支持下，近代革命志士谢逸桥从日本回到国内，在今广东省梅州市成立松口体育会，足球成为其中一项课程，为梅州带来了现代足球的种子。如今，梅州已成为著名的“足球之乡”。

孙中山重视体育的思想，是在中华民族备受列强欺辱的背景下提出的，旨在提升国民体质、振奋民族精神，对中国近代体育的发展产生了积极影响。他的体育思想强调了体育对国家和民族的重要性，也反映了他对国家强盛、民族振兴的期望。

五、黄兴

黄兴是中国近代杰出的资产阶级民主革命家、军事家，他坚定地认为体育对于强健民族体魄、振兴国家具有重要性。他的体育思想主要包括以下几点：

（1）强身而有为的健身观：他认为中国之弱源于人种不强、武风不振，体育是国家强盛的重要因素。他强调通过体育锻炼来增强国民的身体素质，使国民具备有所作为的基础。

（2）文才武略集于一身的育才观：他主张培养既有文化知识又具备军事才能的人才，认为全面发展对于个人和国家都具有重要意义。

（3）国家当难、武事为先的强军观：在国家面临危机时，他强调军事的重要性，而强健的体魄和较高的军事素养是建立强大军队的基础。

（4）救国尤以身力为必要的兴国观：他意识到国家振兴需要国民具备良好的体力，体育锻炼对于拯救国家具有必要性。

黄兴的体育思想反映了他对国家命运的关注和对国民素质提升的期望。在当时的历史背景下，具有一定的进步意义，对近代中国的民主革命、军事、教育以及民众体育的发展产生了积极的影响。其思想中的爱国精神、重视全面发展以及强调体育对国家的重要性等观点，对当代中国的体育发展仍具有一定的启示作用，如倡导体育兴国、振兴军事体育、发展体育教育和大兴群众体育等。

六、秋瑾

秋瑾是近代中国的杰出女性，她认识到体育对个人素质提升及国家兴亡有着积极影响。她的体育思想主要包括以下几点：

（1）尚武爱国：秋瑾生活的时代，中国面临内忧外患。她深刻认识到国家的困境，积极倡导尚武精神，将其与爱国情怀紧密结合，认为通过强健体魄和培养勇敢精神，可以为国家的救亡图存做出贡献。

（2）男女平等：秋瑾主张男女平等，强调女性也应该具备强健的体魄和参与体育活动的权利。她蔑视封建礼法，认为女性通过参与体育锻炼，可以摆脱传统的束缚，增强自身的能力和自信，从而更好地为国家和民族的事业奋斗。

（3）体育的教育作用：秋瑾重视体育在教育中的作用，认为体育不仅能够锻炼身体，还能培养人的意志品质、团队合作精神和竞争意识等。她提倡通过体育教育来培养有志向、有担当的新一代青年。

（4）体育与革命事业相结合：秋瑾将体育视为革命事业的一部分，她参与革命活动的同时，也积极推动体育实践。她相信拥有健康的身体和坚强的意志对于革命斗争至关重要。

秋瑾不仅在思想上倡导体育，她本人也热爱武术运动，擅长骑马、击剑等。她的体育思想和实践，对近代中国女子体育的发展起到了巨大的促进作用，鼓励了更多的女性参与到体育活动中来，为中国近代民族民主革命、妇女解放运动等做出了重要贡献。

七、恽代英

恽代英是中国著名的无产阶级革命家、青年运动奠基人以及近代教育开拓者。首先，他认为教育的目的是为全社会培养体育（身体）、智育（心理）、德育（性格）全面发展的复合型人才。他强调学校体育应关注所有学生的身体健康，无论学生体质强弱，都应一视同仁加以注意，这一思想对中国体育教育事业的发展具有重要作用，且至今仍在延续。其次，他指出军国民体育、选手体育、“放羊式”体育等存在的弊端，并提出了系统性、全面性、科学性、趣味性的体育教育原则。他认为学生体质不同，需要考虑性别因素，应因材施教，根据学生身体情况进行分班教学。恽代英在“五四”前后的新文化运动中，就开始运用近代科学观点来研究学校体育，并积极开展体育实践。他的体育卫生论著有《学校体育之研究》《运动训练之方法》《理想之儿童俱乐部》《细菌致病说》《与黄胜白先生论中国学体育》《学生课外之事业》《儿童问题之研究》《求乐之秘诀》等，还翻译了《运动训练之正误》《儿童游戏时间之教育》《妇女之弱》《婴儿之体操》《论睡眠》等作品，其中以《学校体育之研究》最为著名，影响深远。

八、张伯苓

张伯苓是著名教育家及中国奥运先驱，他主张“强国必先强种，强种必先强身”“三育（德、智、体）并重，体育为先”，这些教育理念深刻影响了中国近代体育的发展。

这些学者的思想不仅促进了中国近代体育事业的蓬勃发展，也深化了人们对体育价值的认识，对中国体育的现代化进程产生了不可磨灭的影响。他们的理论贡献，不仅彰显了体育在个人健康、国家强盛中的核心地位，更为中国近代体育的发展指明了方向。

第三节　民国初期著名学者的体育思想

一、蔡元培的体育思想

蔡元培（1868—1940 年）在中国国运的逆转中起到了极其重要的作用。他生活的时代，中国社会动荡不安，历经中法战争、甲午战争、八国联军侵华及抗日战争等外侮，同时国内也经历了清王朝、北洋军阀至国民党统治的更迭，以及戊戌变法、辛亥革命、五四运动等政治变革。在这样的背景下，蔡元培不仅经受住了历史的考验，更始终站在时代前沿，成为近代中国革命的重要先驱。他以翰林身份投身革命，一生追求进步，是爱国主义者、民主革命家、思想家及教育家的典范。蔡元培一生致力于民族解放和民权捍卫，同时对中国近代教育与科学事业的发展做出了开创性和奠基性的贡献。他的大量名言启发和激励了一大批有为青年，尤其是他的体育思想成为他革命、学术与教育活动的核心内容，展现了近代中国人体育价值观的超然认知水平，从身心两方面为取得革命成功打下坚实的基础。蔡元培率先提出了德智体美劳“五育并举”的教育理念，并且很好地论述和处理了相互关系。民国时期是个动荡年代，但是蔡元培执着的教育追求所创造的奇迹造就了今天的辉煌。

（一）丰富的学习经历

蔡元培的成就与他丰富的阅历和严谨的治学密不可分，他在光绪十八年（1892 年）中进士，被点为翰林院庶吉士。其一生三次赴德国留学、从事研究，前后共计 5 年多。1907 年，蔡元培自费到德国柏林留学，1908 年 10 月在莱比锡大学注册。蔡元培进入了兰普来西的文明史与世界史研究所。在莱比锡大学的 3 年时间里，他共选修了大约 40 门课程，每学期选修

6门，内容涵盖哲学及哲学史、心理学、德国文化史、文学、艺术等，每学期都选修了哲学家和实验心理学创始人冯特以及历史学家兰普来西的课程。他还帮助孔好古（德国汉学家）整理了在甘肃楼兰发现的古代文献。在莱比锡的课余时间，蔡元培的活动也大多与艺术和美术相关，比如喜欢去美术馆、听音乐，自己还学习钢琴和小提琴。这段时期的学习和经历对他的学术和思想产生了深远影响，他后来主张的“以美育代宗教”观念便形成于此时。蔡元培在上课读书之余，也非常关注德国的大学，他翻译了题为《德意志大学之特色》的文章，该文是当时著名哲学家包尔生《德国大学与大学学习》的序言，文中介绍了德国大学的特点。蔡元培后来担任北京大学校长并进行改革，其思路和理念显然受到了莱比锡经历的影响。1912年7月，蔡元培因不愿与袁世凯合作而辞职，并于同年11月再次入学莱比锡大学，但半年后又被孙中山召回国内。1924年，身为北京大学校长的蔡元培远赴德国汉堡大学，计划从事民族学研究，但终因干扰频繁，不得不放弃。

在德国留学期间，蔡元培潜心治学、辛勤笔耕。他编著了《中学修身教科书》，编写了《中国伦理学史》，翻译了《伦理学原理》等，这些著作奠定了他在学术、教育界的地位。他深入考察了德国的教育制度，接触并系统研究了美学和美学史，对美学产生了浓厚兴趣，成为我国现代美学的先驱，也是当时引进西方美学思想的学者中影响最大的一位。他提出的“美育”概念沿用至今，其“以美育代宗教”“五育并举”等教育主张对中国现代教育产生了深远影响。

《伦理学原理》由其同学杨昌济介绍给了毛泽东，毛泽东写下了大量笔记，对日后毛泽东思想的形成产生了重要影响。

蔡元培曾多次前往日本，其在日本的经历对他的思想和教育理念产生了重要影响。1903年，蔡元培为抗拒俄国政府觊觎中国北方领土，与上海反清革命志士以对俄同志会的名义创办了《俄事警闻》(后改为《警钟日报》)。同年，爱国学社的活动引起清政府的警觉，清政府下令侦讯，蔡元培辗转青岛、绍兴、上海等地，一方面学习德语，准备赴德留学以躲避风头，另一方面仍从事教育和革命活动。在日本期间，蔡元培与不少日本人士交往。例如，他结识了日本外务省选派留学生、后转为外交官的汉学家中畑荣。1899年12月25日至1900年1月7日，中畑荣到绍兴游历，借宿于当地中西学堂中川寓所，与蔡元培等人有了短期的亲密交往。蔡元培执掌绍兴中西学堂期间，为参考或效仿日本教学体制，聘请日本教习成为当务之急。他不辞辛劳，为日本教习中川外雄及其后任藤乡的待遇、合同等事费尽周折。同时，他阅读了《天演论》《进化新论》等新学书籍，以及《日清战史》之类的甲午战记，结交诸多日本各方面人士。他还身体力行，与同僚一起学习英、日文，并着手翻译《生理学》等书籍，甚至策划编辑新式课本，提倡并践行新学。

这些经历使蔡元培接触到了新的思想和知识，拓宽了视野，为他后来在中国教育界的改革和发展奠定了基础。回国后，蔡元培成为中国教育界的领军人物，他创建了中国近现代第一所以自主创办为主体的高校——北京大学，并提出了“思想自由，兼容并包”的办学方针。

（二）蔡元培的体育思想的构成

（1）军国民体育思想：中国的军国民体育思想主要兴起于清末民初。蔡元培鉴于民主革命的需求，曾大力倡导军国民教育。他认为在中国遭受列强侵略、国权丧失的情况下，凭借武力予以恢复，故而军国民教育是必要的。他将军国民主义视为“体育”，提出其可用于自卫，中国古代的射御以及古希腊体操均可被视为军国民主义的体现。在1901年的《学堂教科论》中，他就有了设置体育课程的设想；1902年制定的《爱国学社章程》中，也明确要求各年级安排体操课，以“锻炼精神，激发志气”。

（2）全面教育的体育思想：1901年，蔡元培受聘担任上海南洋公学特别班总教习时，就重视“三育并重”的体育理念（早期是强调“三育”，后来提出“五育”），将教会学校中流行的体育方法与手段引入南洋公学。1912年编写的《中学修身教科书》中，他设列了专门的体育章节，指出“凡道德以修己为本，而修己之道，又以体育为本”。他认为学生体力的提升是开展教育的关键，提倡通过运动来提升学生体力，特别强调现代学生应具备“狮子样的体力”。1917年，他指出新教育注重体操运动是基于科学发现，即人的智慧学术与脑质运用之力密切相关，脑力盛则智力富，身体弱则脑力衰。1922年，他要求北大将学生体育组织改为学校组织，分为学生军与体操两部，学生需认定一部作为必修课。1928年，他提出学校要重视体育，也要注重国技的应用。

（3）对运动会的独特见解：蔡元培对体育运动会形式给予了很高的评价。他认为，运动会有诸多益处，如激发运动的兴致，不但能让喜欢运动的人更高兴，还能促使不喜欢运动的人奋起；能够增进校外同学之间的社交；有助于培养公德，让学生明白团体荣誉等同于个人荣誉，养成正直、服善、爱群等美德。他强调学校运动应以普及为宗旨，而非仅仅训练少数选手，同时批判了体育中的“选手制”，认为这可能导致学生在知识、品德等科目上出现偏废现象。

（三）“五育并举”铸就体育思想

1912年初，蔡元培发表《对于教育方针之意见》，提出“军国民教育、实利主义教育、公民道德教育、世界观教育、美感教育皆近日之教育所不可偏废”的主张。蔡元培提出“五育并举”时，正值辛亥革命胜利不久，南京临时政府刚刚成立，中国的教育处于关键的历史转折时期。当时教育领域缺少明确的教育指导思想和新的教育宗旨，迫切需要确定一个能适应时代的教育宗旨，明确人才培养的目标和要求，在此背景下，他比较系统地提出了“五育并举”的思想。“五育并举”的教育旨在实现德智体美和谐发展，符合当时的历史发展趋势，从人才培养的角度看，也符合人的全面发展的教育规律。

在他提出“五育并举”的教育观前后时期，蔡元培反复思考论证“五育”之间的相互关系。他身为美学大师，在确立美学地位的过程中，必须要明确德育、智育、体育之间的关联和价值排序，最终得出结论——“德育实为完全人格之本，若无德，则虽体魄智力发达，适足助其为恶，无益也”，点明了德育在培养完全人格中的核心地位；“健全人格，首在体育”，明确了体育的重要地位；“纯粹之美育，所以陶养吾人之感情，使有高尚纯洁之习惯，而使人我之见、利己损人之思念，以渐消沮者也”，阐明了美育的特点。由此可见，蔡元培的体育思想是其完整教育思想的主要部分，是经过充分思考与严谨论证的，它以德育为起始，兼具美育追求，由“五育”间各要素的相互作用铸就而成。如今看来，虽经历百余年的沧桑巨变，但实践证明了其正确性。蔡元培的体育思想、哲学思想培养了伟人，凭借其超凡的斗争精神、人格魅力与体育素养，带领中国人民推翻了三座大山，建立了新中国；其美术思想培养了一批美术大师，其教育思想造就了大批科技人才，在新中国成立后使中国迅速崛起。倘若蔡元培能活到今天，他将会无比自豪。

他的体育思想，始终坚持将体育作为教育人的手段，着重强调体育在人的全面发展和教育进程中的重要地位。

（四）“健全人格，首在体育”

蔡元培始终倡导“健全人格，体育为先”。早在1912年，他便提出教育应致力于培养国民健全人格。1919年，他进一步阐述了个性与群性相互促进的新教育理念，并将体育视为“完全人格”的首要因素。他认为，身体与精神潜力会随环境而变化发展，体育则是激发这些潜力的核心要素。在论述体育与德育的关联时，他强调健康是践行道德的基础，无论是个人修养还是为国家服务，都以体育为起点。

1920年，蔡元培在新加坡南洋华侨中学演讲时，把最早提出的“完全人格，首在体育”，改为“健全人格，首在体育”，彰显出其深刻的思考过程，也将对体育认知进一步提高到一个新高度。虽然只是一字之差，但给人的感受和力度却大不相同。

“完全人格”侧重强调人格的全面性和完整性，涉及人格发展各个维度的发展目标，力求达到一种毫无缺陷的人格状态。

而“健全人格”着重强调一个人的人格要在各个重要方面处于更为健康且充满活力的状态，是能够较好应对生活中各种挑战和压力的人格状态。《周易》中“天行健，君子以自强不息”，意思是君子应该效仿天体的运行规律，奋发图强，永不止步。这句话强调了一种积极向上、不断进取的精神。它激励人们在遭遇困难与挑战时，要坚韧不拔，依靠自身的不懈努力持续超越自我，追求进步与完善。蔡元培将“完”改为“健”，大概就是基于这个原因。

二、杨昌济的体育思想

杨昌济（1871—1920年），湖南长沙人，伦理家、教育家。长沙是文化名城，岳麓书院和城南书院均坐落于此，魏源、曾国藩、郭嵩焘对长沙文化发展起到了重要作用，长沙涌现出众多名人与这种文化底蕴密切相关。杨昌济于1903年东渡日本留学，主修教育学。启程前，他改名“怀中”，表示身在异邦，心怀中土。

1906年，杨昌济从弘文学院顺利毕业，升入东京高等师范学校专修教育学。1908年，他在东京高等师范学校肄业。

在杨昌济留学日本期间，他的同学——革命志士陈天华，为抗议日本政府文部省颁布取缔留日学生规则，于1905年12月8日在日本大森湾跳海自杀，杨昌济对陈天华的死悲痛万分。

杨昌济品学兼优，受到其校长嘉纳治五郎的赏识，得以在弘文学院毕业后升入嘉纳主持的东京高等师范学校文科。1908 年，在好友杨毓麟、章士钊等的极力推荐下，清政府派往欧洲的留学生总督蒯光典，调杨昌济前往英国继续深造。

杨昌济在日本和英国等地的学习经历，让他接触到了先进的教育理念和思想。他将国外完善的教育学理论引入中国，提出了教授、训练、养护的教育办法，注重全面发展的教育培养模式。

1912 年，杨昌济结束了在阿伯丁大学 3 年的学习生活，获得文学士学位。随后，他前往德国进行了为期 9 个月的考察。

在德国期间，杨昌济重点考察了教育制度，同时也对政治、法律等各项制度颇为留意。他在波茨坦离宫参观时，听闻到一件令他印象极深的事：德皇威廉一世曾为扩建皇宫，强行拆毁一座磨坊，磨坊主人向法庭控告，法庭依法判决德皇赔偿损失并重建磨坊，德皇只得执行。为此，他在《达化斋日记》中写道："西人之尊重法则不屈于权势有若此者，乃东洋人之所未梦见也。"

考察结束后，杨昌济随即启程返回阔别 10 年的祖国，回到故乡长沙。回国后，他出任湖南高等师范学校教授，讲授伦理学、心理学、教育学等课程，同时兼任湖南第四师范学校修身和心理学教员。他的教育思想和理念对学生产生了深远影响，毛泽东就是他的得意门生之一。

杨昌济的体育思想主要包括以下几个方面：

（1）体育救国论：他着重强调强健国民体质的重要性，认为拥有健康强壮的体魄乃是国家强盛的基础。借助体育锻炼提高国民身心素质，能够增强国家的实力和竞争力，从而实现救国的目标。

（2）重视体育在教育中的地位：杨昌济主张"教育不可不置重于体育"，将体育视为教育的重要组成部分。他认为体育不仅能够锻炼身体，还能培养人的斗争精神、意志品质、团队合作精神等，有助于人的德、智、体全面发展。

（3）全面教育观：他倡导德、智、体并重的"训练""教授""养护"全面教育观。这种全面发展的理念旨在培养身心健全的人才，使他们具备为国家和社会做出贡献的能力。

（4）养护论：杨昌济的"养护论"彰显了"健康第一"的思想，强调积极与消极养护方法并重。他深刻认识到身体健康的重要性，主张通过适当的锻炼与保养来维持良好的身体状态。

（5）知行合一理念：他倡导“知行合一”的体质健康促进理念，认为应将体育知识和实践紧密结合，不仅要有锻炼身体的意识，更要切实付诸行动。

杨昌济的体育思想对当时的青年产生了深远影响，其中包括毛泽东、蔡和森等一批进步青年。毛泽东在其影响下，创作奇文《心之力》，又有《体育之研究》发表于1917年的《新青年》，文中提出“文明其精神，野蛮其体魄”这一惊世名句。这种思想的传播唤起了民众对体育的重视，有力推动了国民身体素质的提升，为国家的发展和进步培养具有远大理想、健康体魄和坚强意志的人才。

杨昌济的思想对毛泽东产生了极大影响。凭借在日本、英国与德国的留学经历，他相较于仅留学一国的学者，能更深刻地领悟体育的价值与意义。在其教学体系中，伦理学与体育培养始终占据核心地位，是不可或缺的内容与手段。湖南师范学院的进步青年，尤其是以毛泽东、蔡和森为代表的湖南早期党史人物群体，在杨昌济的悉心教育与培养下不断成长，深受其思想熏陶，这种影响主要体现在三个方面：

首先，在知与行、理论与实践的关系上，杨昌济坚持“博学、深思、力行”三者并重，缺一不可。毛泽东等人则进一步阐释为“知也，信也，行也，乃吾人精神活动之三大步骤”，两者思想高度契合。伦理学教育也助力毛泽东形成了强大的人格力量。

其次，在湖南早期党史人物群体的成长历程中，杨昌济无疑扮演了启蒙先师的角色，其思想成为毛泽东等人精神世界的重要基石。

最后，毛泽东等湖南早期党史人物的言行举止，无不深深烙印着杨昌济思想的痕迹。尽管毛泽东等人在早期的教育经世实践中或许未能完全达成预期，但杨昌济“欲栽大树柱长天”的教育愿景却得以实现，他成功培育出了一批能够支撑国家未来的“大树”。当代学者认为，毛泽东思想起源于杨昌济与毛泽东的教学互动过程中，其体育思想与中国传统文化存在明显差异，这一点尤为关键，体育培养与人格健全被得以完美呈现。

三、陈独秀的体育主张

陈独秀作为我国近代史上的杰出人物，在中国革命、文化、思想及政治史上均占据重要地位。他不仅是一位拥有丰富教育实践经验和深刻教育思想的教育家，对中国近代教育有着深远影响，还被誉为“中国最著名的文化界领袖”及“五四运动时期的总司令”。作为中国共产党的主要创始人之一，陈独秀的思想体系广泛而深刻。

（一）陈独秀体育思想产生的历史背景

20世纪初，中国社会正处于剧烈变革之中。陈独秀的爱国思想与救国抱负，在甲午战争后的民族危机中萌发。他以诗明志，表达愿为国捐躯的壮志：“英雄第一伤心事，不赴沙场为国亡。”这种情怀成为他一生行动的主要动力。从响应辛亥革命起，他便致力于解决人的现代化问题，倡导自强精神与自由教育，进而成为新文化运动的领袖。辛亥革命失败后，他致力于破除旧道德伦理，构建民主科学的新价值观，以改造国民素质。他强调“内图个性之发展，外图贡献于其群”，并主张通过“兽性主义”教育来提升民族体魄与精神，使中国屹立于世界之林。

（二）主张教育要“德、智、体三育并重”

陈独秀在教育领域，尤其在青少年教育方面，始终坚持“三育并重”的理念。1902年，他提出：“蒙学莫急于德育，而体育次之，若智育，则成童以后未晚也。”他认为，德育是人的根本，体育同样不可或缺，智育则可在成童后逐步推进。他提倡“军国民教育”，鼓励青年参与军训，以强健体魄，为报效国家做准备。

在《今日之教育方针》一文中，陈独秀指出，国家强弱取决于国民的智勇富力。他强调教育应全面发展人的身心，汲取欧美教育家智德力并重的思想，明确提出“教育之道无他，乃以发展人间身心之所长而去其短”。他认为，教育应促进人的潜能开发、个性发展及全面发展，而非仅作为强国强种的工具。

针对当时中国封建旧教育制度下青年身心孱弱的状况，陈独秀深感忧虑。他指出，中国青年虽处于青年时代，但身体状况却如老者，只追求私利，缺乏担当。因此，他呼吁教育改革，推崇日本启蒙思想家福泽谕吉的“兽性主义”教育方法，强调在教育中注重培养“兽性”特质，即坚韧不拔、勇于挑战的精神，以挽救民族于危难之中。

在“三育并重”的体系中，陈独秀尤为重视体育。他认为，身心强健是成为政治家、军人、实业家等各行各业杰出人才的先决条件。只有经过体育的磨砺，人的身心才能得到充分发展，未来无论从事何种职业，都能百折不挠，勇往直前。

陈独秀洞察到中国传统教育在人的现代化进程中的局限，力主教育应效法西洋，进行根本性改革，特别强调个性发展与能力培养。他明确指出：“中国教育效仿西洋，非因势力所迫，实乃理念之需。”近代资产阶级教育家与思想家倡导人的全面发展，包括身体、智慧、德行与信仰等层面，他们推崇自然教育，反对个性压制。卢梭尤为重视身体训练，视其为教育基石，不仅关乎儿童健康，更深刻影响道德养成。他强调：“我们追求的不仅是知识，更是判断力。”

基于此教育理念，西方式教育反对填鸭式教学，鼓励自主学习与批判性思维。其知识结构面向实际，服务现实，而道德教育则聚焦于培养自由、平等、博爱的精神及自尊、自制、自主、尽职的品格，传授社会生活的智慧。陈独秀深受其影响，积极推广西式教育精髓，认为强健体魄是人生幸福之基，强调运动对健康的重要性，指出教育应全面发展，而非局限于脑力训练。他主张通过体操、图画与游戏等活动，促进受教育者身心协调，展现活力与风采。

进一步地，陈独秀认识到体育与德育、智育紧密相连，认为游戏与体操能锻炼儿童感官，激发观察力、创造力、想象力及道德情感，使道德教育更生动、更具实践性。他将体育视为教育不可或缺的部分，既增强体质，又促进社会行为与智力发展。

陈独秀的体育思想源于其深厚的资产阶级民主主义背景，融合了维新思想、西方自由平等学说及法国民主理念。其教育思想体系全面而系统，旨在改造国民性、实现个性解放、服务社会并提升国民素质。这一思想在当时具有划时代意义，推动了近代学校体育的发展，也为当代体育教育提供了宝贵启示。在漫长的封建社会中，老尚雌退，儒崇礼让，佛说空无。义侠之士常被冠以大盗之名，贞直之人反被指为粗横。社会风气重文轻武，体力劳动与体育活动备受蔑视，被排斥于民众需求之外，为封建士大夫所不屑。与此同时，资产阶级的进取精神、独立开拓思想及平等自由观念，在当时也难以被广泛接纳。

陈独秀的独到之处在于，他深刻洞察到中国传统思想文化中与现代化不适应的消极面。19 世纪，随着商业的繁荣，全球以前所未有的程度紧密相连，这种联结并非基于东方的闲逸恬淡，而是以西方的进取精神为驱动。陈独秀认为，这正是东西方民族强弱悬殊的根源所在，而东方民族的“退隐主义”乃是其根本弱点。

他指出，中国文化中体育传统的缺失，抑制了中国人勇于开拓与冒险的精神。因此，他倡导教育应追求德、智、体全面发展，其中“惟民主义”与“兽性主义”尤为关键。他特别主张以兽性主义教育改造国民性格，强化心力与胆识，使受教育者拥有强健体魄与不屈不挠的意志。陈独秀提倡在体育中坚持兽性主义原则，因为体育活动能够培育人们勇敢、坚毅与进取之心，从而形成社会的开拓与进取风气。

他视体育为身心全面发展的关键途径，认为通过体育活动不仅能培养学生的进取精神，还能促进自主意识与独立人格的形成。这些观点在近代中国意义深远，并为当代教育提供了宝贵的借鉴与启示：体育教育不仅要传授知识技能、增强体质、培养习惯，更应化作一种思维方式、行为模式、生活方式及价值观念融入学生生活，全面塑造其情感、意志与个性，进一步发挥体育教育在传承与创造体育文化中的核心作用。

第四节 毛泽东体育思想

毛泽东是伟大的无产阶级革命家、政治家、思想家、哲学家、战略家、军事指挥家，是时代巨人和历史的伟人，他对于中国乃至世界的贡献是巨大的，其影响也是深远的。立足当下现实，毛泽东所言持续指引着我们前进。放眼未来，毛泽东思想的影响力绵延久远。

而毛泽东的所有伟大成就都是建立在其独特的人生观、宇宙观和与之相契合的方法论基础之上的。

一、毛泽东少年时期的正统教育和体育素养

毛泽东幼年受到正统的中华优秀传统文化教育，主要来自他的两位亲人。他的学前塾师是八舅父文正莹，文正莹除了教幼年毛泽东读书、识字和一些童蒙诗书知识外，还特别注重对后辈们为人处世的教导。他曾手抄《家范箴言》一卷，要求学生们诵读、熟记，以此作为自己为人处世的行为准则。他还常常教育他们要“干正事、走正道、成大器”。后来，毛主席曾多次动情地说：“八舅父是个大好人啊，他不仅是我知识上的启蒙老师，还

教我怎样做人。他对我毛泽东是有大恩的！”

毛泽东的最后一位塾师是堂伯父毛麓钟。毛麓钟对他格外看重，除了常规教学外，还为他点读、辅导《史记》《贞观政要》等经典著作，为毛泽东打下了较全面的中国文史知识的基础。他还在思想方面给予毛泽东教育和启迪，向他宣讲立志成才、报效国家的道理，并推荐一些时论文章，使毛泽东拓宽了视野。

毛泽东少年时期就极为注重身体锻炼，自幼便经常参与田间劳作，徒步于山野之中，还与小伙伴一同在池塘河流里游泳嬉戏，这些经历培养了他锻炼身体的好习惯以及对登山、游泳等体育活动的喜爱。

二、学习泡尔生《伦理学原理》的感受

早在 1913 年，毛泽东便随老师杨昌济开始学习《伦理学》，其教材为蔡元培翻译的德国哲学家泡尔生的经典著作《伦理学原理》，蔡元培曾邀请杨昌济为该书撰写序言。毛泽东极为认真地学习这本书，并做了大量批注。他满怀热忱地探索人的意志力与好奇心之间的内在联系，这些元素共同塑造了他的人生观与宇宙观。

谈及意志力与好奇心，人人皆有，区别在于有的人意志坚定，对世界保持长久的好奇；而有的人则意志薄弱，好奇心转瞬即逝。无论是在历史长河还是现实社会中，乃至我们身边，不乏拥有一定意志力和好奇心之人，但一生都能保持坚定意志与强烈好奇心者，实属凤毛麟角，毛泽东无疑是其中的佼佼者。

“惊奇，乃人类生涯之精髓！”意志力源自好奇心，它体现了人们面对变化所秉持的积极态度。泡尔生在《伦理学原理》中阐述，人的精神由理智与知识、情感与意志构成，人生犹如攀登高山、涉越大海，充满未知与挑战，这正是其魅力所在。毛泽东深受启发，认为“平和”并非人生追求的目标，他立志于拥有波澜壮阔的人生，拥抱时代的巨变，以坚韧意志直面惊奇与挑战。

泡尔生进一步指出，变化能唤醒民族，震惊则可促其觉醒；反之，民族的退化、时代的衰败，皆因对世界新奇感与震惊感的丧失，进而导致麻木不仁。当时的中国，恰恰由于缺乏意志力与面对变化的勇气，陷入僵局。毛泽东认识到，中国不缺读书人，缺的是批判性思维与求变精神；中国人精神世界所匮乏的，并非单纯的知识，而是变革的热情与意志。

泡尔生将人类斗争的意志力称作“抵抗力”，认为正是通过抵抗外在压力，人类才创造了崭新的自我与全新的世界。他强调，一切事业与文明皆源于抵抗与胜利。毛泽东对此深表赞同，并以自然现象为例，阐释正是与严酷现实的斗争推动了人类文明的进步。

蔡元培翻译这本书，并不意味着他认同书中的所有观点。在当时的时代背景下，这样的译文有助于中国学者了解西方的伦理学说，拓宽学术视野，促进中西方文化的交流和对比，并为中国近代伦理学的发展提供参考和借鉴。新中国成立后，当那本旧书再次回到毛主席身边时，他表示当时在书上写的一些见解和感想回头看来有许多并不正确。从这点可以反映出，个人的思想和观点会随着时间的推移、经历的丰富以及对不同学说的深入了解而发生变化。同时也说明，对于外来的思想学说，需要以客观、批判的态度予以吸收和借鉴，结合自身的文化传统和实际情况进行思考和发展。

三、《心之力》主张

《心之力》著于1917年，当时毛泽东24岁，文中展露出的远大志向，堪称神州青少年之楷模，该文曾被湖南第一师范杨昌济老师打满分100分，被称为建国之才的奇文，当年在湖南第一师范广为流传并被誊抄。该文（后来经整理）表达了毛泽东伟大的思想感情。“千古圣人，教化为根。我辈青年，恰逢此乱象现前之当世，人皆逐物欲而迷心，循末节而忘真。苟活于当下，忘却肩上之重任。背离真理，违逆人本之慧根。醉心于享乐，不知当世之变化。沉迷于自我，不知危机之四伏。普看当今，世界格局风云激荡，人类文明之前途扑朔渺茫，天下苍生之幸福岌岌可危。虽有科技带来物质之充足，仍难满人欲之巨壑，各派皆为私利而竞相奔走，人皆被牵入滚滚洪流，此星球之一草一木、万物生灵涂炭之期不远矣。虽有智者、勇者愿做中流之砥柱，却犹如闹市之人语，瀑下之鱼鸣。请问周边，还有几人执著于真理，还有几人去探本求源？一句开心就好，便甘愿随波逐流。孰不知天下兴亡匹夫有责？为天地立心何以立？为生民立命何以立？为往圣继绝学何以继？为万世开太平何以开？若我辈之人此心已无，人类危矣！”

心之力需要依附于健康身体，如果羸弱到手无缚鸡之力，即便有再宏伟的理想也无法实现。《心之力》其实正衬托出体育的重要性，后来毛泽东“枪杆子里面出政权”的观点或许与此有关。

四、《体育之研究》开山之作

在湖南第一师范长达5年半的求学生涯中，对毛泽东影响深远的教师非杨昌济先生莫属。杨昌济作为伦理学与哲学的泰斗，其倡导的德、智、体全面发展理念深刻烙印在青年毛泽东的心中。彼时，湖南作为中国文化的璀璨之地，因地域文化底蕴深厚，陈独秀主编的《新青年》杂志在湖南广为传播，影响力显著。毛泽东结合自身思考，撰写了《体育之研究》，此文经杨昌济推荐，成功发表于《新青年》上，这标志着由一批具有前瞻眼光的民族先驱所倡导的体育教育观引发的舆论浪潮开始涌动，激励着一代新青年以强健体魄和坚定信念肩负起民族复兴的重任。

笔者认为，在毛泽东的思想深处，体育素养的力量贯穿其一生的事业，无不体现出这种素养的光芒。《体育之研究》的发表，正是他体育思想成熟的重要标志。通过学习《伦理学原理》，激发内心力量，毛泽东以体育为媒介，不仅锤炼自我，更激励着同时代青年。他不仅是无产阶级革命家、政治家、思想家、军事家，还是体育运动的积极倡导者和身体力行者。

“不管风吹浪打，胜似闲庭信步”这句豪迈的诗句，正是毛泽东革命生涯光辉篇章的写照。他深知“身体是革命的本钱”，其强健的体魄源自独特的体育观念与不懈的锻炼。阳光、风雨、冷水，皆成为他锤炼身心的工具。面对旧中国的社会积弱与民众疾苦，毛泽东决心通过体育锻炼改变现状，不仅为自己，更为整个民族。

毛泽东自幼体弱多病，在东山小学堂首次接触正规的体育课程时，便以极大热情投入其中，即便是在寒冷的冬季，也坚持轻便着装，展现出非凡的毅力。随着使命感增强，毛泽东更是将体育锻炼视为塑造人格的重要途径，认为唯有艰苦的意志、勇气与体魄训练，方能在社会实践中立于不败之地。

在湖南第一师范，毛泽东是公认的锻炼模范，他尝试了多种锻炼方式，包括冷水浴、日光浴、风浴、雨浴、远足、爬山、露宿、六段操及游泳等。尤其是“日浴”“风浴”“雨浴”等特殊锻炼项目，更是他与同学们共同实践的壮举。一次暴雨中的运动会，毛泽东的从容不迫与乐观态度，成为“文明其精神，野蛮其体魄”理念的生动诠释。

1917年6月，湖南第一师范举行人物互选活动，毛泽东在德智体三方面均表现优异，尤其是“胆识”一项，赢得了“冒险进取，警备非常”的高度评价，充分展现他作为未来领袖的非凡气质与卓越能力。

冷水浴是毛泽东自湖南第一师范时期便养成并长期坚持的锻炼方式之一，他效仿恩师杨昌济的习惯。杨昌济每日清晨必行冷水浴，并言：“人须日行一艰事，以砺意志。冷水浴既能锻炼意志，又可增强体质。”在校期间，毛泽东年复一年，坚持不辍。每日晨曦初现，他便至井边，提桶取水，遍浇全身，随后以浴巾擦拭，往复数次，以此铸就坚韧不拔之性。此习惯他多年保持，即便在北京的寒冬亦不例外。

毛泽东初尝冷水浴于炎炎夏日，而后历经秋冬，未曾间断。即便白雪皑皑，严寒刺骨，他仍坚持如初。起初，数名同窗共浴，井边欢声笑语，相互泼水嬉戏，而后共做体操，其乐融融。然随天气转寒，同伴渐散，唯毛泽东独守其志。因有强健体魄，他从未因此受寒生病。

有同窗不解其坚持，问道：“冷水浴究竟有何益处？”毛泽东答道：“一者，强身健体，促进血液循环，增强皮肤抵抗力，益于筋骨；二者，培养勇猛无畏之精神。试想，在严冬清晨，以冷水浇身，非勇者不能为也。”那些因寒冷而放弃的同学好奇询问其秘诀，毛泽东笑言：“初时亦感不适，但决心既下，便不畏严寒。锻炼之路，从无坦途，唯有持之以恒，方能习惯成自然，不觉其艰难。冷水浴亦复如是，坚持可练耐力，强意志。关键在坚持。”

彼时，杨开慧受父亲与毛泽东影响，中学时在女同学中倡导冷水浴，带动多人加入此行列。新中国成立后，毛泽东仍坚持不用热水洗浴。1953 年，他致信陈云，提及以热毛巾先热后冷、冷热交替擦拭身体之法，以锻炼皮肤与血管。晚年身体欠佳，无法再行冷水浴时，他亦坚持用温水替代热水。毛泽东豪迈地说：“常锻炼者，不惧风雪。我虽年迈，犹能忍冬寒，皆因昔日冷水浴之功。锻炼实为人生要事。”①

五、再读《体育之研究》

如今多数人已遗忘了体育的全貌及其深远意义，尤其是其核心价值，或是无意探究，或是认为其无关紧要，这俨然成为一种“灰犀牛现象”。

---

① 参考人民网何立波《毛泽东的体育强国梦》一文。

毛泽东同志于百年前撰写的《体育之研究》，不仅是其思想体系形成的基石，还孕育了他坚韧不拔的斗争精神，这种精神贯穿毛泽东的一生，与马克思主义相结合，汇聚民众之力，历经艰辛，终建立了人民当家作主的新中国。

《体育之研究》文中提及：“国力恭（苶）弱，武风不振，民族之体质日趋轻细，此甚可忧之现象也。提倡之者，不得其本，久而无效。长是不改，弱且加甚。”反观现实，我们武风尽失，“善舞不尚武”，青少年体质下滑，民众普遍亚健康，国家医疗负担沉重。长此以往，国民体质恐令人担忧。体弱则畏难，缺乏勇气与斗志，甚至失去人格，如此又如何实现个人与国家的远大抱负？因此，体育的核心价值在于培育勇气、血性与意志力，然而现在大家已不这般看待，教育亦不再执着于此。

《体育之研究》文中强调：“……强意志。体育之大效，盖尤在此矣。”这点明了中国传统体育文化导致的软弱，是落后挨打的关键原因。当国家处在危亡之际，唯有强体育、强意志才能打退帝国主义和殖民主义。

陈独秀于 1915 年在《新青年》中提出的“兽性主义”，亦是对此问题的深刻洞察。他批评当时青年“手无缚鸡之力，心无一夫之雄”，担忧如此国民如何担当重任。他引用日本学者福泽谕吉的“兽性主义”，强调意志坚定、体魄强健、信赖本能、率真不伪的重要性，这与孟子“天将降大任于是人也”的成才观不谋而合。陈独秀所倡导的，正是通过教育培养强健、勇敢、意志顽强的人才。如今，我们天天喊着“五育并举”的口号，可很多学校不上体育课，还有的上的是误人子弟的“伪体育课”，到底是什么人在掌管我们的体育？

毛泽东青年时期深受杨昌济、蔡元培、陈独秀思想的影响，在中国共产党第三次全国代表大会时，陈独秀为委员长，毛泽东为秘书，从那时起，毛泽东开始进入中国共产党核心领导层。正是在这样的思想氛围中，受大师影响，逐步成长。牛顿说：“如果说我看得比别人更远些，那是因为我站在巨人的肩膀上。”青少年时期的毛泽东恰好就是这样，幼年受到亲人正统的思想教育，身处文化名城长沙，得到教育大师的指导，受到革命先辈的感染，为以后开创伟大事业打下坚实基础。老师的作用巨大，老师不是园丁，是思想引领者、是灵魂工程师、是榜样。当我们把体育交给体育老师的时候，可曾想过体育老师应该有什么样的学识和担当？学校管理者又应该做些什么？

六、毛泽东体育思想伟大演化

（一）毛泽东体育思想的丰富内涵

毛泽东深邃的体育思想在军事和社会实践运用中不断发展，持续与时代相结合并做出调整。其体育思想的深刻性，源于他早年所受的品德教育和体育认知、杨昌济老师的体育思想、蔡元培全面教育的体育观念以及《伦理学原理》中斗争精神的关联、陈独秀“共产主义”革命倡导的影响，还有他不断去伪存真学习中国传统文化的能力、理论联系实际的伟大实践精神。作为一代伟人，毛泽东最早正式发表的文章便是《体育之研究》，开篇即为惊世之作，这也成为毛泽东思想的重要组成部分。有人认为《体育之研究》与最终革命成功纯属巧合，笔者却认为存在极大的必然性，因为毛泽东的体育素养是毛泽东思想的核心。

（二）毛泽东体育思想的核心在于体育与国家民族兴衰的紧密联系

认知阶段：《体育之研究》创作的年代，国家“国力恭〈苶〉弱，武风不振，民族之体质日趋轻细，此甚可忧之现象也”，中国人被称为“东亚病夫”，不仅是经济衰落所致，关键在于武风不振，人们思想麻木、缺乏斗争精神，任由统治阶级为非作歹、鱼肉百姓，而体育可“强筋骨、增知识、调感情、强意志”“又足以强意志。体育之大效，盖尤在此矣”，其中蕴含着深刻的哲学思辨。1880 年，美国记者约翰·斯温顿在采访马克思时问：“人生的最高法则是什么？”马克思回答：“斗争！”斗争必须具备强大的意志、丰富的知识、冷静的情绪、强壮的筋骨，这些正是体育的优势。基于此认知基础，毛泽东开启了伟大的实践征程。

实践阶段：从青年时期发表《体育之研究》，到全身心投入革命，直至长征到达陕北，毛泽东经历了“体育思想”的实践阶段。从一次次的艰苦敌我斗争、到秋收起义上井冈山、反“围剿”、长征并抵达陕北，这一阶段经历了最艰难的磨砺。四渡赤水的策略充分体现了毛泽东体育思想及其技巧：保持主动、准备充分、团队协作、靠体能优势灵活应变、迷惑敌人并来回消耗、声东击西、出其不意，始终保持坚忍不拔的勇气与信心。这一阶段验证了毛泽东体育思想的能量，为全面取得革命胜利打下了坚实基础。“六盘山上高峰，红旗漫卷西风。今日长缨在手，何时缚住苍龙？”此时的毛泽东已然有了“问天”的豪迈信心。

运用阶段：经过前期实践检验，毛泽东体育思想趋于成熟。在随后到来的抗日战争前期，他写下著名篇章《论持久战》，蒋介石看后也赞不绝口。该文成为抗日宗旨，坚定了人们必胜的信念，极大鼓舞了人民的斗争。毛泽东一针见血地指出日本是退步且野蛮的，称其为暴发户且文化落后。抗战时期，毛泽东提倡要广泛采用游击战，重视民兵游击战的战略价值，更强调了团结的重要意义。在解放战争中更是充分运用“运动战”特点，包括高度的机动性，部队能够迅速、灵活地转移和运动，在广阔战场上寻找有利战机；主动灵活，不被固定的阵地或战线所束缚，根据敌情和地形主动选择作战地点和时机；集中优势兵力，在局部形成对敌的兵力优势，以实现速战速决、各个击破的效果。毛泽东的军事战术上处处蕴含着体育竞技技巧，且都是阳谋，这与他的认知密不可分：“人间正道是沧桑。”

升华阶段：在全国解放和新中国成立以后，中国的国家地位受到挑战，人需要健全的人格，国家也一样需要“国格”尊严，在后续的国际事务中，在毛泽东思想指引下，中国展现出强大的斗争精神和顽强意志。抗美援朝以不可思议的精神力量和远大的战略卓识，开启了伟大民族的崭新篇章。其思想核心包括体育素养，正是源自30年前那篇《体育之研究》。

娴熟调整阶段：新中国成立后，毛泽东题写“发展体育运动，增强人民体质”。毛泽东始终强调体育的性质、目的及其在社会发展中的重要地位，灵活发挥体育的作用。此时的他实现了从革命时期到和平时期、从反帝反封建的革命者到国家领导的角色转变，以独特方式提出“健康第一、学习第二”的口号，这是从政府层面发出的最合适的倡导，重点转向体质健康，在合适的时机运用中国传统文化。接着又提出“友谊第一，比赛第二”的倡议，这是一种超脱的体育态度。竞技体育有一个弊端，就是为了利益不择手段甚至置良心而不顾，古希腊时期给冠军颁发橄榄枝头环最初也是这个含义，不能因利益纠纷破坏体育的纯洁性；同时也表明不应培养好战性格，友谊更重要。笔者认为，“友谊第一，比赛第二”的精神可被奥林匹克采用，毕竟奥运会的初衷就是和平和友谊，过度强调竞争意识容易被邪恶势力利用，引发矛盾争端。中华优秀传统文化在毛泽东体育思想的演化过程中得到良好体现。

（三）毛泽东体育军事思想

毛泽东的体育军事思想是其军事理论的重要基础，他的军事思想中包含了与体育思想相关的理念和策略，彰显出他对身体素质、意志力、灵活性、团结协作以及纪律性等方面的高度重视，具有极为重要的内涵和价值。种种迹象表明，毛泽东是一位极为出色的运用体育精神和体育技巧且融合了兵家、法家、墨家、纵横家（除去游说部分）思想的军事家。

毛泽东秉持体育为夺取革命战争胜利服务的理念，强调将体育与军事的有机结合，进而有效增强军民体质，提高部队战斗力。“兵民是胜利之本”是毛泽东体育军事思想的基本出发点。“武器是战争的重要的因素，但不是决定的因素，决定的因素是人不是物”。身体是兵民之本，军队和民众的身体素养是夺取革命战争胜利以及实现民族独立的基本条件。毛泽东意识到“没有强健的体力，即便有万分的革命精神和志愿也无从施展”，他号召广大工农群众积极开展体育锻炼，时刻准备投身革命战争。“锻炼工农阶级铁的筋骨，战胜一切敌人”成为苏区体育工作开展的总方针，毕竟“士兵就是穿起军服的农民”。平时，毛泽东重视军队的体能训练和健康状况，他认为强健的体魄是军队保持战斗力的基础。在艰苦的战争环境中，他强调通过各种方式来增强士兵的身体素质，使他们能够适应长途行军、激烈战斗等高强度军事行动。

毛泽东的军事战略战术呈现出灵活、机动的特点，这与体育竞赛中的策略运用存在相通之处。他主张依据实际情况，不拘泥于固定的模式和套路，灵活选择作战方式和战场，如同运动员在赛场上根据对手情况及时调整战术。

在精神层面，毛泽东深刻认识到体育对提升部队战斗力、培养顽强意志品质的重要作用，强调“我们的军队很需要体育”，从实践层面赋予体育一种现实性和革命性特质，使体育锻炼与夺取革命战争胜利有机统一，倡导部队“要加紧训练，打好野操，要锻炼好身体，才能打敌人”。这类似于运动员在比赛中面对困难和挫折时所展现出的坚持不懈、勇往直前的品质。这种精神力量能够让士兵在极端困难的条件下依然保持高昂斗志，为实现战略目标而不懈奋斗。

毛泽东还注重军队的团结协作和纪律性，这与体育团队所强调的团队合作和规则意识相一致。只有团结一心、纪律严明的军队，才能在战场上协同作战，发挥出最强战斗力。

毛泽东的体育军事思想将体育领域的部分理念和方法融入军事范畴，生动辩证地说明了体育、军事、革命之间的内在关系。体育军事思想在革命战争实践中不断发展成熟，为中国革命战争的胜利提供了关键的思想支撑与实践指引。

毛泽东体育思想源于中国传统文化、马克思主义哲学等先进理论，源于自然规律以及毛泽东卓越的探索精神和为人民谋幸福的伟大理想。在全球化、信息化、科技化加速发展的当下，体育在提升人民生活质量、促进社会和谐方面的作用日益凸显，毛泽东体育思想为现代体育发展提供了宝贵启示，强调体育与人民生活的紧密联系及“体育强国”建设的重要性。几代党和国家领导人都继承和发展了毛泽东体育思想，确保了新中国体育事业沿着正确方向前进。

第五节　兼容并蓄的中西方体育文化

通过前文的阐述可知，中国在清朝晚期走向衰落并遭受列强侵略，主要在于人民人格不够健全。长期的封建统治压迫致使民众思想麻木，鲁迅曾形容中国人是黑屋子里的人，不仅缺乏斗争精神、竞争意识，更缺少坚强的意志品质。当时的老百姓认为，国家是清朝皇权的，大家都是奴才，既得不到尊重，也谈不上尊严。即便在清朝灭亡很长时间后，普通百姓们难以摆脱这种思想禁锢。在这种情形下，中国作为拥有 5000 年文化传统的大国，总有学者能发现并提出解决问题的办法。魏源提出“师夷长技以制夷”，之后又经过众多革命者的不懈努力，部分中国人的思想得到解放，拿起了“斗争”的武器，打跑了帝国主义，建立了新中国。

然而，历经 70 多年的发展，我们发现我国的体育出现不断式微的现象，这种由多种因素造成的，其中最为关键的因素在于对中国传统体育文化的认同。中国传统体育文化和西方体育文化存在差异，经研究发现，中国的体育文化历经 5000 年演变，从文化内涵水准与自然合理性来看，在和平年代远超西方体育文化，当下也有很多实例可以证明。但事物总是一分为二的，为什么拥有先进传统体育文化的国家会挨打？其原因在于失去了锋芒，变得如鹅卵石般圆滑。先进文明总是被野蛮入侵也是同样的道理。

民国初期，我国借鉴西方体育思想作为强国思想，使中国再次走向强大。那么，我们能否全面接纳西方传统体育思想呢？答案是否定的。因为这容易引发决斗和战争。试想，若整个民族的人都充满斗争精神和竞争意识，而部分人的思想文化素养没能跟上，无法正确分析与认清局势，必然容易引发争斗。西方历史常有决斗事件发生，普希金便是因决斗而死，如此一来，可能会陷入反复的“战争与和平”循环（前面古希腊体育与战争一段有论述），即一方面通过赛会来歌颂和平，另一方面离开赛场不久便又开始战争。现实已经证明，我们不能这样做，因为我国仍遵循传统中国体育文化的特征发展，所以说“这里的人们爱和平”，是真正意义上的和平，而古代奥林匹亚的爱和平是因为不断发生战争而产生的渴望。但我们也不能让体育完全回归到曾经的中国传统体育文化模式，若大家都只进行养生运动，体育将会缺乏竞争竞技元素与意志培养功能。因此，要将中西方传统体育文化合理融合，构建新的中华体育文化，方能实现稳步发展。

我们曾经将体育认识作为强国思想，如今中西方体育文化融合的理念，可为实现中华民族伟大复兴保驾护航。

中西方传统体育文化虽存在差异，但能否实现合理的融合？真正做到兼容并蓄？答案是肯定的。

随着世界信息化进程加快、交通愈发便捷、交流日益密切，中西方体育文化的互补融合必将深入发展，这有助于增进相互理解、促进文化交流、取长补短丰富体育文化内涵、提高体育竞技水平、健康有序推动全球体育产业的发展。

一、中外传统体育文化兼容并蓄的构思

中西方体育文化各有其独特魅力和价值，通过相互学习和借鉴，可以拓宽视野，增进对彼此文化的理解和尊重。例如，中国体育文化强调“天人合一”的和谐理念，注重身心平衡与统一；西方体育文化则以竞技为核心，追求更高、更快、更强的目标。两者互补融合可为人们提供更全面的健康理念与生活方式选择。以下是本书的互补构想：

可遵循人的自然生长阶段，青少年时期以西方传统体育教育为主，促进健康体魄和健全人格；中老年阶段以中国传统体育文化为主，进行养生运动以延年益寿，享受美好生活。中国传统体育文化讲究中庸之道，忌偏激与过度，过度易出现问题。如运动员为获得荣誉和利益服用兴奋剂，一味地违背自然规律去压榨身体（最近中外均有健美运动员因降脂猝死的报道）。中国传统体育文化五千多年沉淀的哲理极具价值，不仅适用于体育。

可根据不同人生追求进行规划，要成为优秀精英，比如军人、警察、

公务员、成功人士等，就要强化西方体育培养；要成为普通人群，以中国传统体育文化培养并适当增加体能项目，同样能拥有美好人生；也可以成为中间分子，按照自己的意愿调整，兼具竞技运动与养生思想。这种划分呈自然分布，具有正态分布特点，有利于国家均衡发展并应对国际事务。群居蚂蚁社会存在不同分工，有兵蚁、工蚁，其社会性强，分工合作维持了安全性、稳定性。这个观点值得探讨，要成为内部安定团结、对外敢于斗争、和谐繁荣富裕强大且长盛不衰的国家，需要考虑这种自然分工。最终达成共识：体育需学生自身重视，非国家强加，自身发展必须有足够的体育素养做基础。

在全球化的背景下，体育作为跨文化语言，能够将不同国家和文化背景的人聚集在一起，相互理解、相互尊重。中西方体育文化融合不仅能丰富各自文化内涵，还可为全球体育文化发展注入新的活力，开辟新的形式，形成新的繁荣。这种融合有助于打破文化壁垒，促进国际友好交流合作，也是现代奥林匹克的发展方向。

中西方体育文化的互补融合对提升体育竞技水平与健康观念具有重要意义。通过学习对方的训练方法、竞技理念和技术战术，可不断提高自身的竞技能力和水平，理解自然发展规律，使竞技体育更具价值。还可对部分表演、养生项目进行竞技化发展，使其兼具竞技特点与深奥东方哲理。

中西方体育产业的互补融合有助于推动全球体育市场的发展。中国传统体育不注重器械配置、侧重徒手练习，融合后可让更多人享受科技进步的红利，加大场馆、健身步道等建设力度，改善生态环境，以体育与生态相互促进理念让城市乡村更美好，从而形成消费和生产的良性循环，极大促进体育产业发展。中西方可在体育赛事组织、体育用品研发、体育旅游等方面开展深入合作，共同开拓市场，实现互利共赢。

面对全球性问题，中西方体育文化互补融合也具有独特价值。例如，在促进全民健身、应对老龄化社会、推动城市可持续发展等方面，双方可分享经验资源，共同探索有效的解决方案。在当前的“体育城市”评价标准中，中国群众体育活动因不易形成赛事，所以失分较多，但对老龄化社会、全民健身、可持续发展是有独特贡献的，应予以重视。

二、提出兼容并蓄中西方体育文化的方法

中西方体育文化的融合发展可以从多个层面开展，涵盖教育、文化

活动、体育赛事以及产业发展等方面。以下是本书的一些具体的融合发展策略：

教育融合：当前我国学校体育教育大多是西方体育项目，但其开展普及的质量不高，应强化体育课程设置，学生需在至少一项体育项目上达到熟练，且在难度和运动量方面达标。同时，在中国传统项目如太极拳、毽球、八段锦、武术项目中结合竞技比赛元素，配备丰富的健身器材设备，对一般养身运动予以量化引导，以此提高质量和效率。此外，教育学生认识遵循自然规律的重要意义，使其能够抵制不良药品危害，做到自尊、自重、自强。

文化活动融合：利用公共空间和节日庆典，开展中西方体育文化展示活动，如让中国的广场舞与西方的街舞同台演出，使人们全面了解中西方体育的功效，进而依据自身不同需求选择适宜的运动项目。

体育赛事融合：根据不同年龄组设置不同体育文化项目，比如青少年可选择对抗激烈、着重体能培养的项目；中老年则设置柔和缓慢、张弛有度的养生项目以及强度较低、持续时间较长的健身运动。

产业发展融合：引入西方体育文化中先进的体育科技理念，充分发挥中国强大的工业制造能力，生产大量优质且价格优惠的健身器材，营造健身氛围和消费潮流。开发丰富多样的中西方体育文化融合的运动休闲项目和体育旅游产业，如打造体育文化主题游乐场、体育博物馆体验馆、设计特色旅游线路，开发飞镖、打陀螺、滑翔伞、蹦极、徒步穿越、漂流、野营、普拉提、自驾游、潜水、滑水、皮艇等项目，让大家体验不同的体育文化。

科技创新融合：运用现代科技手段，如虚拟现实、增强现实技术，创新中西方体育文化的传播方式，使其更具生动性与互动性，让人们能在虚拟环境中体验各类型运动，如虚拟赛车、滑翔、旅游、拳击等。研发可提高徒手练习效果的健身新产品，例如，结合太极拳手臂不受力特点的太极拳健身服、五禽戏健身服等。

价值观念融合：倡导中西方体育文化中共通的价值观念，如敢于竞争、勇于挑战、公平竞争、团队协作、天人合一、顺应自然等，通过体育赛事强化这些价值观的国际认同，强调中西方体育文化的差异性与互补性，促进多元文化的尊重和包容。

通过上述策略，中西方体育文化能够实现互补与融合，推动全球体育文化的多样性和繁荣发展。

第七章

“体育名城”建设重点内容

第一节 “体育名城”建设中的体育经济

一、各重点省市体育经济的强势发展

据2023年底国家体育总局、国家统计局报告发布的2022年全国体育产业总规模与增加值数据公告：“经核算，2022年全国体育产业总规模（总产出）为33008亿元，增加值为13092亿元。与上年相比，体育产业总产出增长5.9%（未扣除价格因素，下同），增加值增长6.9%。从内部构成看，体育服务业增加值为9180亿元，占体育产业增加值的比重为70.1%，比上年提高0.1个百分点。体育用品及相关产品制造增加值为3686亿元，占体育产业增加值的比重为28.2%，比上年提高0.2个百分点。体育场地设施建设增加值为226亿元，占体育产业增加值的比重为1.7%，比上年下降0.2个百分点。从增长速度看，体育产业实现较快增长。与上年相比，体育管理活动增加值增长16.3%，体育竞赛表演活动增加值增长11.7%，体育传媒与信息服务增加值增长11.3%，其他体育服务增加值增长8.7%，体育健身休闲活动增加值增长7.8%，体育用品及相关产品制造增加值增长7.3%，体育场地和设施管理增加值增长7.2%。”

中国体育用品业联合会（2024年3月6日）在《为经济发展添动能》一文中盘点了全国各省份体育产业总规模。从2022年体育产业数据内部构成看，体育用品及相关产品制造增加值为3686亿元，占体育产业增加值的28.2%，比2021年提高0.2个百分点。除此之外，与2021年相比，包括体育管理活动、体育竞赛表演活动等在内的体育产业分类增加值增速均达到两位数。

在全国体育产业公布数据后，部分省份体育产业数据也相继公布，读者可以从数据角度了解地方体育产业的发展现状，对比各自省份谋求更好的发展。

天津：2月13日，天津市体育局发文表示，按最新统计数据，天津市体育产业总规模（总产出）为594.07亿元，增加值为169.31亿元，占当年全市生产总值比重为1.21%，高于全国平均水平。

天津投入体育产业发展专项资金5454万元，大力扶持体育制造业提质增效和场馆服务业提升改造项目48个，同时，持续为体育企业纾困解难，组织银企对接、帮助企业申请政策性贴息贷款，总计申请贷款3462万元，组织“聚力服企 提质赋能”主题活动，开展金融、体育惠民卡、体育产业发展专项资金政策解读会，全市体育系统认真落实国有场馆房屋租金减免政策，减免租金超过2600万元，极大缓解了企业困境。①

河北：1月10日，河北省体育局发布“河北省体育产业2023年十大亮点”，分别从体育产业发展势头强劲、冬奥场馆遗产利用实现良好开局、京津冀体育产业协同迈上新台阶、“京张全季体育旅游嘉年华”品牌影响力持续扩大、产业招商成效良好、“冀体优品”区域公共品牌精彩亮相、户外运动产业迅猛发展、体育消费焕发活力、河北省（邢台市）社区智能健身驿站试点结出丰硕成果、体彩销售创历史新高这10个方面具体梳理了2023年河北省体育工作的亮点。

其中，在“体育产业发展势头强劲”板块，河北省体育局公布了2022年河北省体育产业总规模。据研究测算，2022年，河北省体育产业总规模（总产出）为2006.7亿元，比2021年增长8.03%；增加值为700.62亿元，比2021年增长7.37%，占全省生产总值的比重为1.65%。预计2023年全省体育产业总规模将达到2400亿元左右。

此外，河北省体育局与河北省统计局联合开展冰雪产业调查并发布公告，此为全国首家。2022年河北省冰雪产业总规模（总产出）达587.1亿元，比2021年增长10.2%；增加值为220.3亿元，比2021年增长10.1%。河北省成功举办第四届冰雪运动会，全年开展冰雪赛事活动1182场次，带动1000多万人参与。据专业机构统计，2022年河北省冰雪消费总规模为312.67亿元，人均冰雪消费421.39元。②

上海：2024年1月31日，上海市体育工作会议召开，会议表示，上海将加快推进全球著名体育城市建设，拓展全民健身公共资源，构建更高水

① 资料来源：天津市体育局。

② 资料来源：河北省体育局。

平全民健身公共服务体系；加强文体旅商展联动，放大重大体育赛事溢出效应。会议同期公布了2022年上海市体育产业总产出。经测算，2022年上海市体育产业总产出为1862.58亿元，增加值为640.45亿元，体育服务业总产出为1539.19亿元，占全市体育产业总产出的比重达到82.6%；全市居民人均体育消费3435.6元，体育消费总规模达到850.62亿元。①

江苏：经核算，2022年江苏省体育产业总产出为5963.68亿元，比上年增长5.5%；增加值为2026.98亿元，比上年增长5.8%；体育产业增加值占全省同期生产总值的比重为1.65%。从内部结构来看，体育服务业增加值占体育产业增加值的比重最高，为67.2%；体育用品及相关产品制造次之，占比31.4%；体育场地设施建设增加值占比最小，为1.4%。②

浙江：经测算，2022年浙江省体育产业总产出4648亿元，增加值1444亿元，分别同比增长8.8%和6.0%，增加值占全省生产总值的比重为1.86%。③

福建：2022年全省体育产业总规模达6573.14亿元，比上年增长9.4%，排名全国第一。根据《福建日报》报道，2024年1月17日，福建省体育工作会议召开。据悉，福建省以厦门马拉松、CBA全明星周末、中华龙舟赛等六大品牌赛事为龙头，带动全省开展各类品牌赛事超过400项，配套举办“体育消费节”“山地户外节”“你运动 我补贴”等体育促消费活动超过20场，各类赛事参与人数超过260万人次，拉动消费近50亿元。

江西：中国新闻网从2023江西省体育产业发展大会新闻发布会上获悉，经核算，2022年江西体育产业总规模（总产出）为1680.16亿元，同比增长13.16%；增加值为556.49亿元，同比增长11.05%，增加值占全省生产总值的比重为1.73%。

山东：据齐鲁晚报报道，山东省体育局发布省2022年体育产业有关数据。经核算，2022年，山东省体育产业总规模（总产出）为4239.89亿元，增加值1565.56亿元，增加值占全省生产总值的比重为1.79%。抽样调查结果显示，2022年，全省体育消费总规模为2207亿元，居民人均体育消费支出2163.81元，占人均可支配收入的比重为5.76%。

河南：经核算，2022年河南省体育产业总规模（总产出）为1565.75亿

① 资料来源：上观新闻。
② 资料来源：江苏省体育局。
③ 资料来源：浙江省体育局。

元，增加值为617.08亿元，占同期河南省生产总值的比重为1.01%。从名义增长看，总规模较2021年增长了8.1%，增加值增长了7.3%。从内部结构看，体育服务业增加值为411.91亿元，占全省体育产业增加值比重为66.8%；体育用品及相关产品制造增加值为196.59亿元，占全省体育产业增加值比重为31.9%；体育场地设施建设增加值为8.59亿元，占全省体育产业增加值比重为1.4%。①

湖北：据《湖北日报》报道，湖北省体育局相关负责人介绍，经初步统计核算，2022年湖北体育产业总产值为1697.48亿元，同比增长6.1%，体育服务业增加值占比73.4%，市场主体达31971家。2023年上半年，全省体育服务业同比增长17.9%，高于全省生产总值增速12.3个百分点，市场主体净增3013家。

广东：2023年11月17日，第七届广东省体育产业发展峰会在广州举行。会上，广东省体育局经济处处长庾伟健表示，经初步估算，2022年广东省体育产业总规模约为6500亿元、增加值约为2130亿元，分别同比增长3.9%和2.4%，占当年广东全省生产总值的比重约1.65%。全省体育产业主体数量较2019年增加近万个，反映出市场普遍看好体育行业前景。同时，预测2023年广东省体育产业总规模和增加值可望跃升至7345亿元和2343亿元，分别同比增长13%和10%。②

广西：经核算，2022年广西体育产业总产出（总规模）为586.61亿元，增加值为255.60亿元。从内部结构看，体育服务业的总产出和增加值分别为471.90亿元和227.78亿元，占全区体育产业总产出和增加值的比重分别为80.45%和89.12%；体育用品及相关产品制造业的总产出和增加值分别为54.18亿元和13.70亿元，占比分别为9.24%和5.36%；体育场地设施建设业的总产出和增加值分别为60.53亿元和14.11亿元，占比分别为10.32%和5.52%。③

重庆：经核算，2022年重庆市全市体育产业总规模（总产出）为694.34亿元，增加值为279.62亿元，增加值占全市生产总值比重为1.0%。从名义增长看，总产出比2021年增长5.3%，增加值增长5.4%。从体育产业内部结构看，体育用品及相关产品制造总产出和增加值分别为229.93亿

① 资料来源：河南省体育局。

② 资料来源：中国新闻网。

③ 资料来源：广西壮族自治区体育局。

元和 62.80 亿元，分别占全市体育产业总产出和增加值的 33.1% 和 22.5%，占比分别较 2021 年下降 0.2 个百分点和持平。①

四川：经初步核算，2022 年，四川省体育产业总规模（总产出）为 2170.8 亿元，增加值为 792.7 亿元，占当年四川省生产总值的比重为 1.4%。从名义增长看，总规模比 2021 年增长 8.9%，增加值增长 7.8%。2022 年体育服务业增加值为 603.2 亿元，在体育产业增加值中所占比重为 76.1%，比上年下降 0.4 个百分点；体育制造业 2022 年增加值为 136.3 亿元，在体育产业中所占比重为 17.2%，比上年提高 0.8 个百分点；体育建筑业 2022 年增加值为 53.1 亿元，在体育产业中所占比重为 6.7%，比上年下降 0.4 个百分点。②

贵州：新华网记者从 2023 年贵州省体育工作会议上获悉，2022 年，贵州省体育产业总规模实现 271.85 亿元，增加值达 112.42 亿元。自 2017 年国家体育总局批复支持贵州创建全国体育旅游示范区以来，贵州围绕建成山地民族特色体育旅游强省目标，以体育旅游融合发展为抓手，带动体育产业提质增效。会议透露，截至目前，贵州已建成生态体育公园 104 个，汽车露营基地 100 个、体育旅游精品路线 106 条。③

云南：2023 年 2 月 22 日，云南省体育产业大会开幕会上，相关领导表示，2022 年，云南省体育产业及相关产业总规模达 458 亿元，体育企业达 7396 户，城乡居民体育消费总规模约 710 亿元；足球、游泳、自行车、田径等高原体育训练基地群成为“金字招牌”，是各地、各项目运动队冬训首选目的地；上合昆明马拉松、七彩云南格兰芬多自行车节、中国怒江皮划艇野水公开赛等“‘一带一路’七彩云南”系列品牌赛事闻名世界；体育产业成为云南省经济社会发展的新增长点和亮丽名片。④

大连：大连市体育局发布《2023 年大连体育工作回顾——体育产业》，文中称，2022 年，全市城乡居民体育消费总规模为 210.3 亿元（按照大连市第七次人口普查结果数据计算），其中实物型、参与型、观赏型体育消费支出总额分别为 109.5 亿元、90.9 亿元、9.9 亿元，分别占体育消费总规模的 52.1%、43.2%、4.7%；人均体育消费支出为 2822.6 元，占人均消费支出

---

① 资料来源：重庆市体育局。

② 资料来源：四川省体育局。

③ 资料来源：新华网。

④ 资料来源：云南省人民政府。

的 9.9%，体育消费水平大幅提升，消费潜力持续激活。[①]

厦门：近年来，通过举办各种赛事活动，厦门不断吸引体育产业要素聚集，推动厦门体育产业规模不断扩大。2022 年，厦门体育产业总产值达 528 亿元，体育用品制造业连续多年保持两位数增长。自 2009 年起，厦门成为中国最大的运动器材制造和出口基地，也是中国运动服鞋装、运动眼镜、户外用品的主要出口基地。2018 年，厦门成立体育产业集团，进一步推动厦门体育产业发展，形成合作共赢的新格局和产业带动效应。以思明为例，2020 年，思明区规模以上体育企业总营收达 465 亿元，同比增长 15.5%。[②]

深圳：深圳市文化广电旅游体育局发布《2022 年度深圳市体育产业统计调查报告》。报告显示，2022 年深圳市实现体育总产出 1354.02 亿元，同比增长 6.5%，据测算，带动相关产业超过 1.1 万亿元。2022 年，深圳市体育产业呈现“制造业占主导、服务业次之、体育场地设施建设规模最小”的发展格局。体育制造业企业在数字化转型、科技研发和品牌升级等方面多点发力，加速转入高质量发展轨道，全年实现总产出 693.64 亿元，同比增长 8.9%；创造增加值 167.34 亿元，同比增长 8.3%。体育服务业总产出 642.88 亿元，同比增长 4.4%；创造增加值 361.00 亿元，同比增长 5.1%，总产值仍保持稳定增长。体育场地设施建设总产出 17.51 亿元，创造增加值 4.26 亿元。2022 年，深圳市体育从业人员达 318836 人，同比增长 1.2%。[③]

通过上述数据可见，我国体育经济已经进入爆发初期，并拥有广阔的发展前景。按照 GDP 中制造业和服务业的比值看，中国体育产业有着极大的发展空间。

二、“体育城市”搞好体育经济学的价值

体育经济学是经济学和体育科学的交叉学科，它运用经济学理论和分析方法来研究体育产业的相关问题，主要探讨体育产业与国民经济发展的关系，以及体育产业内部的各种经济现象和问题。

在“体育城市”建设中，体育经济学需要在国家和城市整体经济学的

---

① 资料来源：大连市体育局。

② 资料来源：厦门市体育局。

③ 资料来源：国家体育总局。

基础上对体育相关问题进行分析研究。目前各城市由政府所属机构在承担这些工作，它们需要给政府决策提供准确有效的参考，在这一过程中，体育经济学起到至关重要的作用。其研究内容有：剖析体育产业在国民经济中的地位和作用，以及两者的相互关系；探究体育产业的组织结构、市场结构、产业链、产业关联等，揭示体育产业的发展规律和趋势；分析体育市场的供求关系、市场结构、市场行为、市场绩效等，为体育产业的市场化运作提供理论支撑；研究消费者的体育消费需求、消费行为、消费结构等，以及体育消费对经济增长的拉动作用；探讨体育资金的筹集、分配和使用，以及体育投资的经济效益和风险；研究体育资产的评估、管理、运营等，保障体育产业的可持续发展；分析体育产业内部的利益关系，促进产业公平健康发展；制定并实施体育产业宏观的长期发展规划和政策，推动体育产业的持续繁荣。

加强“体育城市”体育经济学研究可以带来诸多益处，例如，体育经济学通过市场分析，为体育城市建设提供数据支持，助力政府和企业进行科学决策；评估“体育城市”建设对体育与旅游、文化、健康等产业融合发展的推动效果；评估场馆设施投资回报；考量群众体育活动开展所带动的服务业经济改善状况；探究在“体育城市”创建中，体育经济学如何推动体育文化发展，实现经济文化同步提升；评估赛事和比赛项目主办与创新的成本可行性并规避风险。

目前需要深化的研究内容有：洞察不同人群的体育需求，积极培育并引导新兴体育消费。如针对青年、中老年等不同群体的体育需求，开发个性化、定制化的体育产品和服务；实现线上线下体育场景的有机结合，打造智慧场馆、云健身等新型体育消费场景，利用5G、物联网、人工智能等新技术提升体育消费的体验感和科技感；推动电竞产业、体育旅游等新内容发展，为体育产业注入新活力。同时，注重运动员价值挖掘和体育IP打造，提升体育产业商业价值和品牌影响力；探索体育产业跨界融合和模式创新，如“体育＋旅游”“体育＋健康”等新型业态发展。通过跨界合作与模式创新，拓展体育产业的发展空间和盈利渠道。

目前，国家层面还未制订“体育城市”计划，但各城市根据自身综合特点，结合国务院颁布的《体育强国建设纲要》，制定了各自的发展目标，其中经济问题尤为关键。比如北京创建“世界体育之都”，国家进行了大量投资；上海创建“全球著名体育城市”，地方提供强有力经济支持，经济实力强的城市必然具备优势。如果经济实力差一点，但拥有良好的自然生态环境的城市，属于著名旅游城市，那么就适合开展各类经济附加值高的项目，可推动体育服务产业经济发展，持续创造收入，在一定经济基础上创建“特色体育城市”也颇具优势。还有一类城市具备体育制造业规模，拥有良好的市场业绩和美誉度，在创造经济效益的同时，能进一步扩大城市知名度和地域品牌优势，企业与地方政府合力创建体育制造业“体育名城”或“特色体育名城”。

经济是建设“体育城市”的重要条件之一，要让经济进入良性循环。国家出资的项目具备战略意义，此类城市受益最大；经济条件优越的城市投资体育服务设施，属于合理有效的民生共享工程，其基础设施建设是迈向现代化的必由之路，与“体育城市”建设目标一致。依靠体育产业赚钱而建设的“体育城市”最具活力且商业气息浓厚，这类城市主要有三类：第一类是纯靠赛事、俱乐部盈利的城市，这类城市在西方国家较多，由于这类产值源于消费而非制造业，需要考虑制造业和消费服务业的平衡及国际贸易问题，有时一场大型赛事会使一个国家经济受挫，如希腊和巴西在举行完奥运会后，经济出现大幅滑坡；第二类是自然环境优美、旅游资源丰富的城市，凭借赛事带动地方服务业繁荣，这类城市看似发展良好，但如果忽略均衡发展，很容易失衡；第三类是靠体育制造业盈利的城市，如厦门、青岛、济南、泉州、德州，这些城市每年的体育制造业产值达400亿至500亿元。厦门、青岛、济南等城市凭借综合实力发展“体育城市”前景广阔，德州综合实力虽相对较弱但是体育制造业占比很高，拥有6个国家级体育制造业基地和2000余家体育器材生产公司。德州市早在4000年前便是“体育名城”，有希望成为现代体育制造业“特色体育名城”。

在“体育城市”的基础上建成有更高美誉度的“体育名城”，应该在经济研究和运行中追求更高效率，创造更大效益。

下面我们看看因经营不善，奥运会是如何拖垮城市经济的：通常而言，奥运会是各国之间的实力较量，体育实力的强弱也能反映一个国家的综合实力。对举办国来说，举办奥运会不仅能彰显强大的经济实力，还能有力促进经济贸易、旅游以及文化产业的发展。但随着时间推移，奥运会举办权的吸引力开始逐渐下降，巴黎奥运会申办时，除了巴黎再无其他城市竞争，因为一旦运营不善就会面临巨额亏损。北京奥运会的成功举办，极大地推进了我国的发展，向世界各国人民展现了拥有5000年历史文化的礼仪之邦，达成了经济与政治目标。当初我国在北京建设奥运会场馆及其他配套设施时，花费了大量财力物力，但在其他产业贸易方面也收获颇丰。而其他举办国大都出现了巨大亏损，2004 年的雅典奥运会，希腊经济水平尚好，已跻身欧盟中等发达国家行列，当时本想着借奥运会，带动国内经济发展，进而迈入世界发达国家行列，然而事与愿违，举办这一次奥运会致使其经济下滑，甚至破产；同样，2016 的里约奥运会，作为主办国的巴西亏损了近百亿美元，4 年后依旧没能将这个空缺给填补上，直接拖垮了巴西经济。

第二节 体育传统

现代体育文化和传统体育文化存在差异，传统体育文化更多体现在思想观念上，当前体育文化中西交融，但还有待合理融合，因此，这里只讨论“传统体育”，或称为“体育遗产”，也就是非物质文化遗产。中国作为文化大国，需要把精心挖掘、整理并包装的优秀传统体育项目，推向世界，提升国际影响力。在“体育城市”建设中，体育传统的传承、弘扬与构建是极为关键的环节。要做好这项工作需要注意以下几点：

一、体育传统的挖掘

深入挖掘本地古代体育资源，包括传统体育项目的历史起源、文化内涵、技术特点等，通过文献研究、口述历史等手段进行全面梳理。

运用现代先进的数字和信息技术，将挖掘出的体育文化资源加以整理，构建系统的档案资料体系，以便于保存、传播和研究，为后续的传承工作提供有力支撑。

二、保护与传承

加强非物质文化遗产保护，对于具有重要历史、文化和科学价值的传统体育项目，应积极申报非物质文化遗产，加大保护力度。

注重培养传承人，通过师徒传承、学校教育等方式，培养新一代的传统体育传承人，同时给予其必要的扶持和激励，确保传统体育技艺得以延续。

三、体育传统的弘扬

利用电视、广播、互联网等媒体平台，广泛传播传统体育项目的魅力，提升公众对传统体育的认知度和兴趣。定期举办传统体育赛事活动，如龙舟赛、武术比赛等，吸引更多人参与和观赏，进一步弘扬传统体育文化。

在坚守传统体育项目核心要素的基础上进行创新和发展，使其更加符合现代人的审美和需求。例如，将传统武术与现代健身理念相结合，开发出适合不同年龄段的武术健身课程。将传统体育项目纳入学校体育课程，通过体育课、课外活动等形式，让学生在学习和实践中感受传统体育的魅力，培养他们对传统体育的热爱和传承意识。

四、体育传统的构建

（一）政策与规划

政府应出台相关政策，鼓励并支持传统体育的传承与发展，为传统体育的传承人、组织机构等给予必要的政策保障。结合本地实际情况，制定传统体育发展规划，明确发展目标、重点任务和保障措施，推动传统体育事业的持续发展。

（二）体系与机制

建立政府主导、社会参与、市场运作的传承体系，形成多方携手共同推动传统体育传承发展的良好局面。建立健全传统体育传承发展的工作机制，包括项目管理、资金保障、人才培养等方面的制度，确保各项工作有序开展。

（三）设施与平台

加大传统体育设施建设的投入力度，建设一批符合标准的传统体育场地和器材设施，为传统体育的传承与发展提供有力支撑。搭建传统体育交流平台，促进不同地区、不同国家间的传统体育交流与合作，推动传统体育文化的传播和普及。

在“体育名城”建设中，体育传统的传承弘扬与构建是一项系统工程，需要政府、社会、学校和市场等多方面齐心协力、协同推进。构建具有地方特色的体育传统体系，为“体育名城”的建设提供有力支撑。

第三节 体育产业

一、“体育城市”的体育产业发展要点

壮大体育市场主体：积极扶持培育引领带动性强的体育龙头企业，构建配套产业，形成区域产业集团化、全球化优势，实施体育品牌战略，鼓励企业参与国家标准、国际标准和行业标准制定，提升技术创新水平。

释放体育产业消费潜能：释放职工可支配自由时间，落实节假日、休假等权益保护工作，广泛开展群众性体育活动，加快培育体育活动项目、形式与品牌。吸纳世界性体育文化元素，提高消费层次和水平，加大对健身器材、运动器材的使用需求与习惯培养力度，同步提升竞技兴趣和练习品质。鼓励体育企业通过多种形式开展服务运营，灵活调整项目和转型，同时加强体育市场监管，完善综合执法体制。加快体育协会与俱乐部建设，丰富其服务内容，打造具有凝聚力的活跃群众组织。

制定和落实相关政策：科学编制体育产业发展规划，研究更多效益可观的项目，以项目建设推动产业健康发展，兼具发展性、前瞻性和世界性。中国产业发展已经进入爆发期，需要制定大胆的预测方案，及时推动具体措施的制定与落实。

加大招商引资力度：提供更优渥的条件和保障，吸引更多资金和资源投入体育产业。建设产业园并提供一体化配套服务，包括产业相关科技配套服务。吸引外资投入中国具有远期效益优势的建设项目，提高国际竞争力。

完善人才供给体系：制定具有吸引力的高待遇政策以吸引优秀人才落户，以实际能力为评判标准，防范“假大空”低效人才的干扰，合理规范产业人才考核标准，注重复合型人才培养，开展人才培养交流活动，将体育产业人才纳入城市引进人才规划，各企业要重视人才队伍梯队建设，营

造温馨的企业文化氛围。

有效供给体育设施：发挥好市场的积极作用，增量与盘活存量双管齐下。一方面可以打造“体育综合体”，对大型商场、餐饮、娱乐、购物等消费链进行深度整合；另一方面做好对废旧厂房、学校、荒地等“金边银角”的二次开发利用。

推动产业协调发展：结合城市自身的气候、资源等优势，构建多方协调发展的体育产业体系。例如，以山地户外运动、水上运动、冰雪运动、体育旅游、汽车赛场、运动服饰、健身器材、比赛器具、体育纪念品等为制造业板块，以赛事组织策划、体育用品销售、体育培训、体育保险、体育康复、体育赛事服务等为服务业板块，全面均衡发展体育产业。也可借助大型赛事的影响力，吸引相关企业入驻，延伸体育产业链。对于制造业发达的“体育城市”，其可能受市场波动影响较大，需要制定合理策略，平衡产业分布，针对不同国家地区、不同价位层次、不同体育领域、个人或企业购置特点，防范市场波动带来的损失，还可将体育制造业和其他机械加工制造业关联，提高设备与员工使用率。

促进产业融合：加大对体育旅游精品线路、基地项目的扶持力度，推动山地户外体育旅游休闲基地、生态体育公园、登山健身步道和户外体育俱乐部等建设。要依据本地实际，挖掘开发丰富的文化旅游、体育旅游、体育表演、体育休闲、体旅线路、体旅走廊、体育博物馆、体育体验馆、体育活动小镇等项目。鼓励医院开展运动促进健康的指导服务，引导社会力量开办运动康体、运动康复等服务机构，实现“体育＋旅游”“体育＋医养”等融合发展模式。与世界性“体育城市”（如布达佩斯）建立友好城市关系，参考其发展特色；同时与国内著名“体育城市”构建友好城市网络，相互帮扶，协同发展。

创新体育赛事形式：着力塑造赛事“影响力”，提升文化历史吸引力，提高赛事规划选择和策划运作的精准度，提升其区域化、国际化、专业化水平，以传播影响力为核心目标。还可举办各类配套活动，以赛事为牵引，构建涵盖赛事、设施、组织和社会主体的体育产业生态体系。

借助科技手段：利用“互联网＋”等新技术，优化健身体验，推动业态融合。例如，通过数字新媒体、人工智能等技术探索城市大型体育场馆、健身通道、医体检测的一体化智慧运营，实现线上购票预订、智慧前台进入、实时数据传送以及大数据精准分析用户运动习惯等。

打造特色品牌：结合城市特点，建设极具个性且具规模的体育馆、健身通道、体育设施，加强宣传以扩大传播效应，提高城市知名度。如悉尼歌剧院极大提升了悉尼的知名度；德州130公里的黄河、运河“两河牵手”健身通道也需要宣传推广。

打造体育产业标志：中国拥有5000年的悠久历史传统文化，体育城市可挑选具有代表性的古迹景点作为地标，使其成为体育产业关联的旅游项目。如良渚文化、都江堰、三星堆、秦始皇兵马俑、泰山、峨眉山、紫金山、长城、黄鹤楼、滕王阁等。各地结合地方古迹和传统，选取一项加以大力弘扬，让人记住其与城市的关联，从而提高知名度。毕竟，越是民族性的事务往往越具国际性。

不同城市具有不同的特点和优势，在发展体育产业时，应因地制宜，制定适合自身的发展策略。同时，注重与城市的整体发展规划相融合，以实现体育产业与城市经济、社会、文化等多方面的协同发展。“体育名城”要在“体育城市”的基础上具备更高的美誉度和传播度。

二、“体育城市”中体育产业与其他产业的协同发展要点

发展体育产业需要拓宽视野，在整体城市产业结构中，与其他产业协同发展。

（一）与旅游业协同

将体育赛事、体育活动与城市的旅游景点相结合，打造独具特色的体育旅游产品。例如，举办马拉松比赛时，线路要经过城市的著名地标和风景名胜区，吸引参赛者和观众在参与体育活动的同时进行旅游消费。很多著名“体育城市”的案例表明，旅游业和“体育城市”建设紧密相连，必须不遗余力地推动旅游业的发展。

（二）与文化产业协同

深入挖掘城市文化内涵，借助影视、文学、音乐等形式进行创作和传播，举办体育比赛、体育展览、体育文化节等活动时，与地方餐饮美食、文化表演、音乐节、历史传承等相结合。

（三）与制造业协同

鼓励本地制造业企业参与体育产品的研发和生产，提升产品质量和技

术含量，并且在打造高质量体育制造业技术装备时，可向相关高利润制造业领域拓展延伸。通过体育赛事和活动的品牌影响力，提升本地制造品牌的知名度和市场竞争力。

（四）与教育培训产业协同

将体育培训与学校教育相结合，培养青少年的体育兴趣和特长。在开展的各类教育培训课程中，既涵盖体育专业培训，也包括面向大众的健身指导、运动康复等培训内容。

（五）与信息科技产业协同

利用信息技术提升体育赛事的传播效果和观众体验，如运用虚拟现实、增强现实技术进行赛事直播和互动。开发体育相关的移动应用程序，提供赛事信息、运动记录、社交互动等功能。同时，借助大数据分析，为体育产业的决策提供支撑，优化资源配置。

（六）与健康医疗产业协同

体育锻炼与健康密切相关，加强体育与健康医疗产业的合作。开展运动康复服务，为运动员和普通民众提供损伤治疗和康复训练。构建运动健康监测体系，通过体检、基因检测等手段为个人提供个性化的运动健身方案。

（七）与房地产业协同

在城市规划中，建设体育主题社区和体育综合体。这些区域不仅有完善的体育设施，还兼具商业、居住等功能，形成体育、商业、生活相互融合的综合性社区，提升土地价值和城市活力。

（八）与金融业协同

为体育企业提供多样化金融服务，包括信贷支持、风险投资、保险服务等。鼓励金融机构创新金融产品，支持体育产业发展。同时，运用金融手段引导社会资本流向体育产业，推动产业规模化和专业化发展。

“体育城市”要充分发挥体育产业的优势效应，加强与其他产业的融合互动，实现资源共享、优势互补，共同推进城市繁荣。

第四节 学校体育

在“体育城市”建设中，最棘手的一环是学校体育。中国学校体育教学存在诸多问题，其不仅损害了学生的体质健康，也制约了学校教育方方面面的发展。学校体育严重制约了我国体育发展以及“体育城市”发展，期望能引起各界人士的重视，若选择熟视无睹、缄口不言，则是不负责任的体现。我国的竞技体育和学校体育相互脱节的状况不应再持续下去。

一、当前学校体育存在的一些问题

（一）学生体质健康问题

体质健康水平下降：近年来，我国儿童、青少年体质健康主要指标连续下降，力量、速度等体能指标均呈现下降趋势，这主要归因于学生缺乏足够的体育锻炼。学校体育管理松散，校领导对体育价值认识不足，教师执教不够严谨，学生自身也缺乏积极性。当然也有像魏书生这样好的领导，其观念正确，行动有力且成效显著，值得广大家长和学生关注。

体育锻炼时间不足：尽管有政策倡导学生每天进行体育锻炼，但在实际操作中，学生常因学业压力等原因，难以保证足够的锻炼时间。课间缺乏锻炼机会，学校因怕担责而不让学生运动；课外活动时间虽有安排，但常被占用；即便有“双减”政策，课外时间仍会被各类非体育活动占据；若想在体育领域有所建树并走向专业道路，学生和家长往往需舍弃文化课学习，若想两者兼顾几无可能，毕竟“五育并举”侧重整体教育而非体育专业培养。建议将每个课间延长 5 分钟，强化课间活动，通过积少成多来收获良好成效。

（二）体育教学内容与方式问题

教学内容没有准确目标：当前学校体育教学内容呈现两极化，有的以竞技项目为主，忽视了学生兴趣的多样性和个体差异，有的过于注重兴趣而舍弃基本的运动量和强度，甚至存在“放羊式”教学，学生在课堂上聊天、看手机，很少有负责任的老师能组织学生开展技术与体能训练，即便有，也因让学生吃苦而难以在学生评教中获好评，毕竟如今的学生缺乏吃苦精神。很多学生对体育课缺乏兴趣，但他们却喜爱玩耍，可放任其自由活动又难以保证质量与效果，这是亟待攻克的难题。

教学方式倒退：传统体育教学方式以教师为中心，虽然缺乏互动性和趣味性，但可达到教学目标。现在很多教育改革偏离了基本方向，无法完成教学任务，最终不了了之。在这个问题上，有关部门立项众多、投入巨大却收效甚微。体育要靠自我约束、刻苦练习、长期坚持才能实现教育意义，任何能轻易做到、不要练习、不用吃苦受累的所谓体育，都是“伪体育”。同时，部分教师缺乏创新精神和教学技能，敷衍了事、考试放水，导致体育课成效低下。

（三）体育师资力量不足

教师数量不足：我国体育教师编制整体严重不足，特别是在偏远地区和农村地区。因为不重视，体育教师指标被忽视，其他学科教师常代授体育课程，体育课也常被削减，形成恶性循环。

教师素质参差不齐：部分体育教师缺乏专业知识和技能，难以胜任体育教学工作。同时，一些青年体育教师缺乏敬业奉献精神，对待教学工作不够认真，尤其是对体育价值的认知存在偏差，难以承担思想教育职责。体育教师的选拔与培养机制有严重缺陷，这导致师资素质参差不齐。体育教育领域相对封闭，内部循环致使优势难以彰显，劣势却代代延续。

（四）体育设施与经费问题

体育设施匮乏：部分学校体育设施陈旧且数量不足，无法满足学生体育锻炼的需求。特别是在一些农村地区和贫困地区，体育设施更是匮乏。一般而言，体育场地器材的配置依据一次课的学生出场最大数量确定，约为学生总数的1/20，然而国家要求课外体育活动时间（通常为16：00至17：30）全体学生参与活动，此时场地器材便会严重短缺，这显然不合理。

经费投入不足：学校体育经费往往被其他教育经费所挤占，致使体育设施改善、体育教师培训等方面投入不足。虽然《学校体育工作条例》等文件规定，对于不执行体育经费相关规定的校长可予以撤职处理，但从未听过有学校领导因此被处分。

（五）体育教学评价体系不完善

评价体系不科学：当前学校体育教学评价体系往往以学生的体质健康测试成绩为主，忽略了学生体育技能、体育精神等方面表现。学生体育成绩由五六项至十几项构成，但即便主项零分也能蒙混过关，体育因此失去了最有价值的内容。教育部门鲜有过像样的学校体育工作检查评估。有的高校拿学生评教来判定老师优劣，教学严格、不讨好学生的老师常被学生评教“一票否决”，相反，不上课、不考试就给学生 90 多分的老师却受到好评，学生打分极高，学校怕得罪人但却坑害了有良好道德的老师，最终致使风气败坏。此种情况屡见不鲜。

缺乏激励机制：学校缺乏对学生参与体育锻炼的激励机制，致使学生参与体育锻炼的动力和热情不足。很少有学校采用严格的锻炼标准进行考核，多是把标准降得极低，仅以体质健康标准代替锻炼标准，甚至即便未达标也能及格。绝大多数学生体质测试成绩都在 60 分多一点点，整体成绩数据严重不偏离正态分布，这表明学校评优并未将体质测试良好以上设为必要标准，体质测试优秀者也没有得到加分或者奖章奖励。学生身体稍有小问题便申请免测，且能顺利“逃过”体质健康测试，也不会造成任何损失。

社会检验存在空白：教育部门完成的学业培养，在学生毕业进入社会后，其专业水平会受到社会检验，但是体育却没有。文化理论学习历经高考、升研、求职等几个环节的检验，有各部门、各行业以及各层次学校间的综合考量，环环相扣、相互监督，使人不敢松懈，但是体育却不需要。教育部门既当教练员又当裁判员，过于宽松随意，损害的是学生长远利益与高端人才成才比例。因此，需要在教育部之外，由国务院某一部委针对学校体育设立第三方评估机构，将每个学校的体育状况向社会公开，提高透明度；做好中西方传统体育文化的融合，合理选定体育价值并制定育人目标。

（六）体育培养存在顺序误区

体育目标简要概括为“享受乐趣、增强体质、锤炼意志、健全人格”，本应同步进行，如今却演变为按顺序依次达成的目标，这几乎成了学校体育部门的现实做法，结果是绝大多数只停留在第一个目标，难以进入第二个目标，这是体育教师、学生自身以及学校管理方面的严重问题，“体育课就是玩玩而已”的思想根深蒂固。试想，在没有难度、没有技巧、没有标准要求的情况下，何谈练习？又怎能增强体质？锤炼意志，健全人格也只能成为一句空话。

针对以上问题，有关部门需要采取一系列措施来加强学校体育教学工作。例如，增加学生体育锻炼时间、强化教学效果目标、加强体育师资队伍建设、改善体育设施并加大经费投入、完善体育教学评价体系等。与此同时，还需要加强政策引导和社会支持，营造全社会关注学校体育教育的良好氛围。

二、学校体育需要研究的问题

在“体育城市”建设中，学校体育的发展是重要方面。学校体育作为培养学生体育兴趣、技能和习惯的关键环节，对推动体育城市的全面建设具有不可替代的作用。有关部门应针对学校体育进行充分研究，主要包括以下方面。

（一）学校体育在“体育城市”建设中的重要性

基础性作用：学校体育是体育事业发展的基础，它为学生搭建了学习体育知识、掌握运动技能的平台，是培养学生终身体育意识的重要途径。

人才输送：学校体育是培养体育后备人才的重要基地，通过系统的训练和比赛，能够选拔出极具潜力的运动员，为体育城市的建设提供人才支持。而其他优秀人才进入社会后成为群众体育骨干，带动城市体育项目发展。

文化氛围营造：学校体育活动的广泛开展能够营造浓厚的校园体育文化氛围，进而影响和带动城市体育文化的形成和发展。在校城融合中相互促进、协同发展，成为老、中、青群体中最有朝气的主力，提高竞争、竞技项目的占比。

（二）学校体育在“体育城市”建设中的发展现状

政策支持：随着体育城市建设的推进，各级政府对学校体育的重视程度不断提高，出台了一系列政策措施来支持学校体育的发展。

设施建设：在体育城市建设中，学校体育设施得到了大幅改善。许多学校新建或改扩建了体育场馆、运动场地等，为学生提供了更好的运动条件。

课程改革：为了适应体育城市建设的需要，学校体育课程也在持续改革创新。一些学校引入了全新的体育课程内容和教学方法，着重培养学生的体育兴趣和创新能力。

（三）学校体育在“体育城市”建设中的发展策略

加强师资队伍建设：提高体育教师的专业素养和教学能力，通过培训、交流等途径持续提升他们的业务水平。

完善课程体系：根据体育城市建设的需要和学生身心发展的特点，构建科学合理的体育课程体系，注重课程的多样性和趣味性。

强化课外体育活动：积极开展丰富多彩的课外体育活动和竞赛，提高学生的体育兴趣和参与积极性，培养他们的团队协作精神和竞争意识。

推动校际交流与合作：增进学校之间的体育交流与合作，共同举办体育赛事和活动，推动学校体育事业的协同发展。

利用社会资源：积极争取社会力量的支持，与体育俱乐部、体育企业等建立合作关系，为学生创造更多的体育实践机会和平台。

三、引入第三方机构对学校体育评估的建议

由于学校体育不经过高考、升研、求职等环节的检验，不存在各部门、各行业、各层次学校的综合检验（中考加试体育虽是好事，但缺乏后期方案），也没有环环相扣的相互监督机制，导致高中和大学学校体育效果欠佳，体育考试近乎成摆设。因此，必须强化社会监督，建议参照对应资本运行中商业贪腐问题的审计办法，在教育部之外，由国务院某个部委牵头，针对学校体育设立第三方评估机构，将每个学校的体育状况向社会公开，以此彻底扭转学校体育不断衰落的局面。

四、体育观疑惑与问题

长期以来，社会对体育中的一些问题存在疑惑，这直接影响到人们对体育价值观的怀疑甚至抵触，主要问题有以下几点[①]，笔者在此做适当解释以供参考。

（1）“‘四肢发达、头脑简单’的成见根深蒂固，部分运动员和体育教师的文化缺失反证了这一印象。”

---

① 参考查萍、梁凤波《中国式学校体育现代化中的“五育并举”》一文。

这是很多人总结出的客观现实，单纯否定并不正确，应深入分析原因。首先，健美练习者的经验表明，练肌肉时需减轻心理压力，若有压力则肌肉生长效果不佳，而智力学习也是一种心理压力，有压力便难以练成“四肢发达”。其次，大脑的耗氧耗糖能力实际很强，尤其是在经常处于高速高效学习状态时，会与身体争夺更多能量，脑力消耗过多不易“四肢发达”。最重要的一点是“优势惯性”，即人们总是凭借自身优势特长来处理问题，瘦弱的人会讲理、用计谋，强壮之人则可能恐吓、动武，方式简单直接。最后，因优势被反复强化，弱势能力被压制，导致“四肢发达，头脑简单”，这与达尔文进化论相符，但并非绝对。

运动员、体育教师是在这样的环境和条件下成长和被选择出来的，凭借综合优势进入这个行业，说个性也好，说职业病也罢，都属于正常现象。体育老师的专业特性，恰恰是不全面发展的典型，但是社会和学校体育需要这样的老师来教好体育课。笔者建议，不必对体育老师进行过多形式上的教书育人说教，认真带好课、严格把好考试关便是最好的教书育人方式。所以，我们应培养学生全面素质发展，锻炼好身体，而后再去向社会需要的专业方向发展。

（2）“‘体育影响学习’的观念颇为盛行，‘运动塑造聪明的大脑’‘体育促进文化课学习’仍需更多的实证性研究加以证实。现实中有学习较差的学生很热爱并擅长体育运动，尽管他们很聪明但未能转化为好的学习成绩，造成体育好就学习不好的错觉。相反有学习较好但不喜欢也不擅长体育的学生，造成要学习好就要少运动的错觉。”

这些都是极端现象，而极端本身就会引发失衡。学习必须投入精力和时间，常言道，精力和时间投入何处，何处便能取得成果，但前提是身心健康，若舍弃维持健康之举，则得不偿失。体育特长生的聪明和学习好并非处在同一个维度，无法直接转化，需要会扎实掌握基础知识，培养逻辑推理、发散思考、严谨求证等技能才能做到学习好，需要静心沉稳、踏踏实实地学习才能达成。体育与学习同样耗费精力，时间和精力均为固定值，在严峻的竞争状态下，合理兼顾才是最佳策略，而兼顾比例的掌握是个相对概念。著名校长魏书生说“把学生体育抓上去，想让他学习不好都难”，关键在于先抓好体育，体育所培养的吃苦、毅力、顽强作风，在学习中同样重要。此即“同步发展”或“他山之石可以攻玉”，魏书生取得了成功，若无理论依据是不可能成功的。

（3）“体育益智和体育促进学习需要科学的方法理论，但目前这些方法严重缺乏，更难成体系。体育益智的推广实践经验与成功案例缺乏。体育好、学习也好的学生虽然很多，但对其研究的不足致使‘聪明的孩子什么都好’而一语蔽之，体育与智育内在互动关系被忽略。”

体育促进学习，具有益智效果已是定论。可以看到，活泼好动、喜欢体育的孩子学习成绩通常较好，越是懒惰、成天趴在课桌上学习的孩子反而学习不好，中小学老师对此深有体会，可以列出无数案例。记得笔者上初中的时候，六个班级，一班的班主任在课外活动时间组织他班全体同学排着队在操场整齐跑步，那个老师姓陆，是教外语的，他也跟着一起跑并吹着哨子，天天如此，其他班则无此活动。结果中考时，他们班考得最好，还出了几个体育特长生。这是一种最简单的益智活动，当然并未因人而异、因材施教，只是排着队整齐地跑步。

我们要有正确的体育价值观，国家衰落时要靠体育救国，国家发展中要靠体育强国，学生若想成为成功人士，必须借助体育锤炼身心素质，成长为有道德、有斗志、人格健全的国家栋梁。

第五节　群众体育

一、群众体育的概念与特点

（一）概念

群众体育，也称为大众体育，是指人民大众在余暇自愿参加的，具有内容广泛、形式多样特点的体育活动。这些活动旨在促进参与者的身心健康，提高生活质量，并增进社会交往。

（二）特点

广泛性：大众体育的参与人群广泛，不受年龄、性别、职业等因素限制。

自愿性：人们参与体育活动是出于个人兴趣和自身需要，并非强制要求。

多样性：活动内容丰富多样，包括健身、健美、球类运动、舞蹈等多种形式。

社会性：大众体育并非单纯的个人行为，它还具备很强的社会性和互动性。

二、“体育城市”建设中发展群众体育的有效途径

加大宣传教育力度：利用电视、广播、网络等多种媒体渠道，广泛传播体育锻炼的重要意义与益处，提高公众对健康和体育的认知水平。举办健康讲座、开展体育知识普及活动，培养人们的体育意识和习惯。

完善基础设施建设：政府应加大资金投入，建设更多的公共体育场地和设施，如公园、健身步道、篮球场、足球场等，并确保这些设施的开放性和可用性。同时积极鼓励社会资本参与体育设施建设，增加多样化的运动场所。

开展多样化的活动：组织各类体育赛事、健身活动、运动俱乐部等，使其涵盖不同年龄段、性别和运动兴趣的人群。例如，举办社区运动会、亲子运动日、老年人健身操比赛等活动。

培养专业人才队伍：加强体育教练与社会体育指导员的培养工作，为群众提供科学、专业的运动指导，帮助他们掌握正确的运动方法和技巧，避免运动损伤。

推动体育进学校和单位：学校要确保足够的体育课程时间，着力培养学生的运动兴趣和技能。企事业单位要鼓励开展工间操、健身活动，提供运动福利和奖励措施，营造良好的运动氛围。

加强体医融合发展：将体育与医疗相结合，为患有慢性疾病或处于康复阶段的人群提供个性化的运动方案，促进健康恢复并预防疾病。

降低运动成本：对公共体育设施的使用给予一定的补贴或推出免费政策，降低体育用品价格，让更多人能够负担得起参与体育活动的费用。

鼓励民间组织参与：支持体育社团、志愿者组织等积极开展群众体育活动，充分发挥其在组织、推广和服务方面的重要作用。

与科技结合：利用智能设备、运动 APP 等，为群众提供便捷的运动记录、健身计划和社交互动平台，增加运动的趣味性和持续性。

开创新兴体育项目：推出具有城市特色的新兴项目，此类项目具备新颖性、兴趣性、竞技性、可推广性，并长期坚持主办，扩大城市影响力。

与城市代表文化相融合：把城市中最为突出的中华优秀传统文化设定

为群众体育主题，结合文化弘扬和宣传，提高参与者的认知度、归属感和自信心，增强城市文化附着力。

建立评估和反馈机制：定期评估群众体育发展的效果，收集民众的意见和建议，及时调整发展策略和措施，以满足群众不断变化的需求。

“体育名城”的群众体育发展不能仅靠规模，必须有自己的特色，且特色要具备足够大的影响力和足够高的美誉度，如此方能在众多“体育城市”中脱颖而出，成为令人瞩目的典范。

三、我国群众体育普遍存在的问题

体育场地设施匮乏：尽管体育设施场地状况有所改善，但总体上仍难以满足人民群众日益增长的体育需求。个人在体育方面的投资不足，与发达国家相比，有较大差距。

体育锻炼认识人手不足：部分人群对体育锻炼的重要性认识不足，对中国传统体育文化理解有偏差，缺乏科学的锻炼方法和习惯，并普遍缺少适当的竞技活动内容。

组织管理散乱：群众体育的组织运行效率和质量欠佳，存在管理散乱、资金分配不均等问题。

科技投入不足：在健康数据监测、运动评定等方面缺乏先进的科技手段和设备支持。

社会体育指导员不足：体育服务业尚未成为优势行业，社会体育指导员数量短缺且素质良莠不齐，难以满足大众体育的指导需求。

四、“体育城市”中大众体育需要着重研究的内容

体育活动项目研究：针对不同人群的特点和需求，研究适合大众参与的体育活动项目及其推广策略。

体育设施建设与管理研究：研究体育设施的规划、建设、运营及管理等方面的问题。

体育政策与法规：分析国家针对大众体育的政策法规体系及其执行情况，并提出改进建议。

社会体育指导员培训：研究社会体育指导员的培训体系、课程设置和考核标准等问题。

群众体育认知引导：对人群的体育认知展开调查，针对所发现的问题提出合理策略，引导群众树立正确的体育观念。

群众体育文化内涵：对群众体育的传统项目和非物质文化遗产进行调查，收集整理并加以传承发展，弘扬传统文化。

第六节　竞技体育

“体育城市”若要发展好竞技体育，需要具备深厚的学校体育和群众体育基础，需要拥有繁荣的体育文化，具备充足的经济实力，且要有政府组织有计划、有实效地开展工作，这对“体育城市”的综合实力是严峻考验。竞技体育既是城市体育发展水平的集中体现，又是城市体育事业繁荣的锦上添花，若投机取巧，反而会致使城市体育水平被误判，发展受限。

一、“体育城市”竞技体育工作要点

要强化党的全面领导，完善竞技体育新型举国体制。充分发挥中国特色社会主义制度优势，坚持政府主导与社会参与相结合，整合各方资源，形成发展合力。城市竞技体育主要承担培养储备人才并向国家输送优秀运动员的任务，这是其与国家级竞技体育的最大区别，不过，实力雄厚的城市的竞技体育能够与国家级的相融合，发挥引领示范作用，成为行业排头兵。具体可以参考以下方面。

（一）优化项目布局

持续评估竞技体育项目的发展，突出奥运项目，优化项目布局以提升效益。全力发展自身优势项目；大力扶持基础大项目；重点突破集体球类项目，积极拓展市场化程度高且适合本地开展的特色项目。我国此前注重个人项目而忽视集体项目，致使集体项目全面失利，随着我国经济形势好转，这一观念需要及时扭转。

（二）加强运动员队伍建设

注重科学选材，完善选拔测试标准与程序，建立公平、公正、公开的选拔制度。加强思想政治教育，树立并培养运动员为国争光的远大理想、奋斗目标和意志作风；做到训练学习两不误，提高运动员文化素养，重视其全面发展。对重点运动员实施重点跟踪、技术攻关和发展保障，并落实细化措施。

（三）提升教练员执教能力

提高教练员水平，加强其思想作风培养和培训，因为教练员主导着体育圈的风气，需德学兼备。既要培养高水平领军型教练员，又要注重年轻教练员的培养，做好“传帮带”工作，建立优秀教练员“请进来、送出去”制度，要建立教练员负责制，管理训练队伍。

（四）提高科技助力水平

加强体育情报信息收集，开拓创新思维，开展世界最新技战术研究。打造一流竞技体育科研中心，扩大先进设施设备技术在训练中的应用范围，提高训练的信息化和智能化水平。强化运动队复合型训练管理团队建设，促进科学技术与训练相融合，要求教练员具备全面知识做基础。整合科技产业资源，利用新材料、电子信息技术、特殊设计挖掘体育科技融合潜力，搭建多学科、跨部门的体育科技协同创新平台，推动科研成果有效转化和利用。

（五）完善青少年业余训练体系

根据城市传统优势项目优化项目布局，加大优势项目培育力度，保障相关项目发展，关注其他项目动态变化。完善后备人才选拔体系，将经验选材与科学选材相结合，健全输送机制。研究制定各项目、各年龄段训练大纲，形成科学化的评价体系。完善优秀后备人才引进政策，规范引进标准和流程。

（六）构建现代化竞赛体系

健全面向所有适龄青少年、不同年龄段相互衔接、覆盖重点项目、分层分类的竞赛体系，突破相关制度局限，推动青少年体育运动普及与提高。

改革完善本地运动会等竞赛办法，强化选材、培养与输送环节。积极承办国际及国家级竞技体育赛事，促进本土运动员竞技水平提高。要监督裁判体系，树立优良风气，反对腐败作弊行为，为城市和国家选拔可造之才。

（七）弘扬竞技体育文化

宣传体育健儿的拼搏奋斗精神，使其成为城市精神力量源泉，增强城市凝聚力和向心力。弘扬奥林匹克精神和中华体育精神，传承并发扬老一辈竞技体育工作者艰苦奋斗的光荣传统。加强反兴奋剂工作，加大对违规违纪行为的处罚力度，营造公平有序、积极健康的竞赛环境。兴奋剂使用违背奥林匹克精神，与我国反腐行动相悖，体育领域并非法外之地，作弊行为会严重拉低文化层次并影响社会进步，也与我国5000年优秀传统文化背道而驰，其效果无异于“拔苗助长”。

（八）加大资金投入

政府增加对竞技体育的财政支持，用于运动员培养、设施建设、赛事举办等方面。同时，积极吸引社会资本，通过赞助、合作等途径，为竞技体育发展提供资金保障。竞技体育是资金消耗大户，直接收入少，需要政府长期持续投入，保障训练的系统性、持续性。

（九）合理规划场地布局

确保各类体育设施使用的便利性和可达性，同时兼顾为运动员训练和市民参与体育活动提供良好条件。运动员的训练背景能够极大提升城市体育氛围，比如湖区里训练的运动员身姿、健身通道上的训练队伍以及旅游线路上飞驰而过的自行车队员背影等。

（十）加强国际交流与合作

与其他体育城市和国家开展交流活动，学习先进的训练理念、管理经验和技术。鼓励运动员参加国际赛事，积累比赛经验，提升竞技水平。频繁交流有助于开阔眼界、紧跟前沿、把握机遇。“他山之石可以攻玉”，正如那不勒斯足球队当年高价签下马拉多纳后，随即斩获意大利联赛冠军，众多南美世界一流前锋在意大利踢球，培养出意大利本国队员组成的世界最强后卫阵容，为意大利队获得世界冠军打下坚实的基础。

（十一）建立科学的评估体系

对竞技体育发展的各项工作开展定期评估，以便及时发现问题并调整策略。依据评估结果，对表现优秀的团队和个人进行奖励，从而激发其积极性。

此外，还应着眼于长期发展，注重体育人才的梯队建设，推动体育文化在社会中的普及和传承，提升民众对竞技体育的关注和参与度。同时，结合当地的经济、文化等特点，打造具有城市特色的竞技体育品牌。不同的体育城市可能具有不同的资源和优势，需根据实际情况制定具体的发展策略和措施。

二、竞技体育应该与城市其他体育事业协同发展

竞技体育水平既是“体育城市”水平的彰显，也是整体努力的方向。体育事业各项内容均与之相关。

（一）基础设施共享

建设综合性的体育场馆和设施，既能满足竞技体育训练和比赛的高标准要求，也能为群众体育和学校体育提供场地。

（二）人才培养体系融合

构建起从学校体育、业余体育俱乐部到竞技体育队伍的连贯人才培养通道。学校体育为竞技体育挖掘和培养苗子，竞技体育队伍为学校和业余俱乐部提供专业指导并树立榜样。

（三）体育文化传播

通过竞技体育的明星效应和赛事影响力，传播体育文化，激发民众对各类体育活动的兴趣。例如，举办与竞技体育相关的展览、讲座，增进民众对不同体育项目的认知和热爱。

（四）资源整合与优化配置

政府、企业、社会组织等各方力量共同参与投入，整合资金、技术、人力等资源，确保资源在竞技体育和其他体育事业中实现合理分配。

（五）促进体育产业发展

竞技体育的赛事活动能够带动体育消费，涵盖门票销售、周边产品、体育旅游等方面。这些收益能够反哺其他体育事业的发展，如支持社区体育活动的开展、改善学校体育设施等。

（六）政策引导与支持

政府出台相关政策，鼓励并引导竞技体育与其他体育事业协同发展。例如，为积极投身协同发展的企业提供税收优惠，对开展体育活动成效显著的社区和学校给予奖励。

（七）科技应用与创新

利用现代科技手段，如运动监测设备、数据分析技术等，在提升竞技体育训练水平的同时，也为大众健身和学校体育教学提供科学的依据和方法。

（八）加强国际交流与合作

借鉴国际上先进的体育发展经验，引入国际优质的体育资源和理念，推动城市体育事业的整体发展。

城市竞技体育与其他体育事业的协同发展需要政府、社会、学校、企业等多方面的共同努力和协作，形成一个相互促进、共同繁荣的体育发展生态。“体育城市”不仅要对照标准来开展，还需大量的协同配合，其中政府发挥着极为关键的主导作用，其成效好坏均能体现政府的能力，事实上，我国部分地区在这项工作中表现出色，体育人才辈出。

第七节　体育科技

在“体育城市”建设过程中，地方体育科技的发展是推动体育产业升级、提升城市体育竞争力的关键要素，从某种程度而言，地方科技的蓬勃发展也有力地助推了国家科技实力的提升。近期，我国工业大摸底行动发现，民营企业在科技创新突破上更有效率、更见成效，很多科技成果有效缓解了国家的燃眉之急。在这一背景下，制造业产业型“体育城市”更应全力调动各方资源，加速实现体育科技的繁荣发展。推动“体育城市”体育科技的进步，可从以下几个方面着手。

一、构建完善的政策体系

积极申请试点城市，全力争取国家政策扶持。制定一系列旨在激励体育科技创新的政策，包括税收优惠、财政补贴等举措，以此吸引企业和科研机构踊跃投身体育科技研发工作。

建立健全知识产权保护机制，切实维护体育科技研发成果的合法权益。开辟专利直通申请快速通道，提升科技成果转化速度，须知在科技竞争中，时机稍纵即逝，稍有迟缓便可能错失良机；成立体育产业专利保护检查机构，严厉打击侵权行为，切实履行好保护职责。

二、强化基础设施建设

打造现代化的体育科技研发基地和实验室，配备先进的实验设备和技术工具。申请各类国家级、省级专业实验室，持续提升企业自建实验室的水准与效能。

构建高速且稳定的信息网络，为体育科技的数据传输和精准分析提供有力支撑。

三、深化人才培养与引进

在本地高校和职业院校开设契合体育科技需求的相关专业，培养专业人才。企业应发挥积极能动作用，克服体制内可能存在的工作效率问题，将资金绩效和实际成果挂钩。

与国内外知名高校和科研机构合作，开展联合培养项目。通过签订互惠互利协议，调动合作积极性，提高人才鉴定能力，提高培养成效。

制定优厚的人才政策，吸纳国内外优秀的体育科技人才落户。

四、推动跨领域合作

促进体育部门与科技企业、科研机构的深度合作，共同开展体育科技项目研发。以实际问题为导向，针对现有问题全力攻克，对潜在问题提前谋划，对未知问题准备充足预案。

加强体育与医疗、教育、环境、国防、交通、信息技术等领域的交叉融合，拓展体育科技的应用范围。很多科技成果具有广泛的使用途径，跨领域合作不仅能拓展研发资金来源，还能在跨领域应用中实现资金回笼，从而增强资金投入方的信心。

例如，中国威海一家渔具厂为钓鱼竿研发的高性能碳纤维，蕴含着极其高端的使用价值。

五、加大研发投入

政府设立体育科技专项研发资金，并逐年加大投入。构建行业交叉融合平台，实现共同投资与盈利。

鼓励企业坚定在体育科技研发方面的投入决心，提高自主创新能力。提供推广服务，拓宽回收研发资金的渠道。科技研发虽具风险性，但在开展过程中常有意想不到的收获，例如，有些材料生产初期被视为废品，却意外发现具备特殊性能和功效，这样的例子数不胜数。适度的冒险精神在这里极具价值。

六、建立数据共享平台

整合体育领域各类数据，包括运动员训练数据、赛事数据、市民健身数据等。强化监测能力，及时过滤虚假信息，收集真实有效的数据，提供可靠真实的参考依据，并在一定权限范围内做好兼容共享。

确保数据安全和隐私保护，同时为科研和实践提供数据支持。需要防范工业间谍等问题，这也凸显出数据的无价性。

七、加强成果转化与应用

建立体育科技成果转化服务机构，为科研成果与市场需求搭建桥梁。提供真实成效，防止因虚假欺骗引发市场混乱与信用危机，避免造成巨大社会资源浪费。

在体育赛事、训练和大众健身中积极推广应用新技术、新装备。

如在 2024 年巴黎奥运会上，从云上转播到智能安防，从赛事分析到辅助训练，中国科技企业充分展示了最新科技成果，既为赛事的安全高效运行提供了有力保障，又为企业积极融入国际市场拓宽了道路。

中国展示的体育科技成果丰富多样：基于云转播的转播技术，超过 2/3 的巴黎奥运会直播信号借此传向全球数十亿观众。阿里巴巴集团董事会主席蔡崇信称：“我们为奥运转播系统（OBS）的云上转播提供了核心云计算系统，使远程制作的视频信号能以低成本高速传输到世界各地。本届巴黎奥运会，云转播将首次超越卫星转播成为奥运会主流转播方式。”人工智能教练为运动员提供辅助训练，为赛事的安全高效运行提供保障，大模型技术的 AI 辅助训练系统可理解并执行教练和运动员的复杂指令，及时提供准确信息，还能对跳水动作实时打分、精准量化分析并给予指导。此外，中国多家企业为多个赛事项目提供了高质量的体育器材，例如，泰山体育生产的柔道垫首次采用智能芯片与柔性压电薄膜技术，可实时采集运动员的运动数据，为训练比赛提供精准指导。双鱼体育生产的奥运乒乓球，经过 15 道严格检测工序，在圆度、硬度、重量、弹性等方面均达到世界顶尖水平。

八、开展科普与宣传

通过举办科普讲座、展览等活动，提高市民对体育科技的认知和兴趣，形成全民重视科技力量的观念，为科技投入营造良好社会认知氛围，也为教育、就业、金融、国防等领域带来新的发展格局和机遇。

利用媒体和网络平台，宣传体育科技的最新成果和应用案例，激发全民科技探索热情。

九、举办体育科技赛事和活动

组织体育科技创新大赛，激发创新活力和创造力。

开展体育科技论坛和研讨会，促进业内交流与合作。

十、建立评估与反馈机制

定期对体育科技发展情况进行评估，总结经验教训。防止虚假科技至关重要，如多年前曾出现用打磨过的进口芯片冒充国产芯片，骗取国家巨额经费；“水变油”骗局长期存在；用假的新能源技术骗取政府补贴等，主要原因在于忽视准确评估的重要性。

根据评估结果及时调整政策和措施，确保体育科技发展的方向和效果。

综上所述，通过多方面协同发力，建设“体育城市”能够促进体育科技的稳健发展，为体育事业的持续进步提供坚实支撑。

第八节　生态体育环境

随着现代社会的发展及人们生活方式的转变，体育锻炼已成为重要的健康生活方式之一。同时，珍惜和保护自然生态环境也日益成为广受关注的话题。把自然生态环境与体育活动相结合，既是一种新型的健康理念，也是一种行之有效的教育方式。“绿水青山就是金山银山”，前些年，由于贫穷和愚昧，人们过度掠夺自然资源，导致生态环境遭到破坏。而经过近些年的有效治理，我国自然生态环境持续向好，在美好整洁的环境中锻炼休闲可以说一种绝佳享受，毕竟人离不开自然，人与自然应和谐共生、遵循道法自然。以下将围绕自然生态环境与体育融合的背景、意义、价值及策略等多方面进行探讨。

自然生态环境是人类赖以生存和发展的必要条件，由于工业化进程的加快，自然生态环境遭到一定程度的破坏，如空气污染、水污染、森林消失等问题日益严重。在这样的背景下，保护自然生态环境显得尤为重要。

即便面临再大的困难，治理环境的决心也不能动摇。在众多自然条件中，大气质量尤为重要，它关乎人类生存且与健康密切相关，也是所有美景呈现的首要因素。色彩的呈现效果完全依赖其洁净度，大气治理涉及工业管理、水土治理、交通能源、城乡民生等重大问题。令人欣喜的是，我国正稳步实现环境改善，曾经国外才有的景色如今国内也能领略。

随着生活水平的提高，人类健康意识日益增强，体育活动在人们日常生活中占据了重要地位。然而，现代城市化进程给体育活动空间带来诸多限制，居住空间有限，人均体育场地面积不足，许多人只能在室内或狭窄空间内开展体育活动。因此，将体育活动与自然环境相结合，既能提高体育锻炼效果，又能实现自然环境的保护与利用。

一、自然生态环境和体育融合的价值

（一）促进身心健康

自然环境蕴含丰富的氧气、清新的空气和优美的景色，这些都有助于人们的身心健康。在自然环境中进行体育活动，可以让人们远离城市的喧嚣，减轻心理压力，增强免疫力，提升身心健康水平。

（二）提高体育效果

在自然环境中进行体育锻炼，能够利用自然的地形和气候条件，如山地、河流、森林等，提高锻炼效果。例如，山地跑步不但能提高心肺功能，还能锻炼腿部力量；河流划船则有助于增强上肢肌肉力量和协调性。

（三）增强环保意识

在自然环境中开展体育活动，人们能够更加直观地感受到自然景色的美好，从而增强保护自然生态环境的意识。特别是对于小学生而言，通过参与这类活动，能够更好地开展环保教育，培养他们爱护自然的品质。

（四）推动可持续发展

将自然生态环境与体育活动相结合，能够在促进体育运动进步的同时，高效利用和保护自然资源，推动自然生态的可持续发展。这不仅符合国家的环保政策，更为未来的健康生活方式奠定了基础。

二、如何实现生态环境与体育同步发展

（一）自然生态体育场所的建设

政府和社会各界应积极致力于建设和维护自然生态体育场所，如打造户外体育公园、运动型绿地、生态步道等。在建设期间，要注重生态环境保护，采取科学的规划和设计，避免对自然环境造成破坏。

（二）组织丰富多样的生态体育活动

学校和社区应定期组织丰富的生态体育活动，如户外徒步、野外跑步、露营、划船等项目，以便吸引更多民众参与自然生态体育活动。通过实际参与，人们可以更好地体验自然，尽情享受体育锻炼带来的健康和快乐。

（三）开展自然生态体育教育

在中小学教育阶段，应加强自然生态体育教育，通过多种方式向学生传播环保知识，引导其树立环保意识。同时，体育教师也应积极开展户外体育课，引导学生在自然环境中进行体育活动，以此提升他们的体育能力和环保意识。

（四）加大环保宣传力度

政府、学校和社会组织需要加强环保宣传，通过媒体、网络等各种渠道，使更多人了解自然生态环境的重要性和体育活动对身心健康的益处。通过宣传，增强人们的环保意识，使保护自然环境成为大家的自觉行动。

（五）推动生态体育科研

高校和科研机构应加强生态体育科研，深入开展相关研究，探索自然环境改善与体育活动发展的最优结合模式，制定科学合理的生态体育锻炼方案，为生态体育活动的持续发展提供理论支持和技术保障。

将自然生态环境与体育活动相结合，是现代健康生活方式的重要组成部分，保护自然，享受运动，这既是我们追求的目标，也是对未来生活的一种美好期待。

第九节 体育文化

在“体育城市”建设中，体育文化的发展具有多方面的重要意义和作用，主要体现在以下几方面：

融合中西方体育文化精髓：有机融合中西方传统体育文化，取其精华、去其糟粕，遵循自然规律、针对青少年，加强竞技和体能训练；对于中老年人，注重养生运动并强化使用健身器械练习习惯的培养，致力于塑造既有修养又有斗志的“健全人格”。

促进群众体育发展：体育文化能够塑造身心健康的个体以及积极向上的社会风尚。例如，通过弘扬体育精神、传播科学运动理念等举措，可提高人们对体育的重视程度和参与热情，推动全民健身的普及。加强城市体育文化建设，有助于建立运动促健康的新模式，以满足人们日益增长的健康需求。

营造良好的竞技体育氛围：竞技体育具有显著的文化特性，健康文明的竞技体育文化氛围有助于构建完备、公平公开且科学的体育竞赛秩序与制度。这有利于培养运动员和观众的公平竞争意识、团队协作精神等，能够促进人与人、人与自然之间的和谐共处，同时也可提升体育赛事的影响力。

推动体育产业发展：体育文化的繁荣能够带动相关产业的发展。比如，以体育文化为主题的各类活动、产品等，能够吸引更多人参与和消费，为体育健身服务业、产品制造业等带来新的机遇，从而推动体育产业不断发展壮大，为经济增长注入强劲动力。

发挥育人功能：体育文化在教育领域具有重要的育人作用。它不仅能让青少年拥有强健体魄，还能培养他们的体育精神，如友谊、团结、公平、民主和平等，帮助他们塑造健全的心理素质和良好的社会公德，促进青少年的全面发展。

传承和弘扬民族传统体育项目：民族传统体育强调修身养性，注重身体机能的有效调节和精神与身体的融合发展。通过对传统项目进行改革，提高其竞赛性、观赏性、传播性，推动传统体育项目走向世界，提升我国传统项目在体育产业中的占比和地位。

提升城市文化软实力：体育文化可以成为一个城市的特色和名片，提升城市的知名度和影响力。拥有特色体育文化的城市能够吸引更多目光和资源，推动城市的发展和转型。例如，举办大型体育赛事或拥有具有代表性的体育项目等，均可以向外界展示城市的活力、魅力和综合实力。

为促进体育文化在“体育城市”建设中更好地发展，可采取以下措施：

（1）树立“大体育文化观”，充分认识和弘扬体育工作各个领域所蕴含的文化价值和作用。

（2）加强组织领导，有效推进体育文化建设。将其纳入地方政府和体育部门的工作规划，设立专门的体育文化工作机构并配备人员，多方筹集资金，加大投入力度，引入社会化和市场化运行机制，吸引社会资源和资本参与，同时制定长期体育文化发展规划，明确目标、任务和实施步骤。

（3）丰富体育文化产品供给。鼓励体育文艺创作与展示，打造多元化的体育文化活动和赛事，举办涵盖专业竞技赛事和大众参与型赛事的各类体育赛事，提供丰富多样的中西方体育项目，以吸引更多人参与。

（4）注重体育文化传承与创新。深入挖掘中华传统体育文化内涵，结合时代特征，塑造具有创新价值的体育精神的时代表达形式，增强对青少年等群体的吸引力和感召力。加强学校体育教育，保障学生有充足的体育课程和活动时间，培养学生的体育兴趣和技能，从小培养体育文化意识。

（5）利用现代科技手段和传播渠道，广泛宣传体育文化。讲好体育故事，以体育明星和体育榜样树立体育的良好正面社会形象，激发市民对体育的热爱和追求。

（6）结合城市自身特点和优势，打造具有区域特色的体育文化品牌，促进体育文化多样性与区域特色相融合。将本地传统文化与体育文化有机结合，创造独特的体育文化形式，并利用一切机会向世界推广，拓展体育文化内涵。

（7）在体育教育中，推进体教融合，培养兼具深厚体育理论知识和丰富运动经验的优秀人才，优化运动员、教练、裁判等人才培养过程，提高体育训练成效。提供培训和发展机会，留住本地优秀体育人才。

（8）完善体育场馆等基础设施建设，投入资金建设多样化、高质量的体育场馆和设施，包括大型体育场馆、社区健身场所、健身通道等，确保这些设施的合理布局，方便市民使用，为体育文化活动的开展提供良好的物质条件。

（9）以产业发展带动体育文化的传播和推广，鼓励体育企业和资本助力体育用品制造、体育培训、体育旅游等产业繁荣，促进体育产业发展。

（10）营造公平、公正、公开的体育竞争环境，弘扬正确的体育价值观。

（11）加强体育文化研究。设立专门的研究机构或项目，深入研究体育文化的发展规律和特点，依据研究成果，为体育文化建设提供科学依据和理论支持。

（12）以城市相关中华优秀传统文化为根基，围绕这一主题推动城市体育文化全面发展。

体育文化的发展在体育城市建设中举足轻重，它不仅能够提升城市居民的生活品质，也可为城市经济、社会和文化发展增添强大动力。通过上述多方面努力，可有效推动体育城市的体育文化建设，提升城市体育文化氛围和影响力。

第十节 医体结合服务

医体结合服务是“体育城市”建设的一大特色亮点。目前，国外“体育城市”建设在这方面还不够完善，而医体结合服务作为一项重要的共享公共服务，是体现社会主义优越性的重要一环，我国“体育城市”建设应该投入精力予以大力发展。

在“体育城市”建设中推进医体结合服务，可着重从以下几个方面着手。

一、政策引导与支持

政府制定相关政策，明确医体结合的发展方向、目标和任务，为其提供政策保障和资金支持。借助体育锻炼与医学手段共同促进人体健康，这对于预防疾病、改善慢性病患者的生活质量以及提升全民健康水平意义重大，尤其对中老年人益处颇多。然而，由于我国医疗系统在一定程度上过于注重效益，倾向于治疗重症患者，导致医体结合对医院的吸引力不足，很多医生工作繁忙，不愿意参与其中。此外，要构建健全的医体结合管理体制与协调机制，促进卫生、体育等部门间的沟通协作。这些说起来容易，但建设起来颇具难度。因此需要政策引导、效益鉴定以及利益分配机制。

二、人才培养与交流

加大体育和医学专业人才的培养力度，开设医体结合相关课程，培养既懂医学又懂体育的复合型人才。推动医疗机构与体育机构之间的人才交流，让医务人员了解运动康复知识，使体育教练了解基本医学常识。在人工智能、数据技术和通信技术的有力支撑下，这项工作难度不大，可针对常见问题开展专项培训。这项工作最好由体育部门来主导实施，医疗部门可负责数据诊断、技术支持以及突发介入等工作。

三、设施共享与融合

推动医疗机构和体育场所的设施共享，尽管医院的康复设备向体育爱好者开放不太现实，但体育场馆可设置医疗检测、诊断服务点。小区、商场、博物馆、车站可以建设兼具医疗和体育功能的综合性服务场所，提供体检、康复训练、运动指导等一站式服务。

四、信息平台建设

搭建医体结合的信息平台，整合医疗和体育数据，为市民定制个性化健康管理方案。借助该平台实现患者医疗信息与运动数据的互联互通，便于跟踪和指导。在数字化高度发达的当下，这并非难事，甚至能够达成全数字化、无人化操作。

五、科学研究与创新

激励医疗机构和体育科研机构开展医体结合科研项目，探索有效的运动康复治疗手段和预防疾病运动处方。推动智能穿戴设备、远程医疗等新技术在医体结合中的应用。现在的技术已经很先进，比如运动手环具备多种功能，通过小型卡片就可进行心电图监测，还有诸多综合测试乃至人工智能推测，均具有诊断和参考价值。实际上，医生和体育专业人士在某些问题上会存在分歧，比如一方认为关节越用越健康，另一方则认为使用过度易受损，通过研究能够探寻更为相近、合理的答案。

六、社区服务普及

以社区为基础，开展医体结合健康服务，组织社区医生和体育指导员为居民提供健康咨询和运动指导。举办社区健康讲座和健身活动，提高居民对医体结合的认知和参与度。

七、宣传教育

利用媒体、网络、公益广告等多种渠道，宣传医体结合的重要性和优势，增强公众的健康意识和科学健身观念。列举医体结合成功案例，发挥示范引领作用，带动更多人参与医体结合的实践。

在“体育名城”建设中，医体结合与医养结合是重要的研究方向，旨在通过体育与医疗、养老的深度融合，提升城市居民的健康水平和生活质量。目前国内很多城市在这个领域都走在前列，这对特殊易疲劳服务和设备操作人群的安全保障具有重要意义。医体结合服务，能够便捷地延伸至医养服务领域，为老年人养老提供优质服务。

第十一节　食品安全问题

在“体育名城”建设中，做好食品安全工作至关重要，这不仅关乎运动员的身体健康和竞技状态，还直接影响城市形象和声誉，甚至影响城市每一位居民的日常生活。

目前食品安全问题涉及以下几个方面：不卫生食品占比偏高，添加剂种类繁多，甚至存在人为恶意导致的情况。不卫生食品主要表现为食品和器具细菌超标、防腐剂和调味剂等添加剂过量，农药及重金属等有害物质超标，致使食品检验不合格率较高。例如，据2023年新京报消息，餐饮食品不合格率为6.96%，餐具不合格率为19.29%，蔬菜不合格率为3.77%，食用农产品不合格率为3.53%。主要不合格原因如下：微生物污染占比18.81%，主要为菌落总数超标、霉菌数超标，糕点类、凉果类、调味品、婴儿谷类辅助食品问题较为突出；食品添加剂超限量使用占比达13.08%，其中食品防腐剂类超标占比近四成，如山梨酸及其钾盐、苯甲酸及其钠盐、脱氢乙酸及其钠盐超标等；农药残留超标占比37.66%，是食品安全问题中的首要问题，有机物污染、兽药残留超标、重金属污染同样不容忽视，占比分别为11.01%、7.90%、5.85%。

问题的主要原因在于食品制作的环节多、参与食品制作的人员素质参差不齐、违规操作过多、过度追逐利润，出现以次充好、简化必要加工环节、违规操作、过量使用防腐剂、随意更换食材有效期标签、使用过期食材、食品加工区域卫生不达标以及故意违法等行为。例如，近期报道的用装煤油的罐装车运输食用油，致使食用油严重污染，当事人全然不顾居民生命健康。

一、解决对策

加强监管：政府及相关部门应加大对食品生产、加工、流通等环节的监管力度，全力保障食品安全。

健全法律法规与明确责任主体：制定并完善地方性食品安全法规、规章和标准，为食品安全监管提供有力的法律支撑。对于重大案件，应依据刑法严肃处理。

提高公众保护与监督意识：借助宣传教育活动，提高公众的食品安全意识和自我保护能力。

建立应急处理机制：制定应急预案并定期开展应急演练和培训活动，提高应急处置能力和水平。

推广使用现代信息技术手段：如食品安全追溯系统、远程监控系统等，提高监管效率和精准度。

二、体育发展与食品安全间存在着紧密且复杂的关系

（一）营养需求

体育运动，尤其是高强度的竞技运动，对青少年和运动员的体能和营养要求极高。人体需要摄入安全、无污染且富含蛋白质、碳水化合物、脂肪、维生素和矿物质等营养素的高质量、均衡食物，以支撑训练和比赛。

（二）健康保障

食品安全直接影响运动员的身体健康和运动表现。食品中的有害物质，如细菌、病毒、重金属、农药残留等，可能对运动员的身体健康造成损害，甚至影响职业生涯。例如，在猪饲料里添加瘦肉精，虽能提高猪肉肌肉比例，但人在吃猪肉时候会有少量瘦肉精进入人体，对人体造成严重危害，运动员食用后会导致尿检不合格。此外，氢化植物油已对人类健康产生较大危害，却仍在大量使用。这些都凸显了食品安全在体育发展中的重要性与紧迫性。

三、氢化植物油的危害

目前，我国大量食品中含有氢化植物油，使用极为普遍，尤其是在青少年喜欢的食品里几乎随处可见，如雪糕、奶茶、面包、速溶咖啡、火锅底料（硬）、冰激凌、油炸方便面、肯德基（炸油）、桃酥、饼干、代可可脂巧克力等。氢化植物油还有诸多别称，如精炼植物油、起酥油、人造奶油、人造黄油、植脂末、代可可脂、咖啡伴侣等，其中，反式脂肪酸是其危害之一，然而许多产品在反式脂肪酸含量每百克低于 0.3 克时便标注“零含量”，这个国家标准设定过低。氢化植物油危害严重，但因其价格低廉、口感较好，所以在廉价食品中被大量使用，对此，目前部分发达国家已禁止使用，还有些国家规定必须将其放置在专门货架上。我国也应该禁止使用。

氢化植物油对人体可能引发多种危害，主要包括以下几个方面：

提升心血管疾病风险：氢化植物油中含有的反式脂肪酸，会升高血液中的低密度脂蛋白胆固醇（LDL-C，即“坏”胆固醇）水平，同时降低高密度脂蛋白胆固醇（HDL-C，即“好”胆固醇）水平。这会导致动脉粥样

硬化形成，增加患冠心病、心肌梗死、脑卒中等心血管疾病的发病概率。

干扰生长发育：对于儿童和青少年来说，过多摄入反式脂肪酸可能影响必需脂肪酸的代谢和吸收，扰乱生长发育所需营养物质的利用，对中枢神经系统发育产生不良影响。

诱发糖尿病：反式脂肪酸可能诱发胰岛素抵抗，增加患 2 型糖尿病的风险。

造成肥胖：反式脂肪酸不易被人体代谢和利用，容易在体内积累，进而增加体重，导致肥胖。

为了保持身体健康，应尽量减少氢化植物油及含反式脂肪酸食品的摄入。

要防范氢化植物油对大众的危害，可以从以下几个方面入手：

加强食品监管：政府相关部门应加强对食品生产和销售环节的监管，严格限制氢化植物油在食品中的使用量，并责令食品生产商明确标注产品中是否含有氢化植物油及其含量。

提高公众认知：通过各种宣传渠道，如科普文章、公益广告、健康讲座等，向大众普及氢化植物油的危害，帮助消费者在选购食品时做出更审慎的选择。

鼓励食品生产商使用替代油脂：支持和鼓励食品行业研发和使用更健康的油脂替代品，如橄榄油、葵花籽油、玉米油等富含不饱和脂肪酸的植物油。

培养健康饮食习惯：倡导大众减少食用加工食品和油炸食品，增加新鲜水果、蔬菜、全谷物和优质蛋白质的摄入，保持均衡的饮食结构。

推广食品营养标签教育：引导消费者学会解读食品营养标签，了解食品成分和营养价值，进而避免购买含有大量氢化植物油的食品。

加大科研投入：深入探究氢化植物油对健康的影响，为制定更为科学合理的政策与措施提供支撑。

只有政府、食品行业、社会组织和公众共同努力，才能有效预防氢化植物油对大众健康造成危害。

第八章

“体育旅游”

第一节 “体育旅游”概念和内涵延伸

体育旅游作为一个新兴的跨学科领域，融合了体育产业与旅游产业，逐渐成为学术研究和产业发展的热点议题。本节旨在探讨体育旅游的概念以及其内涵的延伸，通过对体育旅游的定义进行系统化梳理，引导读者理解这一独特现象在社会、经济和文化领域中的作用。

一、体育旅游的概念

体育旅游（Sport Tourism）可以简单地解释为人们因参与或观看体育活动而进行的旅行。然而，这一概念在实际应用中具有更为丰富的内涵。通常，体育旅游可以分为三大类：主动体育旅游、被动体育旅游和文化体育旅游。

首先，主动体育旅游指的是以参与体育活动为主要目的的旅游行为，如滑雪、冲浪、登山和健身等。这类旅游不仅满足了参与者的运动需求，还为他们提供了探索自然和社会文化的机会。

其次，被动体育旅游是指以观看或参与体育赛事为目的的旅游活动，例如，奥运会、世界杯等国际大型赛事的观赛旅游。这类旅游不仅是对体育赛事本身的体验，更多的是对赛事文化、赛事城市和相关活动的综合体验。

最后，文化体育旅游融汇了体育与地方文化，游客通过参与或体验地区的传统体育项目，如中国的龙舟赛、挪威的极地滑雪等，获得独特的文化浸染和体育享受。

二、体育旅游的内涵

（一）社会文化内涵

体育旅游不仅涉及运动和旅游两个要素，它在社会文化层面也具有重要的意义。通过体育旅游，个体可以不受地域和文化的限制，参与一种全球化的体育文化交流。在这一过程中，不同体育活动的文化得以传承和发扬，同时也丰富了旅游地的文化内涵。

（二）经济内涵

从经济学的角度来看，体育旅游已经成为许多地方经济发展的新动力。大型体育赛事的举办不仅带来大量的游客，还促进了基础设施建设、服务业发展以及相关产业链的延伸。例如，奥运会、世界杯等大型赛事的举办，往往为举办城市的经济发展起到显著的促进作用，更带动了旅游业、酒店业、餐饮业等多个相关行业的发展。

（三）环境与可持续发展内涵

体育旅游的发展与环境保护和可持续发展密不可分。越来越多的体育活动注重环境友好和可持续发展，如生态马拉松、绿色滑雪等。在这些旅游活动中，保护自然环境和提高资源利用效率成为重要的关注点。因此，体育旅游不仅提高了人们对环境保护的认知，也实践了可持续发展的理念。

（四）健康与社会福利内涵

体育旅游在促进个体身心健康方面具有显著作用。参与体育活动有助于增强体质、改善心理状态，进而提高整体生活质量。同时，体育旅游还可增进社会互动，通过团队合作和集体活动，增强社会凝聚力，提升社会福利水平。

三、体育旅游的未来发展趋势

（一）技术创新与体育旅游

科技进步为体育旅游开辟了新的发展路径。例如，虚拟现实技术、增强现实技术等可以为体育旅游提供更为丰富的体验，让人们能够在虚拟环境中体验逼真而刺激的体育活动。此外，智能手机应用程序和大数据分析技术的应用，为体育旅游的个性化定制和智能化管理提供了可能。

（二）旅游产品多样化

随着体育旅游市场的逐步扩大，旅游产品的多样化将成为一大发展趋势。未来，将涌现更多定制化、主题化和个性化的体育旅游项目，满足不同年龄段、不同兴趣爱好人群的需求。例如，以冰雪运动为主题的冬季旅游、以海上运动为主题的海滨旅游、以极限运动为主题的探险旅游等。

（三）全球化与本地化融合

全球化和本地化的深度融合也是体育旅游发展的重要趋势。在这一过程中，旅游者不仅能够体验到全球范围内的体育盛事，还能深度参与到本地的体育文化活动中。通过这种双重体验，旅游者可以在短时间内获得丰富的文化和体育体验。

（四）健康与可持续发展的双重驱动

未来，健康和可持续发展将成为体育旅游发展的双重驱动因素。人们对健康生活方式的追求和对可持续发展的重视将促使更多环保型、健康型的体育旅游产品进入市场。在政策制定和产品设计中，政府和企业也将更为关注环保和健康，不断推动体育旅游产业向可持续方向迈进。

体育旅游是一个跨领域、多层次的复杂现象。通过深入理解其概念和内涵，我们不仅能更好地把握这一领域的发展路径，还能在实践中推动其不断创新和演变。未来，随着技术的进步、文化的交流及人们对健康和可持续发展日益重视，体育旅游将迎来更加广阔的发展前景。

第二节 “体育旅游”对经济、人文、环境的独特价值

随着经济全球化的推进，体育旅游这一融合了体育与旅游的全新概念

逐渐走入大众视野。体育旅游包括赛事观光、运动体验以及体育训练等多种活动形式，其独特的综合价值引起了学术界和产业界的广泛关注。本节旨在深入探讨体育旅游对经济、人文和环境的独特价值，多维度剖析这一新兴产业的潜力及其未来发展方向。

一、经济价值

（一）直接经济效益

体育旅游能够直接拉动旅游经济消费，有效激活地方经济，带动相关产业发展。大型国际赛事如奥运会、世界杯等，不仅吸引大批国内外游客，还带动当地交通、住宿、餐饮等多个服务行业，实现多行业经济联动。例如，数据显示，2008 年北京奥运会直接和间接帮助北京实现超过 2000 亿元人民币的经济产出；2018 年俄罗斯世界杯期间，仅交通与住宿服务业的综合经济效益就超过了数十亿美元。此外，类似马拉松、自行车赛等小规模的体育活动也能吸引大量参与者和观众，获得稳定而持续的经济收入。

体育旅游业需要大量的服务人员，无论是赛事组织、场馆维护，还是餐饮住宿、导游服务，都需要大量人力资源。因此，体育旅游有助于提高当地的就业率，减轻贫困问题。此外，相关项目的开发还提供了大量的长期就业岗位，如运动设施管理与维护、体育教育培训等。以瑞士滑雪旅游为例，滑雪旅游业为当地创造了大量的就业机会，从滑雪教练到酒店服务员，无不受益于这一产业的发展。

（二）长期投资回报

大型体育赛事的举办需要进行大量的基础设施建设，这些基础设施不仅在赛事期间服务于体育旅游，赛事结束后还可继续服务于普通旅游、商业活动甚至日常生活，形成长期的经济回报。如 2008 年北京奥运会后，奥运场馆逐渐成为城市地标和旅游胜地，每年吸引大量游客参观，持续产生经济效益。

（三）中国主要体育旅游景点的经济效益

北京顺义奥林匹克水上公园：顺义奥林匹克水上公园是北京奥运会赛艇、皮划艇、马拉松游泳以及残奥会赛艇比赛场地。在奥运会筹备的 7 年间，一座奥运场馆带动起一座“新城”，顺义的市容市貌得到改善，人的观念也发生了变化。这里不仅提升了奥林匹克水上公园与奥运村的通行速度，也促使顺义以新的眼界审视自己，并带动当地经济发展，提升了顺义的知名度和美誉度。

北京延庆骑行体育旅游线路：“修一条好路、造一线美景、活一方经济、富一片百姓。”近年来，随着北京“最美乡村路”建设的持续推进，一批乡村公路成为“网红路”，吸引市民驾车、骑行出游打卡。2023 年，延庆区昌赤路新线、滨河南路、周上路 3 条线路荣获市级“最美乡村路”称号，千小路被评为全国“美丽乡村路”，北京市延庆区正式被评为“四好农村路”全国示范县。延庆区未来将建成步行和自行车友好城市，慢行交通系统将从安全、连续、舒适三个维度考虑，提高步道和非机动车道的连续性、通畅性。

北京国际山地徒步大会：北京国际山地徒步大会是北京市政府批准的第一个国际化山地品牌活动。大会以“徒步山地古村落，引领休闲新生活”为主题，旨在推动徒步运动的发展，提高人们的健康意识和生活质量。该活动不仅吸引了大量的徒步爱好者参与，也为当地的旅游业带来了可观的经济效益。据统计，2019 年北京国际山地徒步大会共吸引了来自全球 20 多个国家和地区的 3 万余名徒步爱好者参加，为门头沟区带来了约 2 亿元的旅游综合收入。

天津东丽湖景区：近年来，坐拥千顷碧波的东丽湖，不断培育“亲子、康养、青春”等多种消费新业态，打造特色鲜明、功能互补的农文旅休闲度假线路，实现了经济效益和社会效益“双丰收”。2023 年，组织方先后在东丽湖举办了马拉松、“大美天津”自行车生态巡回赛、世界智能驾驶挑战赛、环中国天海风桨板皮划艇赛、水上高空扁带赛等大型赛事 10 余场。截至 2023 年 10 月底，东丽湖共接待游客 521.3 万人次，相较 2019 年增长 120%，实现旅游综合收入 4.96 亿元，相较 2019 年增长 62.5%。

天津天海风起云湾时尚沙滩景区：天海风起云湾时尚沙滩景区拥有优质的人造海滩，长期举办中国家庭帆船赛、帆船滑水精英赛等大型水上赛事。景区有快艇、摩托艇、水上沙发、水上飞伞、水上飞人、出海体验、桨板皮划艇等体验项目和培训活动，并且周边还配套有特色民宿和餐厅，为游客提供了较为完善的旅游服务设施与体验内容。

天津 V1 汽车世界：2019 年，天津 V1 汽车世界共举行了 54 场赛事活动，包括国家级专业赛事、体育企业品牌发布活动等，使用赛道超过

200天，获得了约1467万元的赛道及场馆租赁收入。

河北石佛山森林公园：2023年，石佛山森林公园被国家体育总局体育文化发展中心评选为“2023年中国体育旅游精品项目”。下花园区认真践行“绿水青山就是金山银山”发展理念，以深化林（草）长制工作为引领，压紧压实各级林（草）长责任，坚持“生态优先、绿色发展”理念，以守住森林资源安全底线为准则，充分利用段家堡乡万亩森林资源和独特的山地条件，积极探索“森林+旅游”的生态富民新模式，构建起较为完善的石佛山森林公园森林景观生态体系。

山西晋中九龙国际文化生态旅游区：该旅游区预计将分三期建设，建设周期在5~8年，建成后，这里将成为人们游玩的首选之地，也会带动周边的经济发展，提高整体经济发展趋势，使人们生活变得丰富多彩。

山西大同长城1号旅游公路户外运动线路：随着广武长城国家文化公园的建设推进以及长城一号旅游公路沿线生态的逐步修复，山阴县正全力打造旅游康养度假基地、长城文化展示基地。得益于旅游公路的顺利通车以及周边景区的辐射带动作用，尽管滑雪场仍处于建设阶段，但每年滑雪季客流量已达8万人次。山阴县副县长郭东申表示，长城一号旅游公路的建设，使山阴县境内的旧广武城、明长城、汉墓群三大国宝级文物被激活，每年吸引游客量接近20万人次。上述景区均实行免门票政策，吸引大量游客前来，有效增加当地民众的收入，进而拉动地方经济发展。

内蒙古越野e族阿拉善梦想沙漠汽车航空乐园景区：阿拉善梦想沙漠汽车航空主题乐园占地32.75平方公里，由超级星光赛场（竞技娱乐区）、汽车乐园（互动娱乐区）、航空小镇三个各具特色的功能区组成。近年来，这里举办了以达喀尔中国拉力赛、雷神之锤世界锦标赛、GR中国超级联赛、T3沙漠挑战赛耐力赛、疯狂大脚怪表演、知名厂商车展、昆仑决综合格斗冠军赛、梦想国际航空大会、腾格里国际电子音乐节、梦想国际美食节等多项知名赛事活动，已成为中国最大的汽车越野赛事举办地。

辽宁红河峡谷漂流：辽宁红河峡谷漂流是国家4A级旅游景区，位于辽宁省抚顺市清原满族自治县红河谷国家森林公园内。红河峡谷漂流全程12.8公里，漂流时间约2.5小时，沿途有急流、险滩、深潭等自然景观，被誉为“中国北方第一漂”。红河峡谷漂流每年接待游客约30万人次，旅游收入约1.5亿元。

吉林长白山万达体育旅游景区：2023—2024年新雪季，长白山万达国际度假区预售情况良好，雪季预售的GMV较去年增长36%。据测算，度假区酒店群客房平均入住率创下历史新高，2023—2024 雪季无论是总客流还是总收益都达历史峰值，度假区的总收入（包括雪场、酒店及其他旅行产品）与 2022—2023 雪季相比，有望实现 35% 的增长。

黑龙江“华艺杯”中国哈尔滨国际体育舞蹈公开赛：“华艺杯”中国哈尔滨国际体育舞蹈公开赛是国家体育总局批准，由中国体育舞蹈联合会、黑龙江省体育局、哈尔滨市人民政府共同主办，哈尔滨市体育局、哈尔滨市体育总会承办的一项国际体育舞蹈赛事。该赛事每年举办一届，已成为中国东北地区规模最大、水平最高、影响最广的国际体育舞蹈赛事之一。“华艺杯”中国哈尔滨国际体育舞蹈公开赛的举办，不仅为广大体育舞蹈爱好者提供了一个展示自我、交流技艺的平台，也为哈尔滨市的体育事业和经济发展做出了积极贡献。

上海碧海金沙体育旅游景区：碧海金沙是中国最大的人造沙滩海滨浴场，也是上海唯一碧波荡漾的蓝色海域。景区拥有丰富的水上娱乐项目，如帆船、帆板、皮划艇、水上摩托艇等，吸引了大量的游客前来体验。此外，景区还举办了多项体育赛事和活动，如上海 ATP1000 大师赛、F1 中国大奖赛等，进一步提升了景区的知名度和影响力。据统计，碧海金沙景区每年接待游客约 200 万人次，旅游收入约 10 亿元。

这些体育旅游景点不仅为当地带来了可观的经济效益，也促进了当地的体育事业和文化事业的发展。同时，这些景点也为游客提供了更多的旅游选择，丰富了人们的业余生活。

二、人文价值

（一）文化交流与融合

体育旅游作为一种全球性的文化现象，为各国各地区之间的文化交流与融合搭建了桥梁。一方面，赛事活动促进了不同文化背景人群的交流，如体育文化节、赛事互动等活动增进了不同人群对彼此文化的理解与认可。另一方面，本土文化借助体育旅游走向世界，如中国的武术旅游、日本的柔道之旅等，以体育旅游的形式展示并推广了本国传统文化，也让地方文化在国际舞台上大放异彩。成功举办大型体育赛事，不仅能提升举办地的国际知名度，还能改善城市和国家的形象。例如，2014 年巴西世界杯不仅让全世界重新认识了巴西的足球水平，也让更多人领略到了巴西丰富的自然风光和文化底蕴，极大地提升了巴西在全球的综合影响力。

一场体育赛事往往能吸引来自全球各地的运动员、记者、观众等，他们彼此接触和交往，不仅能加深了解，还能增进友谊。例如，德国的慕尼黑啤酒节，虽本质上是一项传统节庆活动，但也融入了体育元素以吸引“体育发烧友”，成为一个重要的文化交流平台。

（二）增强社区凝聚力

体育旅游项目的大量开展不仅能增强社区的凝聚力，还能提升居民的自豪感和归属感。小到社区举办的定期体育赛事，大到国家级的全民健身活动，这些都在无形中加强了社区成员之间的联系，促进了社会和谐发展。

（三）提升国民身体素质

体育旅游活动的普及，有助于全民体育意识的觉醒和提升。通过参与各类体育旅游项目，公众的体育知识和技能得以增强，同时也直接提高了国民的身体素质。健康的国民不仅是社会的主体，也是经济发展和社会进步的基础。

三、环境价值

（一）生态旅游的促进作用

体育旅游与生态旅游有着天然的契合点，体育旅游的兴起，对环境保护提出了更高要求。为了保证赛事顺利进行，政府和相关部门往往会加强环境治理和生态保护措施，美化环境。许多体育旅游项目，如登山、徒步、自行车旅行等，都是依赖自然环境开展的，这些活动在吸引游客的同时，也能促进生态旅游的发展，提升公众的环保意识，二者相互促进。例如，美国国家公园内的徒步旅行不仅具有运动功能，还能教育公众珍惜和爱护自然环境，起到良好的教育效果。又如，为了举办北京奥运会，中国政府投入大量资金和人力，实施了一系列环境治理措施，使北京的生态环境得到显著改善。

体育旅游强调，与自然和谐共处，推广环保理念和可持续发展。例如，挪威滑雪旅游提倡的“无痕山林”理念，要求游客在滑雪时尽量减少对自然环境的破坏，带走所有垃圾，并尽量使用环保产品。这种可持续发展的旅游方式，不仅有助于保护当地的生态环境，还能够引导更多人树立环保意识。

绿色环保已成为现代体育旅游的重要发展方向。例如，各类体育赛事在规划和执行过程中日益重视碳排放控制、水资源利用等环保措施，以使得赛事对环境的影响降至最低。此外，借助科技手段，如虚拟现实技术的应用，可以减少赛事对自然环境的直接影响。

（二）环保教育与宣传

体育旅游活动是开展环保教育的重要平台。游客通过参与环保主题的体育旅游项目，不仅能获得身心愉悦的体验，还能直观感受到环保的重要性。例如，生态马拉松活动在比赛途中设置环保宣传点，通过无人机拍摄和大屏幕播放等方式，将环境保护观念深植人心。

四、案例分析

（一）冰岛的冰川徒步

冰川徒步是冰岛一项特色体育旅游项目，这里的冰川古老、壮观且迷人，吸引着全球的游客。冰川徒步项目不仅能带来可观的旅游收入，还对当地生态旅游发展起到促进作用，有效提升了公众的环保意识。在徒步过程中，专业导游会为游客讲解冰川知识和环保理念，从而提高游客的环境保护意识。

冰岛寒冷潮湿的气候和多山脉的地形为冰川的形成创造了绝佳条件，其境内拥有欧洲最大的瓦特纳冰川和第二大的朗格冰川。这里的冰川颜色独特，在强大压力作用下，冰中的气泡被挤压出去，进而呈现出美丽的蓝色，还有受火山灰影响而呈黑色的索尔黑马冰川。

冰岛冰川徒步项目具有多方面的重要价值，主要包括以下几点：

独特的自然体验：冰川徒步让人们能够亲身登上古老的冰川，近距离感受其壮观景色，领略大自然的鬼斧神工。在广袤的冰原之上，纯净冰蓝、澄澈冰川与黑色火山灰纹理相互交织，加之蜿蜒的冰川裂缝、奇特的冰脊和各类冰川构造，呈现出超现实般的奇妙景象。

科学研究价值：冰川徒步为地质学、气候学等相关领域的研究提供了宝贵的实地资料。通过对冰川的观察和分析，能够深入了解地球气候变化的历史和趋势，以及冰川的形成、移动和消融等过程。

户外运动和挑战：冰川徒步是一项具有一定挑战性的户外运动，需要参与者具备一定的体力和耐力。它既能满足人们对户外运动的热爱以及对挑战的追求欲望，又有助于提升身体素质和应对困难的能力。

旅游经济推动：作为冰岛的热门旅游项目之一，冰川徒步提升了冰岛的知名度，吸引了众多游客前来体验，为当地旅游业带来了可观的经济收益，促进了相关产业的发展，增加了就业机会。

影视文化价值：冰岛独特的冰川地貌使其成为许多电影的取景地，增加了其在文化领域的影响力和知名度。例如，在电影《星际穿越》《雷神 2》《星球大战外传：侠盗一号》中，冰岛的冰川曾作为外星、神域等场景亮相大荧幕。

环境教育意义：冰川徒步让人们更为直观地认识到冰川这一自然环境的重要性和脆弱性，增强环境保护意识，促使人们更加关注全球气候变化等问题，并积极采取行动保护地球生态环境。

心灵与精神的滋养：置身于宏大而宁静的冰川世界中，能给人带来心灵上的震撼和精神上的放松，帮助人们摆脱日常的喧嚣和压力，收获内心的平静与安宁。

丰富人生经历：冰川徒步为参与者提供了独特而难忘的经历，成为人生中宝贵的回忆，拓宽了人们的视野和生活体验。

（二）大堡礁运动潜水

大堡礁运动潜水项目是澳大利亚著名的体育旅游项目，对当地经济起到了重要的促进作用。大堡礁潜水不只是一种运动体验，更是一次极具感染力的生态教育历程。

大堡礁潜水运动项目具有经济、人文、环境保护等多方面的综合价值，主要包括以下几点：

独特的自然体验：大堡礁拥有壮观的珊瑚景观和丰富多样的海洋生物，潜水者能够近距离观赏到绚丽的珊瑚、各种热带鱼类、海龟、鲨鱼等，感受大自然的神奇和美丽，收获难忘的视觉享受和独特体验。

科学研究价值：其为海洋生物学、生态学等领域的研究提供了重要的实地场所。科学家可以通过对大堡礁的研究，深入了解海洋生态系统的运作、珊瑚的生长和繁殖规律、海洋生物的行为和习性等。

经济价值：其有力带动了当地旅游业的发展，创造了大量的收入和就业机会。据估计，2015—2016年度大堡礁为澳大利亚经济贡献了64亿澳元收入和超过6.4万个全职工作岗位。其经济价值包括旅游业（290亿澳元）、品牌价值（240亿澳元）以及周边休闲项目（30亿澳元），如游客参与潜水等项目产生的经济价值。

环境教育意义：其能让人们更为直观地认识到海洋生态系统的重要性和脆弱性，增强人们的环境保护意识，促使人们更加重视海洋生态保护、气候变化等问题。

推动技能学习：对于想要学习潜水的人来说，这里堪称理想之地。人们能够在此获得潜水技能和知识，并考取潜水执照。部分地区还提供中文教练服务，以方便语言沟通。

体育挑战与锻炼：潜水需要一定的体力和技能，参与大堡礁潜水运动能够锻炼身体，增强自身的体力和耐力，同时还能获得挑战自我后的成就感。

文化交流：其吸引了来自世界各地的游客，促进了不同文化背景的人群之间的交流和相互理解。

然而，需要注意的是，随着潜水旅游的火爆，大堡礁的生态系统也承受着一些压力。为了保护这一珍贵的自然遗产，相关部门和组织采取了一系列措施，如限制游客数量、加强监测和管理、规范潜水活动等，以降低对珊瑚礁生态系统的影响。在参与大堡礁潜水运动时，人们也应该遵循相关规定和指导，尊重自然环境，不破坏珊瑚和海洋生物的栖息地，共同努力保护好大堡礁的生态平衡。

（三）阿巴拉契亚国家步道徒步

阿巴拉契亚国家步道是一条蜿蜒于美国东部的著名山路，它顺着阿巴拉契亚山脉的众多山峰走势，起始于缅因州的卡塔丁山，一路向西南方向延伸，直至乔治亚州的斯普林格山，绵延长达3508公里。该步道穿越了美国14个州、8座国家森林以及国家公园系统中的6个公园。截至目前，累计已有约14000人成功一次走完这条步道的全程。其中，分段走完全程的徒步者里，年龄最高的86岁。令人惊叹的是，还有两个年仅6岁的男孩以及一个8岁的女孩，在父母的带领下，一个季节内就顺利走完全程。阿巴拉契亚国家步道具有多方面的综合价值，包括以下几点：

徒步旅行胜地：它是美国最长的徒步旅行步道之一，为人们提供了进行长途徒步旅行的机会，让徒步者能够亲近自然、锻炼身体和挑战自我。

每年都有数千人试图走完全程，通常需要 5~7 个月。

自然景观丰富：步道穿越了美国 14 个州、8 座国家森林和 6 个国家公园，沿途有各种美丽的自然景观，如山脉、森林、秋叶、荒原等。受欢迎的景点包括缅因州的州立巴克士特公园、怀特山脉、德拉瓦水峡国家游憩区、哈珀斯费里国家历史公园、维吉尼亚州的罗杰兹山、大烟山脉、乔治亚州的布鲁德和斯普林格山脉等。

生物多样性保护：其为众多野生动物提供了栖息地，沿途的野生动物包括驼鹿、黑熊、鹿、丛林狼、红猫、美洲旱獭、豪猪和浣熊等。

历史文化意义：该步道历史悠久，其建设历程见证了人们对自然保护和户外活动的追求与努力。它最初的设想和建设过程，反映出特定时期的社会观念以及人们对生活方式的思考。

促进地方经济：步道吸引了大量徒步旅行者，带动了当地旅游业的发展，为周边地区创造了经济收益。

社交与交流平台：徒步者在途中可以结识来自不同地区的人，增进了人与人之间的交流和友谊。

教育与研究价值：步道为自然科学研究提供了实地场所，有助于学者和研究人员对生态系统、动植物等方面开展观察和研究。

精神与心灵滋养：步道能让人们远离城市的喧嚣和压力，沉浸大自然，获得心灵的平和与放松。对于一些人来说，这是一种寻找内心平衡和自我成长的方式。

阿巴拉契亚国家步道不仅是一条实体路径，更是一个具有丰富内涵和多种价值的综合体系，对自然保护、户外活动开展、地方发展以及人们的身心健康和精神追求都有着重要意义。

第三节　德州“体育旅游”资源和规划研究案例 1
——德州生态特征体育旅游线路调查研究

一、前言

山东省德州市附近存有大量的古河道，在习近平生态文明思想的影响下，历经多年治理，现已具备良好的旅游开发价值，这种“生态风景线”的景观特征极为适合体育旅游、休闲健身项目开展。结合德州特色体育名城建设，这些旅游资源与体育产业相互融合，在文化旅游与体育健身休闲的融合中协同发展，将会获得双重效益。本节运用实地调查访谈等研究方法，对德州区域古河道体育旅游线路资源及其适配的体育项目进行归纳研究，总共梳理了六条系列线路。这六条系列线路具备较好的发展前景，其中部分线路极具开发价值，集中彰显“自然生态”旅游特色，更契合体育旅游的本质要求，只需加以合理开发，便可成为优秀的体育旅游线路，成为体育名城的重要组成内容，发挥出重要的休闲健身基础建设价值，并在文化宣传、乡村振兴、体育产业、生态管理、水利治理、群众健身等方面发挥积极作用。本节对如何整合开发做了探讨，提议秉持顺应自然生态特征的发展理念，杜绝人为过度开发，尽快修筑道路并安装标志牌，设立“生态公园”，制定管理规章，推广休闲健身体育项目，为整体布局奠定根基，逐渐和文化相融合，构建起兼具外在景观与内涵的文化产业综合项目。

（一）德州体育名城计划

最近德州正在加快建设“特色体育名城”。德州在体育领域的优势较明显地集中体现在体育制造业和体育科技方面，体育产业在全市生产总值中占有较高比重，拥有多个体育健身器材、体育竞赛器材产业基地，泰山体育实业集团在其中起到了很好的带头作用；群众体育、竞技体育也在加速发展，新建的德州中学拟将体育作为主要特色，德州正在积极争取一些重要赛事的举办权，以扩大体育影响力和城市知名度。可承接大型赛事的体育场馆正在建设，体育文化氛围随着“特色体育名城”建设计划愈发浓厚。

德州自明代开始成为屯军之地，当地留存了大量屯军地名，如明代洪武九年（约 1376 年）设立“德州卫”，在德附近设置了 42 屯，德州运河边自明代起便有“十二连城（营）”，德州周边还有大量“屯”“营”的地名，因此当地自古民风尚武彪悍，目前有多个拳种获得山东非物质文化遗产，义和团运动也发源于附近区域，从历史文化层面来看，德州建设体育名城具备较好条件，加上体育产业与体育科技的优势，只要德州人民齐心协力，建成体育名城大有希望。

（二）开展体育旅游的急迫性

我国体育事业蒸蒸日上，建成体育强国是实现民族复兴伟业的重要标志。群众体育、竞技体育、休闲体育均需要大量优质的体育旅游线路。作为体育产业的重要组成部分，“体育旅游”目前在全国各地备受重视，前不久，《人民日报》刚刚提及体育旅游与消费相结合来带动经济发展的观点，这表明“体育旅游”不单是体育、旅游自身的项目，更是经济文化发展的重要内容，将有效提升当地城市的文明程度，满足人民日益增长的精神文化需求，同时推动经济发展，“体育旅游+消费”将会成为我国下一阶段的经济热点。

德州在“体育旅游”方面存在薄弱之处，在硬件和软件建设方面，尤其需要想尽办法开发出一些有价值的体育旅游线路，以强化“特色体育名城”的实力担当。近些年，在习近平生态文明思想的指引下，德州的乡村发生了翻天覆地的变化，空气质量得以改善，自然生态环境愈发良好，周边众多河道呈现出迷人的生态美景，水资源更为充沛，植被绿化水平显著提升，陆续有野生鸟类开始在周边水域迁徙栖息，充分利用这些自然生态环境来开发“体育旅游”极为必要且迫切，打造出一系列景色优美的体育旅游线路将成为“特色体育名城”的有力支撑，提前规划与布局将更有利于未来发展。

二、研究内容和方法

本节从自然生态体育旅游线路开发研究出发，在德州周边进行了广泛的考察，主要以德州河流为脉络，对以休闲健身为主体的体育旅游资源进行了详细调研，前后历时一年有余，出行多达60余次，考察行程近2万公里。其间，对多方人士进行了访谈，同时查阅了大量文献资料，总结出德州周边具有生态体育特色的系列旅游线路，并对各线路的状况、特点以及适合的休闲健身项目展开了具体分析，还参照附近区域体育旅游线路的情况进行对比分析，结合德州地域体育产业的规模、特色，连同生态保护、经济发展、黄河流域文化、体育产业以及体育强国等多方面问题展开发展策略研究。

（一）德州历史地理背景

德州处于华北黄河冲积平原中心，古称“鬲”国，自秦始皇将黄河命名为“德水”后，德州便由此得名。黄河流域主要指现今华北平原的黄河冲积平原（苏北地区亦属黄河冲积平原），古代黄河在这一带频繁沉积、泛滥与改道，随着泥沙淤积致使河床升高后便再次改道，如此不断，塑造出华东平原，称其为“中华母亲河”实至名归。历史有记载以来，黄河共改道 26 次（从公元前 602 年至 1938 年间，黄河下游决口 1590 次，大规模改道 26 次），东西跨度极大，是一条河道迁徙变化惊人的河流（作者推测“徒骇河”之名或许由此而来）。华东、华北平原上遍布黄河故道，尤其在德州周边地区，因德州恰好位于黄河从泰山山脉以北入海的中央位置，黄河数次改道都离德州不远。

有考证表明，大禹治水主要集中在这一区域，相传的“九河”汇聚于此（据《尔雅·释水》记载，九河为徒骇、太史、马颊、覆釜、胡苏、简、絜、钩盘、鬲津），禹城的“禹王亭”便是历史佐证。如今的马颊河、徒骇河、钩盘河已非历史上记载中的那些河，太史河、覆釜河、胡苏河、简河、絜河已无法考证，现存马颊河开挖于唐代，徒骇河开挖于金元时期，人们把淤塞河道疏通后，重新以大禹治水时期“九河”中的马颊河、徒骇河命名，这种命名方式恰是对大禹治水精神的传承和敬仰。马颊河、徒骇河、漳卫新河（建议改回“鬲津河”更利于对大禹治水文化的传承）、德惠新河构成鲁北黄河冲积平原水系，至今在该区域一直发挥着良好作用。从古至今历经多次疏浚，新中国成立后，大力兴修水利，多次扩宽水道、增加调节闸，使这些河流既能排洪又能蓄水，有效调节流量，大幅减少旱涝灾害，这些成果都是对大禹治水文化的传承和发扬。2021 年漳卫新河、运河行洪期间，河北、山东各地民众日夜守护在大堤上，也是大禹治水精神的延续。

历史上这里基本洪水不断，每到雨季，因黄河卫运河堤岸状况，上游降雨积水不能进入河道，一旦有暴雨就易形成涝灾。新中国成立后，1963 年发生了严重水灾，德州附近很多老人对那次洪水记忆犹新，每次下大雨就会心生恐慌。新中国成立初期，毛主席号召兴修水利，于是“马颊河工程处”进驻德州，如今德州老人仍将水电十三局称为“马颊河”，后来查资料才知道那里最初是马颊河工程处驻地，当时从全国调集大量人员和设备，对马颊河进行清淤和扩宽，有些地段甚至直接取直线开挖新河道。

通过查询资料发现，这是一项极为宏大的水利工程（详情可查阅山东省情网水利库），相关数据令人动容，堪称大禹治水的再现，动员数百万民工耗时数年才得以完成。从水系角度来看，漳卫新河（含南运河）隶属海河水系，海河水系主要源于太行山脉的河水；而徒骇河、马颊河、德惠新河属于徒骇河水系（也有人将其统称为海河水系），徒骇河水系主要源于黄河大坝以北的自然降雨，该地区夏季降水量短期极为集中，短时排洪量极大，易引发局部水涝，经过1970年前后的治理，现已稳定运行50多年。

（二）堤顶公路成为体育旅游线路的必然性

目前德州所有长度超过500公里的河道都留存有黄河流经的痕迹，比如漳卫新河和卫运河、南运河、徒骇河等，两岸大堤规格颇高且间距很大，堤内河滩比堤外的地面海拔要高，这也证明了它们是黄河故道。这些已成规模的大堤延续了古河道的历史记忆。黄河上游下来的水沿着河道流淌，一旦泥沙致使河床变高，人们就再加高河堤，现在的鬲津河能够留存，正是历经多次加高的结果，其经历或可追溯到大禹年代。这些河道的大堤都是中国人民几千年来不断和自然斗争、付出巨大努力筑建的，是一种精神力量的象征，这种比“长城”还要久远的文化亟待我们不断传承。在黄河冲积平原上，经常可以看到某处有一段堤岸，那便是文明的遗迹，尽管河道已经干枯、淤塞甚至消失，但那段屹立不倒的堤岸告诉我们，这里曾经有过人类和自然斗争的故事。目前这些大堤的堤顶公路大部分已得到修缮，凭借原始河道的自然生态景观，成为优质的旅游线路资源。

“沿河而居”是人类生存的重要特征。很多村庄喜欢选址在河边，因为沿河的休闲活动无疑是上佳之选。参考世界很多发达国家的城市，在河边建设有各种运动场地和运动设施，这在卫星地图上清晰可见。在海边或河边开展体育活动，能让人更接近自然，享受舒适的温度、清新湿润的空气、宜人的植被环境，实现健身休闲的完美融合。沿河大堤的堤顶公路依水而建，视野开阔，环境优越，蜿蜒曲折且并非交通要道，车辆较少，是很好的生态体育旅游线路，也可成为马拉松、自行车、划船、“铁人三项”等项目的体育赛道，同时还为附近乡村居民提供了最好的休闲健身场所，使他们可以享受现代文明经济发展的成果，为乡村振兴及改善人民体质起到积极作用。随着我国体育事业的发展和人民文化水平的提高，各种体育赛事愈发丰富，倘若修缮部分“景点”、培育若干“体育小镇”、配套“体育旅游服务站”，并与旅游通道同步开发，必将取得事半功倍、锦上添花的效果。

（三）旅游与体育旅游的关系

目前，体育旅游还没有统一的概念界定，不同人士会从各自的视角进行理解。通常而言，它是指主题与体育活动相关的旅游行为，比如“旅游者短期离开常住地，以参与、参观和欣赏具有明显体育特征的非商业性活动”“体育旅游是体育与旅游相融合的产物，既具备体育的娱乐、健身等功能，又拥有旅游的文化、休闲等功能”等。其涵盖的内容包括徒步、自行车、漂流、划艇、狩猎、郊游、登山、垂钓、野外生存、游泳、摩托车汽车自驾、潜水、帆板、冲浪等诸多兼具出行和体育特征的活动。体育旅游无疑属于旅游的范畴，与普通旅游的差别在于体育元素的融入。

随着人民生活水平的提高，精神文化的发展不能完全满足人民的需求，在传统旅游基础上，借助体育进一步丰富旅游的内涵，将有力地推动文明和经济的发展。

本节的主要研究内容是自然生态资源与休闲健身的整合开发，所表达的是“人与自然文化”的研究主题，“体育旅游”是休闲健身的一项内容，“体育旅游资源”则是休闲健身的基础设施。

三、研究结果与分析

（一）体育旅游的起因和涵盖内容

为深入贯彻落实《国务院办公厅关于加快发展健身休闲产业的指导意见》（国办发〔2016〕77 号）和《国务院办公厅关于进一步扩大旅游文化体育健康养老教育培训等领域消费的意见》（国办发〔2016〕85 号），大力发展体育旅游，2016 年文化和旅游部、国家体育总局联合发布了《关于大力发展体育旅游的指导意见》（旅发〔2016〕172 号），文件指出：“体育旅游是旅游产业和体育产业深度融合的新兴产业形态，是以体育运动为核心，以现场观赛、参与体验及参观游览为主要形式，以满足健康娱乐、旅游休闲为目的，向大众提供相关产品和服务的一系列经济活动，涉及健身休闲、竞赛表演、装备制造、设施建设等业态。”下面对照文件就德州当地相关内容进行研讨。

1. 体育旅游线路与装备制造

“体育旅游”的首要要素是体育旅游线路。若缺乏丰富优质的体育旅游线路，即便其他方面表现出色，也难以令人信服。德州地处黄河冲积平原，属于农业地区，旅游资源相对匮乏，唯一留下的是历经几千年形成的黄河故道和千里大堤。在此情况下，唯有在此方面多下功夫。笔者经过一年多的调查发现，德州周边众多古河道具备良好的生态体育旅游环境资源，有一系列具备较好基础条件的线路，只需适当整理维护，便能取得良好效果。

结合德州现有的体育比赛器材产业、健身器材产业及体育科技基础，有望在“体育旅游”领域取得优异成绩。

2. 体育参与体验与参观游览

泰山体育实业集团所建设的“泰山体育博物馆”陈列了大量的奥林匹克竞技器材和大众体育器材，并设有功能体验区域，已经实现国家“体育旅游”文件要求的一项重要内容。该博物体验馆目前已接待大量参观者，未来还会接待更多来自世界各地的参观旅游者。德州各大体育器材公司也建有类似的器材展示体验馆，如盛邦公司的游泳水上项目展馆，大胡子、迈宝赫、美能达、友谊公司的运动健身器材展馆等。体育博物馆与体验馆结合体育旅游线路，将会使体育产业更具文化内涵。

3. 竞赛表演与设施建设

德州地理位置优越，交通便利，素有“九达天衢”之称。从卫星地图可看出，德州周边交通网络完善，8 个方向上两层环线构成完美网络。目前，这种区域性交通结构的城市只有商丘相接近。商丘被称为“全国性综合交通枢纽”，位于黄河向南流向的中心位置，而德州则位于黄河向北流向的中心位置，或许是一种巧合。德州是京沪高铁、京沪高速、石济高铁的交会处，交通优势显著，有利于承办一些中小型比赛。德州的基础设施也在加快建设，据悉德州正投资百亿元开发大运河，运河畔将建一条完整的马拉松赛道。开发区中心地段的体育公园已经开工，园内有众多场馆设施，拥有较高科技含量的群体健身设施也在建设完善中。目前政府希望将德州打造成“区域性消费中心城市”，体育产业和体育旅游的发展自然成为其中的重要内容。

（二）德州体育旅游线路资源

俗话说“靠山吃山，靠水吃水。”德州目前已经开发的公园景点几乎都是利用古河道资源，如减河湿地风景区、锦绣川风景区、夏津黄河故道风景区、临邑红塔寺景点、沙河故道林场、马减竖河湿地公园、四女寺水利枢纽风景区、九龙湾公园、运河公园等，这些公园仅开发了河道的局部，如果把境内整条河道都开发出来，便能形成风景线。以公园为点，河道“体育旅游”通道为线，“点”和“线”串联成网络，再加上“体育小镇”“体育博物馆”“体育体验馆”，便可形成德州“特色体育名城”“生态体育旅游”项目。这些体育旅游线路的突出特点是生态景观优美，彰显了黄河冲积平原的地域特色。现实充分证明，符合自然生态的环境才是优美的环境，是人类的追求与向往。为了让这些河道保持良好的自然生态特征，可以将部分河段设置为“生态公园”，类似“国家公园”，以保障保护自然生态不被破坏。

通过对德州周边古河道旅游资源的调查研究，本节整理出 6 条旅游线路，并对各条线路特点以及适配的休闲健身项目进行分析。

1. 德州自然生态体育旅游线路之一：六五河（50 公里）

第一条线路起始于四女寺牛角峪，沿着陈公堤堤顶公路向西南方向延伸，直至夏津城东外环，途经 20 多个乡村，穿越德商路、东子线、省道 323，全长 50 公里。

这是一条景色优美的自然生态体育旅游线路，自然生态特征鲜明，且两岸景色各异。沿途草木繁茂，田野翠绿无垠，巨型发电风车沿河矗立，既有原生态的秀丽风光，又兼具现代气息，是人们节假日休闲旅游的理想之选。河西岸是简易水泥路面，最能体现自然生态特征，河东岸沿途村落众多，新修的柏油路非常平滑，历经千年的发展，呈现出人文与自然和谐交融的景象。至 G340 线，两岸可形成往返环线旅游，G340 线以南为河西水泥路面。目前六五河是南水北调的线路之一，这里沟壑纵横，水利设施较多，也成为风景的一部分。部分河道受保护，植被生长自然，有大量鸟类栖息，更有成群野鸭起飞的场面，令人陶醉其中。因其受人为干扰较少，更显自然之美。

陈公堤古时曾是被誉为“武城十二景”之一的“贝野长堤”，在武城县东部，东临黄河古道，高 4~5 米，顶宽 6~8 米。北起德州东 5 里处（现于官屯大桥附近的高坡处，20 年前此地名为陈公堤），从四女寺村东 3 华里处入武城境，由武城镇肖邢王庄村西出境入夏津县。据旧志载：宋时为防黄河向西决口，河南滑县知州陈尧佐主持筑建，故而得名陈公堤。其自河南滑州延伸至山东千乘，全长 500 公里，贯穿武城全境，远望势若长虹，尤为壮观。

六五河位于陈公堤西侧，东侧的古黄河河道已淤塞，在卫星地图上仅能看到隐约痕迹，从夏津县至德州减河，部分地段仍保留有河床，河床内建有养殖舍，周边树林茂密。此地有个塞塔公园，树木种类繁多，郁郁葱葱。该区域桑树生长繁盛，这种高大的桑树并非主要用于养蚕。每年 5 月中旬，桑葚大量上市，其中白桑葚味甜，黑桑葚具药用价值，“桑葚节”期间吸引众多游客前来。在德商路南与六五河堤顶公路交叉口西南有一湿地公园，虽处于烂尾状态，但自然生长的植被与湿地特征仍使其具有一定游览价值。此地地理位置优越，稍加修整便能提升旅游价值，改变当前破败局面，作为体育旅游休憩服务区更为适宜，可用于体育比赛的准备区域、起点终点设置、文化展示以及游乐场等。德州夏津德百温泉度假村坐落于黄河故道之上，历经多年发展，规模宏大，拥有大型温泉群、度假村、采摘园、别墅区，连同周边的“点将台”“大云寺”“香雪园”“颐寿园”等景点，已成为德州颇具代表性的旅游区域。

黄河故道夏津界有大量的人工树林，道路周边布满密林，在里面游玩易迷路，夏季枝叶茂密，光线暗淡，氧气含量较高，堪称“天然氧吧”。沿六五河旅游可一并游览周边景点。

六五河是堤下积水汇聚而成一条河，类似情况较为常见，如原宣惠河起点在南皮附近，后因铁路路基积水，起点延伸到德州北园桥附近，水量充沛的金堤河也是这样形成的。

现在的环境来之不易，新中国成立初期这里水灾不断。1967 年 3 月，德州完成了恩县洼滞洪区治理工程设计，其中包括陈公堤加固（六五河东岸堤顶路）工程。1967 年春天，在德州统一安排下，夏津县出动近万名民工，完成牛角峪至李古寺段大堤加固任务。这段大堤长 13 公里，堤顶高 26.77 米，宽 8 米，险要段顶宽 10 米，外坡比 1 ∶ 3，内坡比 1 ∶ 5。在 25 米处设置内戗，戗台宽 5 米，边坡比 1 ∶ 5。土方量达到 68 万立方米（见山东省情资料库，水利库）。1992 年陈公堤沥青路面工程完工，2020 年再次完成堤顶柏油路面铺设。

我们认为六五河的自然生态景观在德州体育旅游线路建设中极具价值和特色。河两岸都有可通行的道路，且风光各具特色。西岸水泥路面虽窄，却能让人亲近自然，更多保留了河道自然特征。反观河东岸，经过上千年的发展，人文气息浓厚，尽管 50 年前曾扩建过，但村庄建筑和植被栽种体现了自然与人的和谐发展，文明特征显著且无过度人为开发迹象，植被种类尤为丰富，在这一段路旅行令人非常舒适。经考察，六五河上游经过夏津县城以后，虽与南水北调工程连接至聊城临清，但那一段旅游条件欠佳，不具备开发价值。

六五河作为南水北调线路，河道有围栏保护，部分体育活动不宜开展，但周边有丰富的文化景点，可以被利用。适合的体育旅游内容有自驾游、徒步、自行车、马拉松等。

2. 德州生态体育旅游线路之二：马颊河（158 公里）

（1）马颊河国道 105 东线至 105 西线间线路共 35 公里。

从德州幸福大道和马颊河交界处开始（王律村附近），沿着马颊河东南岸，一直到津期桥。最近的河道清淤扩宽工程以及堤顶公路的修建与绿化工作，让沿途美景震撼人心。在这段路段旅行，视觉上的享受绵绵不绝，高级现代化柏油路面平坦开阔，路旁繁花似锦、绿植葱郁。行驶在高高的大堤上，可见远处蜿蜒的河道、茂密的水草、不时飞过的白鹤灰鸭、错落有致的植被、隐约的村庄、微缩景观般的小桥，还有现代化的风车、铁道公路桥梁尽收眼底，堤外天际景色也是一览无余。这里的生态旅游宣传是“‘水清、岸绿、河畅、路通、人和、景美’的河湖生态环境，呈现‘百里林果、万亩花海’的壮美景观。堤顶种植法国桐、国槐、白蜡、三角枫等绿化乔木 14 万株，种植樱桃、苹果等经济林 1000 余亩；打造 5 公里樱花大道、3 公里海棠大道、4 公里菊花带，8 公里中草药带，河滩地花卉草药种植 8000 余亩，辐射带动沿岸村庄发展经济高效作物近万亩”。

以往驾车经过 101 省道时，会发现沿河道向下有一条看起来很神秘的小路，它同时穿过了公路桥和铁路桥，有点像极品飞车游戏里的场景。沿着桥向下步入其中，仿佛进入另一番天地，瞬间被美景环绕。堤顶公路品质较高，路边植被高度适中，视野极佳。河滩极为宽阔，水草繁茂，河水水量充沛（马颊河水量变化较大，但基本常年充沛），从堤顶眺望河上小桥，宛如置身玩具世界，饶有趣味。105 东线至 101 线距离 2.8 公里，笔者初次到此地调研正值 7 月中旬，雨季加上高温，使植物生长茂密繁盛，满目翠绿，温润养眼，加之雾气氤氲，仿若南方水乡。这一带水面宽阔，河滩绿草如茵，水边水草茂密斑驳，对岸大堤呈梯田状，植被层次清晰。不时有白鹭从水面翩跹而过，远处河堤上的村庄房屋错落有致，虽红墙红瓦略显陈旧，不及徽派建筑那般明亮风格，但与周遭环境相得益彰，尽显城市郊区文明边缘的“原生态之美”。

过了省道 101，到达李家闸，好似柳暗花明一般，河滩上水稻摇曳，两岸是郁郁葱葱的高粱，水面变得更加宽阔，对岸苇草成荡，新栽种的树木茁壮成长，道路两边嫩草遍地，野花簇簇，河中一条小船正在作业，鸭子们悠闲地漂浮在水面，笔者停下车来随手一拍，回来后发现照片中的树枝上竟然停歇着 100 多只麻雀，仿佛从未受人类打搅，彰显了人与自然的和谐相处。第一次到这里，看到路面偶有小车穿过，不禁艳羡这些早就发现这里美景的人们。行至堤上王村，整个村子粉刷一新，朝气蓬勃。到达东子线时，看到这里向南竖着一块巨大的“马颊河生态旅游区”标识牌。其实这条线路才刚刚开始，继续向南前进，沿途自然生态特点愈发凸显，河堤愈发高宽，河道蜿蜒曲折，美景就在河湾之处，黄河古河道的特征展露无遗，对岸高高的村庄、带有阶梯状的堤岸植被以及茂密的树林，交织出层层叠叠的景致。得益于多年的大气治理，天空愈发澄澈透明，远方色彩依旧鲜艳，“景色景色”，有景有“色”，美得丰富和亮丽。

沿途有一些小型景点，如管辂墓〔管辂，公元210—256年，字公明，平原郡平原县（今山东省平原县）人。三国时期魏国术士，古代卜卦观相行业祖师〕，其建有小型宫殿，位于马颊河堤岸下（引黄干渠旁），顺道可以参观。还有森罗殿遗迹，修建在一个高台上，该遗迹仅剩几块石碑，所在庭院被杂物占领，但是有烧香焚纸的痕迹，说明当地人对该遗迹仍然有信仰方面的传承。此段还有个“碧霞宫”小型庙宇，离堤岸很近，但路面状况不好，是年久失修的土路。这类小型且近乎被遗弃的景点，应适度修缮，并简要介绍其历史渊源，对丰富当地文化遗产有一定价值。如果将这些文化底蕴与历史脉络清晰的小型景点修缮完整，体育旅游通道便会如“镶嵌”上一连串的明珠，会丰富体育旅游内涵，增加沿途文化感染力。

抵达津期店，这段旅游线路告一段落。如果需要对马颊河进行深度旅游，可以沿着河的北岸继续前行，向南至308国道出德州市共25公里，又是另一番风景，尤其行至董姑桥村，水面宽阔，水草茂密、树木高大成林，景色美不胜收。甚至可以延伸到聊城梁八线，堤上是简易水泥路，周边同样风光宜人且景观多样。

（2）马颊河边临镇水电站至西高村共44公里。

从边临镇簸箕王附近水闸开始，马颊河故道和马颊河新河再次分流，从这里沿马颊河新河堤顶公路可以一直到达西高村，中间在前赵村需要转到河道北。

范家桥村以西河道宽阔笔直，具备一定的景观条件；范家桥村以东是自然河道。在20世纪70年代进行过机械化扩宽，保留了弯曲的形态，这一带自然景色鲜明，两岸河堤高耸，形成了明显的地形落差，植被生长错落有致，富有层次感。西高村向东全部都是土路，几乎无法行走，只能绕行公路到孔镇。在河北西郭桥村绕行时看到，这里基本没有一条好走的道路，村民们在树林里休闲娱乐，周边尽是泥泞的黄土路，希望这一带的乡村道路能尽快得到修缮，为马颊河“体育旅游”线路的全线贯通创造条件。

郭桥闸到西高村新修的消防通道，路面状况良好，但路旁堆积的泥坝尚未夯实，一经雨水冲刷，便会覆盖路面，严重损害路面质量，亟须治理。

该地区属于县市交界的偏僻地段，属于管理盲区，各方都不愿投入资金。为了能让“马颊河体育旅游”形成一条完整线路，需要各方团结合作，加强薄弱环节修整，提高整体水平。类似的问题在庆云和乐陵交界处原来也有，不过随着乐陵马颊河北岸彩虹健身通道的建成，已得到有效解决。

（3）马颊河孔镇至庆云小淀村共 64 公里。

孔镇向东就进入乐陵市。乐陵体育旅游线路修建得非常好，路面平整，与主要道路交会处建有立交桥，新修建的河北岸彩虹通道直通庆云，和庆云的堤顶公路相互连接，融为一体。

该路段一直延伸至无棣杜家桥，保持了较好的路面条件，是自行车、自驾等项目理想的“体育旅游”线路。沿途绿化景观经过精心设计，各地段的扬水站也各有建筑特色，在这里自驾游、骑行、徒步，甚至划船，能很好放松身心、调节情绪。离开乐陵沿着河北岸继续前行，进入庆云地界，马颊河和德惠新河几乎并行，颇为壮观，“两河四岸”构成了庆云的一个独特景观，周边有一些娱乐项目，看起来比较热闹。两河并行是 20 世纪 70 年代修整水利时特意设计的，其目的在于能够应对更为凶猛的洪水，确保中下游的安全。乐陵体育产业较为发达，已经有意识地开发了马颊河体育旅游线路，并且和生态低碳循环相结合。这一带河面宽阔，夏季雨量充沛，可利用部分河段开展水上运动项目，或借助泰山体育实业集团的力量，在河边建设体育运动体验馆（泰山集团有世界级的自行车厂，且就在乐陵）、体育小镇、产业园等项目，以丰富体育旅游线路上的体育旅游景点。只有点线相连，才能编织出完善的体育旅游网络，进而带动规模化发展。

从庆云向东出城区后，马颊河展现了更为良好的自然生态特征，没有过多的人为开发痕迹，只是自然的生态演变，人为痕迹仅仅是农田树林、高压线等，其余的基本是自然生态发展的景象，彰显出一种空旷辽远的自然生态之美。

孔镇至无棣杜家桥一段非常适合长距离自行车赛，也能够开展铁人三项、马拉松等项目，在雨季时则是游泳、划艇等水上项目开展的好地方。

（4）马颊河故道义渡口至前范桥共 15 公里。

这一段是马颊河故道，属于原马颊河自然河道。河道蜿蜒曲折，马颊河故道从边临镇水闸开始和现马颊河分开，至前范桥村再次合流，此线路是马颊河线路 2 中的一个支线。义渡口向东通行比较顺利，向西则基本不通。西边徽王庄镇有一座百年历史的古石桥，桥柱子是用石墩子一个一个摞起来的，构造虽然简单原始，却颇具历史韵味。通过访谈得知，有老人仍对少年时过桥的情景记忆犹新，这座桥已成为周边村民记忆中难以磨灭的情结。笔者在考察时发现，当时还有人撑着船在河中打鱼，湛蓝的河水闪着梦幻般的色彩，映衬着远处古桥。

从义渡口开始，沿河有较好的水泥路面。该路段沿河居住着不少居民，房屋依水而建，具有南方水乡的特色，穿行中可以体会浓郁的乡村气息。一直沿着马颊河故道前行至前范桥村，路变得坑洼难走，那里有个小水闸，周边景色还不错。过了前范桥村，两旁的公路修建得较为平整通畅，从郭桥水闸往东新修的公路十分美观宽阔，人们可以一边欣赏美景，一边体会自驾旅行的乐趣，行至大杨桥村后，需要途经河北前赵村再抵达堤顶公路，最后到达西高村。

（5）马颊河 105 东线口向东至边临镇水闸共 25 公里。

这一段沿河景色也比较秀丽，但是两岸过度的人为开发已经将河道景色掩盖，人们在这里路过已顾不上欣赏沿河景色。这恰好是一个反面典型，我们需要从中总结经验、吸取教训，绝不能让现今具备很好条件的自然生态环境的河段再受破坏。比如，在马颊河接近津期店的东岸正在建塑料大棚，这种塑料大棚虽然可以带来经济利益，但是对环境景观破坏很严重（目前寿光、聊城就是例证），建议政府部门引导他们适度远离河道风景区，或者在中间种植植物加以修饰。

马颊河线路绵延漫长，中间分几个路段，既有景色绝佳的路段，也有部分失修路段，其中景色最优美的两段分别位于平原县管辖区和乐陵庆云县，适合体育项目有马拉松、铁人三项、自行车、自驾游、划艇、钓鱼、郊游等。

3. 德州自然生态体育旅游线路之三：南运河（35 公里）

南运河南起于四女寺节制闸（其原起点为临清），向东北流经山东省德州市，河北省衡水与沧州地区，最终在静海区十一堡与子牙河汇合，全长 309 公里，其河道长度远超直线距离，可谓九曲十八弯。即便德州段九龙湾处河道已经取直过，但弯度仍然十分夸张。四女寺水利枢纽，是一个大型水利工程设施，又称“北都江堰”，此地设有 7 个大型水闸和 1 个倒虹吸工程，是卫运河、漳卫新河的减河、岔河、南运河、六五河等河流的交汇处。该地区借助这些自然条件大力发展旅游，当前正呈现出蓬勃发展的态势，周边建有大量仿古建筑群、度假村，还有一座大型寺院。四女寺这一地名历史源远流长，源于汉代一个孝道的故事。

南运河河道以东归山东管辖，以西由河北省管辖。南运河从四女寺水利枢纽沿东岸向北延伸至二屯乡第三店村，全长35公里，其中德州城区段的河两岸隶属德州城区范围。城区九龙湾滑雪场由西岸到四女寺水利枢纽船闸之间的10公里路段，沿途景色优美，路面质量很好，线路蜿蜒曲折恰似盘山公路，此路段乃是衡水市故城县彩虹健身通道的一部分，从资源共享的角度看，凭借其优越的地理位置，德州从中获益匪浅。

从九龙湾滑雪场沿着河东岸一直向北至河北吴桥界，这次参观南运河的优质路段，城区段至驸马营路的路面质量尚可，此区间内大运河与堤顶公路紧密相邻，河道很深，堤岸高大。这一带正是明代“十二连营”的所在地，从南至北依次为：鲍家营、夏家营、王家营、大营（何家营）、肖家营、中营（顾家营）、北大营（瞿家营）、薄荷营（白贺营）、连营（钱家营）、陈家营、半边营（边家营）、哨马营，周边的村民就是他们的后代。沧州与德州向来尚武，有不少拳种诞生于此。吴桥作为杂技之乡，也与这种民风紧密相连，这一带的文化底蕴极为深厚。

南运河从驸马营路至河北吴桥界的路段已成功申请“京杭大运河南运河三弯抵一闸世界文化遗产”，路面由灰砖垒砌而成。经采访二屯乡政府人员得知，这是申请世界文化遗产采取的环保建设举措，要求使用环保材料，沥青路面不符合要求。这一段道路是最具历史感和原生态特征的旅游线路，道路两旁的榆树和槐树树龄悠长，树木不受拘束自由生长，枝干盘曲如龙，尽管部分树木已现腐朽之态，但枝干仍透露出苍劲的力量，进入这里仿佛穿越时空，能体会到荒原之美和人迹罕至的绝佳妙境。随着德州城市的发展，老城已经被新城区全面覆盖，二屯乡因而成为德州附近最有历史遗留文化的区域之一，这里留存有古运河码头、漕仓、减河、闸子滚水坝遗迹、晋代的古墓、丰乐屯贡柿树等众多古迹。码头漕仓遗迹仍在，滚水坝仅剩下几根柱子，减河已出现淤塞，贡柿树却依旧年年结果，普通柿子树的枝杈是呈发散状，而这棵贡柿树的树枝笔直向上，其果实给人感觉像是另一种形似柿子的独特物种的感觉，据说非常美味，故而成为贡品。一路风景如画，笔者通过访谈挖掘出大量丰富的文化背景，建议有关部门可在沿途设置简要介绍，将体育旅游与文化有机结合，既能提升游客的身心体验，又能丰富阅历，更有助于传播地域文化，这也正是国家将文化旅游整合到同一机构进行管理的重要原因。

一路向北直至沧州，沿途的建设与整治工作成效显著，景色十分秀丽。全程160公里的路段沿着高大优质的堤顶公路延伸，能够欣赏到不同主题的沿河美景，树木植被的种类和特点不断变换，有的地方是成片的金银花花海，有的地方是茂密的桃园，有的地方是茂密的白杨树林，还有新种植的经济林。每隔一段距离，便会修建一个停车场，河边建有仿木桩栏杆，沿途村庄呈现出白墙黑瓦的江南水乡风貌，村庄前后安装有仿古路灯，大型村镇更是修建有公园景区。

当前农村的运动健身场地资源依旧较为匮乏，而这些路段极为弯曲，甚至存在反向绕行的情况，交通车辆很少涉足于此，仅有少量种地农用车往来，因此相对较为安全，适宜发展休闲健身活动。路上有许多骑行爱好者、跑步健身者（包括专业自行车训练人员）、来自各地的自驾游车辆，还有聚集在路边进行各种休闲娱乐活动的人群，不时会有河道巡查车辆经过。

目前大运河河水穿行黄河工程已经完成，2022年春季实现了全线贯通。有人憧憬着乘船旅行，这固然浪漫，但如今的情况已与往昔不同，乘船旅行的可选性较差。有一次在聊城运河上旅游，在河底看岸上几乎什么也看不到。即使能乘船沿运河旅行，由于被高高的堤岸遮挡，在很多北方区域也难以欣赏到周边景色。相比而言，在堤顶公路上旅行视野开阔，运河在古河道里流淌，辽阔的河滩和沿岸的村庄农田尽收眼底，沿着波光粼粼、蜿蜒曲折的公路前行，沿途不断变化的景观，能让人充分体验峰回路转的感受，这才是正确的游览方式。

这一路段包含市区市郊道路，路况比较复杂，适合的休闲健身项目有徒步、郊游、自行车、自驾游、垂钓、健身跑等。

4.德州自然生态体育旅游线路之四：漳卫新河（128公里）

漳卫新河原名鬲津河，是大禹治水时所疏通的“九河”之一。根据新中国成立前地图和目前卫星照片可以看到，原河道是流经夏津的黄河故道，后为了保障运河水位稳定，由四女寺卫运河挖通一条河道，延伸至九龙庙村接到鬲津河（鬲津河上游已经淤塞，卫星地图有明显痕迹），其目的在于减少运河水量，故而被称为“减河”，实际上，南运河共有4条减河，这是其一。1968年在研究治理漳卫河时，将其定名为漳卫新河。1971年再次进行大规模治理时，它被改为洪水入海的主要河道，并正式更名为漳卫新河。漳卫新河从山东省德州市四女寺村起，沿冀、鲁边界，途经山东省武城县、德城区、宁津县、乐陵市、庆云县，最终在河北省海兴县与山东省无棣县交界处的大口河入海。为了防止类似 1963 年的大水再次造成危害，1971 年在原金沟盘河的基础上开挖了 44 公里岔河，从四女寺径直向北，在河北大王铺再次与老减河汇聚，岔河主要用于取直河道，以弥补减河排洪能力的不足。2021 年河南中原区域的大雨和中部地区夏季的持续降雨，使得漳卫新河的排洪量达到了 25 年来的最高水位，水面超出堤外地面高度，而拥有悠久历史的大堤对下游人民的生命财产起到了很好的保护作用。

大禹治水的“九河”中，其他河流因黄河的泛滥迁徙而淤塞，仅留存一些不连续的残片，难以考察。只有鬲津河是以地名命名的，德州在古代被称为“鬲国”“津”一词在现在的地名中仍有保留，如“夏津”“宁津”“天津”，都和这条河（或其中一部分）相关，所以这条河也是目前唯一可以考证的“九河”之一。它的存在是对大禹治水的有力证明，是历史的见证者，是一种珍贵的活化石，是值得加以保护和宣传的中华文化物证。

漳卫新河在德城区内分成“岔河”和“减河”两部分，均发源于四女寺水利枢纽，岔河基本直接进入德城区，而减河则转了一个大弯后再向北进入德城开发区。减河从四女寺向东南绕行，四女寺至 105 国道西线的堤顶公路状况良好，景色优美。罗小屯周边种满了桃树，每年夏天沿途都是卖桃子卖葡萄的，很有旅游氛围。

穿过 105 国道继续向前至黄河涯镇再至幸福大道的 15 公里河段，两岸路况较差，希望政府尽快修建好消防通道。此路段沿途景色优美，古老的“鬲津河”自然弯曲而又极具历史特点的面貌尽收眼底。

多年来，政府致力于城区河道治理与绿化工作，减河与岔河沿岸已建成风景区，有大量景点，减河河滩改造的湿地公园非常成功，种植了大量的水生植物，在北方干旱区域鲜少能看到如此丰富的植物种类，能拓宽游人的视野。景区内铺设了很好的健身通道，吸引了周边地区大量游客前来，是人们休闲时享受自然的好去处。这里建有健身通道、足球场、篮球场等健身设施，每天夜晚与清晨，河道两岸有大量健身人群，河滩上老树繁茂，穿行其中非常舒适。夏天夜晚，拿着手电筒在河滩树林捉知了爬爬（蝉未脱壳前的幼虫），已成为当地不少人喜爱的一种徒步健身方式。

这一路段包含市郊和市区两部分，呈现出两种不同的特点，市区将河滩打造成景观健身公园，市郊则保留着自然生态，但却道路失修。此段适宜开展的休闲体育项目有晨跑、垂钓、散步、太极拳等健身引导术、夜间徒步、划艇、自行车、游泳、水上游戏、足球、篮球等。

市区这一部分体育旅游资源更多的是被附近人群的休闲健身活动所利

用，由此可见“体育旅游资源”是休闲健身活动开展的基础，开发体育旅游资源就是为休闲健身服务的。从当前学者的观点来看，“因体育因素而进行短期出行的称为体育旅游”，然而当地居民的休闲健身活动同样要使用“体育旅游资源”。

岔河出德城区后，展现出非同一般的景色。从北外环至庆云崔口的128公里线路，能让人领略到历史的悠远和空间的壮阔。由于地处古黄河河道，两岸大堤相距甚远，河水冲刷致使河道陡峭且参差不齐，河滩高度比大堤外高出很多，河堤经过多次加高。在对沿岸居民访谈中得知，最近一次加高是在1970年前后，当时动用了大量劳力，对原有河堤进行增高作业，众多险滩也得到加固。高大的堤岸使沿河两岸形成微缩景观，看起来别有意趣，远处乡村建设整洁美观，各种形式组合的农田和植被呈现出丰富的层次，再加上树林与零星树木的随意点缀以及弯弯的白色水泥小路映衬，令人赏心悦目。堤岸宽阔，两边种满树木，有些路段白杨树长得十分粗壮，野草野花等物种繁多。考察当日印象尤为深刻的是路边小草翠绿欲滴，可见近年来的生态治理成效显著，假以时日，我们的家乡也会有新疆、西藏那般的蓝天白云。

从德州出发一直到庆云崔口镇，沿河畅通，但多数好路面都在河北省，德州相对不太重视该路段的路面建设，这种现象在卫运河至漳卫新河沿线，从临清至庆云沿途普遍存在，我们难以知晓这种现象究竟是什么原因导致的，相反，沧州段的南运河两岸都有很好的沥青公路，卫运河畔一路畅通无阻，这样既方便了沿河百姓，也体现了区域文明水平。

这一路段适合的休闲健身项目包括自驾游、自行车、探险、越野跑、划艇等。

德州正在加快体育名城建设，“体育旅游＋消费”是其中的重要内容，需要尽快制订计划，把这些道路修建畅通，同时及早设计规划布局，为沿岸植被养护预留空间和时间。

5. 德州生态体育旅游线路之五：徒骇河（60公里）

徒骇河也是中国古代传说中“禹疏九河”之一，据《汉书》记载，其流经西汉成平，即现今河北省泊头镇县境内。如今的徒骇河，其前身古名漯（tà）川〔亦名“漯水”“漯河（tà hé）”〕，原是古黄河的一支，宋代漯川堙没后逐渐演变而成。随着黄河的南徙，为满足地表径流排泄的需求，在古漯川流域孕育出一些新的河流，明代以前通常称为土河，此即徒骇河的前身，这些河流逐渐贯通融合，由相继形成的商河、土河（徒河）等河流疏通合并而成，明代正式更名为徒骇河。传说徒骇河得名是因为水大吓到了大禹的徒弟们。根据推理，徒骇河或许指的是黄河，因为黄河具有令人惊叹的河床迁徙特征，所以称为徒骇河（“徒”就是变迁的意思，“骇”就是惊人的意思），这样更符合当时的实际，并且如今的徒骇河河名的传承并非毫无依据，相传，此地就是古黄河的河道（东汉黄河河道），徒骇河之名是完全合理的。

徒骇河从聊城流入德州，穿过禹城市区后，向东进入济南济阳区。徒骇河水量较为充沛，与卫运河、漳卫新河、马颊河相比，其显著特征是河上有一些正规的渔船，以捕食鱼类为生的大型水鸟数量也较多，稍显南方水乡韵味。徒骇河在聊城区域的旅游资源开发成效显著，河边建有了众多景观公园和游乐设施，交通要道就修筑在河边，由于没有堤坝，所以在道路上行驶时能够直接观赏到整个水面及河道两岸的景色，此地“江北水城”的美誉名不虚传，河流与城市和谐交融。

由聊城至禹城之间，有一段河道景色非常优美，主要得益于“自然生态”的魅力，自然界在特定条件下总会孕育出独特的自然之美。久居城市的人们在这里游览能领略到别样风情。进入禹城之后，徒骇河两岸经过了精心的规划设计与整治，两边延续数公里长的湿地等景观带，有的桥墩两侧种满了鲜花，好似在迎接人们的参观，看起来喜气洋洋，河滩上种植了各种观赏类树木和植被，禹城市政府在这方面付出了诸多努力。

从禹城向东沿着徒骇河前行，道路基本畅通，但需要在河道两岸来回穿梭，在高速公路大桥下有一段路未修缮，有一段路旁边有很高的土堆，还有一段路旁边树林又高又细又密，路边有些村庄自己建设了风景区。这一带随着河道的加宽，那些宽阔且自然弯曲的河道从宽视野角度看去极为美丽，古代文人偏爱枝干弯曲的梅花树，美在弯中展现，马颊河一段笔直的河道景色就略显逊色，此中道理相通。河两岸大堤逐渐加高，古黄河的特征非常明显，据考证，新中国成立后曾对徒骇开展清淤扩宽工程，当时投入了大量劳力，有些地段河道是直接开挖而成，在访谈中有人对此有清晰的描述。这里河道两岸居民较多，大规模的开发建设虽对河道自然景观有影响，但仍无法掩盖徒骇河的美丽。7 月之后的雨季，在这里可以领略到这条河的独特魅力，两岸一望无际的玉米地，林间如绒毛般的嫩草绿莹莹，游人们结伴而行，亲近自然，健身怡情，这条线路是较好的体育旅游线路。

这一路段适合的健身休闲项目有自驾游、自行车骑行、徒步远足、划艇、水上运动，市区段适合散步、引导术养生功、晨跑等。

6. 德州生态体育旅游线路之六：卫运河（95 公里）

从四女寺水利枢纽沿卫运河西岸一直延伸到临清，也是一条非常好的体育旅游线路。该路段处于衡水故城县管辖区，本着资源共享原则，整条线路可从德城区九龙湾滑雪场一直向西南前进，线路蜿蜒曲折，路面质量上乘，尤其适合自驾体验，从四女寺至临清 G514 国道全长 95 公里。

卫运河水面宽阔，视野极佳，现沿途有各种景观，如河滩上大片的野花花海，道路两边笔直的树木，高大且布满鲜艳青草的河堤坡面，时隐时现的羊群，特别是在河道取直后遗留的大量古河道，雨季会自然形成很多潟湖，大量水鸟在迁徙栖息，尤其是 2023 年行洪过后，一种尖嘴红眼的中型黑水鸟聚集于此，数量多达数万只，场面壮观，如果能在这里设置一些体育比赛项目、体育旅游项目，可谓是相得益彰。

卫运河西岸属于河北省管辖，沿南运河一直向北至沧州的这条体育旅游线路，离德州非常近，虽然不属于德州市，但可以资源共用。德州因地处山东和河北交界处，其城市发展吸引了附近河北省的商业、工业等逐渐向德州周边聚集，在德州西郊建有衡德商贸城，在德州北部与沧州接壤之处，形成一个工业聚集区，周边正借助德州市的城市资源，已形成和谐发展的良好态势。所以，卫运河、南运河沿途的体育旅游资源对德州极具有价值。德州沿运河、漳卫新河和河北有较长的接壤边界，建议联合河北省共建体育旅游线路，将会更有收益。

目前河北多地在创建文明城市，有力推动了大运河文化建设，乡村在外观、卫生与文明方面进行了治理，村庄呈现出明亮、干净、整洁、美观的风貌，这对德州起到了借鉴与促进的作用。

此路段适合自驾游、自行车、马拉松、徒步远足、垂钓、水上运动、划艇等项目。

7. 其他体育旅游线路

除此以外，还有一些线路可供探索挖掘，如引黄干渠、齐河段黄河大堤、德惠新河、市区内部健身通道。

引黄干渠道路质量较好，在这里可看到很多骑行爱好者的身影，虽然目前水流较浑浊，两岸堆有黄泥（随着时间推移，清理后的泥沙堆积将成为一个严峻问题），但其旁边的密林和湿润空气仍吸引了健身爱好者。目前不少路段不通畅，经常有封闭施工的情况。

齐河段黄河大堤是一条优质线路，适合自驾与骑行，堤岸高耸，视野宽广，气势恢宏。

德惠新河有部分路段畅通，也有一定的景观，适合周边人群休闲健身。

市区内部健身通道适合长期健身运动，但其人工设计痕迹明显，容易使人缺乏新鲜感，此时可以向郊区适当扩展，比如德州减河天趣路桥东岸向北的区域，是个很好的休闲健身旅游地段，已经有探索者在那里活动了，路上有跑步的、游玩的、喝茶的，是个景色优美娴静的好地方。而河西岸最近把两边的树都砍掉了，西岸向北一段路有果园和密林，也是十分清幽的好去处。城市充满喧嚣，能寻觅到一处宁静之地实乃生活中的美好享受。

8. 德州自然生态体育旅游小结

德州周边的体育旅游线路体现了自然生态之美，与城市里建设的公园不同，大自然的鬼斧神工是人类设计难以企及的，自然蕴含了更加丰富的内容和规则，我们只需要加以扶持管理并适度干预即可。鲁迅笔下的“百草园”虽只是杂草丛生的庭院，但却蕴含着自然的丰富性和美感。既然我们在城市已打造了各种景观花园，那就让乡村的体育旅游通道充满自然生态之美，相互交融，以满足人们贴近自然、享受自然的需求。

（三）与周边城市对比分析目前德州体育旅游线路存在不足

通过与周边城市利用河道开展旅游建设的情况进行对比，德州能够发现自身的不足，从而有的放矢，强化自身优势、弥补劣势短板，突出特色并整合资源，这对其文化旅游体育项目的开发将产生良好效果。

1. 南运河德州段与南运河沧州段的比较

（1）南运河德州段分为两部分，一是驸马营路至四女寺段。该路段较为零散，到九龙湾滑雪场出现中断，需要绕行至德州西外环路（运河大道），才能再次进入南运河堤顶路，中间九龙湾公园一段道路封闭，汽车不能进入，胜利桥至文革桥两岸道路质量很好，其余路段不太平整。该路段缺乏一体化管理，未将体现大运河旅游观光之美作为现实问题予以考量。二是驸马营路至河北吴桥界，该路面以灰砖垒砌而成，两岸保留了真正的“原生态”。路面虽比较颠簸，却能有效避免无关车辆驶入，起到了限流作用，只是看起来很荒废。反观南运河河北段，这里绿化起始时间基本在新中国成立后，沿河两岸都有高级堤顶公路，极大方便了前来参观旅游、健身锻炼的人群，沿途各地游客纷至沓来，直至沧州，呈现出各种不同的景色主题，变化多样，建议相关专家要沿河进行调研，想必会收获颇丰。

从整体看，河北在大运河的保护发展上投入巨大，成效显著，例如，大运河文化宣传和旅游、休闲健身资源相互融合得较好，整个沧州沿运河道路修建极为畅通，对两岸景色也进行了规划和整治，村庄干净整齐美观，河边不时会有巡查专用车辆通过。反观德州，各个河段没有看见巡查车身影，若没有专用车，便无法起到宣传和震慑作用。前不久就看到几个景色很好的地方有倾倒垃圾的现象，马颊河景色最好的一段路旁，如今正在搭建塑料大棚。诸如此类情况，如果没有远期的整治规划，体育旅游线路建成之日或许便是衰退之时。

（2）旅游距离长度对比。以德州为中点，河北界卫运河旅游通道向南至临清，河北界南运河旅游通道向北至沧州，二者均能达到 160 多公里的距离，这样半天一天的行程距离比较适合旅游出行安排，过短的距离形不成规模，张北草原天路便是如此。德州目前还没有这样长距离的项目，马颊河目前主要景区只有 35 公里，如果能连成一体可以达到 150 公里，能满足一整天的游览时长，这将极大提高其吸引力，但是部分路段环境破坏严重，需要整顿治理，故而建议政府设立专门的研究管理机构，协同完成这一任务。

（3）过度人为设计带来的负面效果。河北部分地段因开发过度而对“自然性”造成了影响。如某些乡村为模仿徽派建筑，将周围村子的红墙红瓦改成白墙黑瓦，没过多久就被雨水冲刷成了灰瓦；堤顶道路两边加装的仿古路灯，不久后就显得陈旧；人为加设的一些布景建筑物与周围环境格格不入，这些做法不但不能体现“生态美”，反而浪费资金。自然生态蕴含着独特而神奇的美感，人们之所以亲近自然，正是被这种力量和美所吸引。不能过度地人为设计和开发，顺应自然才是人类最好的方式。

因此建议在加快体育旅游建设进程中吸取类似教训，将自然本真归还给自然，深入探究管理的艺术，探索如何通过管理使自然呈现出最美的景色，把有限资金投入到管理和顺应、服务自然方面。

2. 乐陵彩虹路段和卫运河故城彩虹路段对比

卫运河故城县段彩虹健身旅游通道让人耳目一新，极具美感。所谓彩虹路段，就是在沿河堤顶公路中间绘制红黄蓝三条线，以此作为旅游观光线路的标识。故城县推出的大运河文化公园，虽规模不大但收效显著，仅仅是在河滩上种上花海，就吸引了很多人前往，与吴桥规模宏大、投入巨大的河滩公园建设相比，丝毫不逊色。

目前乐陵也在马颊河北岸修建了彩虹健身通道，只是植被树木尚处于生长阶段。有了道路之后，还需要配套的设施，建议在沿河区域开发一些体育项目，如体育体验中心、水上运动项目或其他相关能吸引游客的项目。同样的路段，庆云的“两河四岸”规划较好，但在项目设置上，如何吸引人们游玩需要想些办法。庆云两河岸边的“石佛寺”历史悠久，原来开发规模较大，现在成了烂尾工程，不妨适当缩小规模，把项目做得精致一些；不远处的“庆云宫”也是一样。建议德州 105 东西线之间的马颊河风景区也突出类似“彩虹线”的设置，更为简便的做法是设置路标和说明牌，绘制线路提醒标识，注重实质内容而非形式，同样能够收获良好效果。

3. 对比衡水市内滏阳河旅游健身通道情况

滏阳河和运河相似，也有众多弯曲水道，多年前也曾是一条运河，被视作南运河的姊妹河。该河从衡水市中穿过，河面浩荡、两岸繁华。堤顶旅游道路与主道路交叉处基本采用立交桥方式，车辆由桥底下行穿过，这样大大提高了旅游健身的安全性和观赏性。目前德州市只有三八路和运河堤顶路采用了此种方式，其他地方仍有待改进。乐陵马颊河北岸旅游通道与几座桥梁交叉也是这种立交方式，但进入庆云后则极为不合理，多个交叉点需要绕行几公里才能到对面，最远需绕行 4 公里，若能将体育旅游作为综合考量的核心，此问题便能迎刃而解。

衡水市从滏阳河生态文化公园向北转一圈基本畅通，滏阳河文化公园这一段道路实行半封闭管理，限制汽车通过，对于此类景区，建议可以让电动汽车限速通过，包括德州减河岔河风景区内部道路也是如此。景区比较大，这样可方便体力较差的或长行程的人群。

从滏阳河文化公园向北至闸西干渠一段河道的美化与管理值得我们学习，德州运河也是在城市中穿过，相比却显得落后凌乱，或许是德州主体部分城区在运河以东的原因，但是进行整理规划仍十分必要，相信该问题在近期德州大运河开发后将会得到改善。

4. 多地自然生态河道体育旅游线路和城市沿河公园健身通道的比较

自然环境的体育旅游线路和城市沿河健身通道相比有几个特点。首先，自然和人工建设的区别。自然景观之美充满原生态韵味，人工建设项目依据人为设计修建，缺乏新奇感，例如近期去过的西安浐河公园，虽投入巨大、设计精巧且修建规整，但仍显得呆板。建议在城市修建一些人工健身通道，郊区乡村则应该保持自然生态。其次，原生态且长行程的旅游风景线让人流连忘返，尤其是现代城市人更愿意去贴近大自然，享受自然的风光雨露、星辰大海，因此在城市中也应留出部分河道的自然生态，减少人为痕迹。例如，原来德城区岔河东风路至新河路间有一段河滩呈半自然生态，十分宜人，后来却全部建成人工景区，看起来高大上，却让人感觉缺失了某些韵味。如今，减河天衢路向北至外环路间仍然保持着很好的生态环境。

城市规模不断扩大，满眼皆是高楼大厦，人们需奔波 1 小时才能远离喧嚣。我们应为后代留下一片天地，让他们在逼仄的城市空间中也能亲近自然。

5. 与河北乡村文明状况的对比

笔者在调研过程中多次途经河北的乡村，发现河北乡村文明建设领先于德州，村里道路和房前屋后收拾得整洁干净，面貌一新，像吴桥东光甚至巨鹿等地均有相同感受。德州目前在群体认知层面尚未达到这个程度，或者说乡村的执行力度和标准仍然不足，与河北沧州相比差别明显，主要原因在于重视程度不够，或许是因为河北作为北京的围墙和护城河，防护意识更强。

义渡口是马颊河故道上的重要乡镇，主要街道整治较好，然而体现古貌的老街区却显得杂乱无章，希望通过生态体育旅游通道的建设，推动沿途乡镇的文明化进程，美丽的风景线离不开沿途村镇的点缀，文明高雅的村镇能够彰显体育旅游线路的档次，这点非常重要。津期店也非常凌乱，作为马颊河旅游线路的一个端点，需要进行妥善整顿，至少要像堤上王村一样做到干净整洁。此外，乐陵界马颊河健身通道美观大方，但是进入庆云市区后，道路周边显得很凌乱，缺乏市容意识（至少是在河道堤顶道路周边管理不足）。

四、系统开发生态体育旅游线路的对策

以体育强国和体育名城为目标，围绕优秀中华传统文化、党的路线政策开展教育，例如，传承数千年的“大禹治水”精神、毛泽东提出的“水利是农业的命脉”理念和习近平生态文明思想，在体育旅游线路建设中加以宣传教育，从而增强民族认同感，起到文化引领作用。大禹治水是中华

文化的一个基本内容，从史前大禹治水的传说，到历朝历代修治河道并与自然做斗争，再到新中国成立后进行的几次规模巨大的水利工程，均彰显了对大禹治水文化的传承。尤其在中国共产党领导下，这种传承得以良好实现，并取得了卓越成效。立足历史文化根基，有利于体育文化的发展。一个具备文化根基的体育旅游产业项目才能更有活力，编织体育旅游线路网，点缀体育公园、体育旅游景点、特色小镇，结合文化主题讲述历史并开展宣传教育（旅游景点中讲述故事和背景才是重点，否则将失去大半魅力），形成当地体育旅游文化主题。

大禹治水起源于中国黄河流域，大禹治水祭祀活动如今不仅在中国举行，日本、韩国也在传承，但中国才是真正的发祥地和主战场，我们传承与发扬此文化责无旁贷。从国家战略到地方发展，无论是硬件需求还是文化建设，都需利用好这份得天独厚的资源，让人在身心两方面均得到教育。

开发建设生态体育旅游线路网。包括南运河、卫运河、马颊河、六五河、漳卫新河、徒骇河等体育旅游线路。它们虽然都是围绕着河道开发的，但是应各有特点，在开发上扬长避短，突出特色，或者着重打造一两条精品线路以期获得更广泛的影响力。可以推测这些资源大部分将会随“特色体育名城”的发展，而成为很好的生态体育旅游线路，部分路段甚至可以打造成国家级的经典线路，满足人民不断增长的对美好生活的需求。从远古开始，德州就与黄河结下了不解之缘，地处黄河流域冲积平原中心，充分利用好黄河故道、史前古河道这一资源，是实现德州旅游特色发展的最佳选择和关键突破口。对众多古河道景点进行优化整合，用优质大堤道路加以连接，方便旅游通行，加强沿岸文明、卫生与绿化整治建设，联合打造以自然生态为特点、以古河道为题材的大型体育旅游综合项目，有力推动德州区域文化与经济发展。

在德州自然生态体育旅游线路上建设一系列体育公园、体育博物馆、体育产业基地、体育运动体验基地、体育赛道、体育旅游小镇或服务站等，真正形成产业规模。可以先沿河修建几个体育旅游服务小镇，如马颊河体育旅游线路上的津期店、堤上王镇、孔镇，马颊河故道上的义渡口等，建设体育旅游服务点，提供休憩购物场所（配备厕所、超市、充电桩等简单设施），管理可以使得小镇发展更有使命感，进而推动村镇文明建设。津期店位于马颊河生态旅游线路的端点，向北是高质量的旅游线路的起点，向南是马颊河深度自然景观探索旅游的起点，是极具开发价值的重要小镇，值得试点开发。四女寺镇本身已经具备旅游村镇的一些特点，若设立专门的体育旅游服务站等机构，可使体育旅游线路发展更为规范有序，健全此类机构也为整个项目发展奠定了坚实基础。

庆云开展的“两河四岸”综合项目围绕河道“做文章”，里面应该融入更多的体育元素，乐陵市可沿河打造泰山体育产业园、体育小镇、体育赛道等。围绕河道专门设计一些有意义、有价值且新颖的比赛，发展中国特色体育项目，每年邀请各地选手来参赛，能很好地起到推广宣传作用。

有了一系列的亮丽小镇和体育主题景点（或其他景点），就好比在体育旅游网上镶嵌上了颗颗的闪亮珍珠，使线路网更具活力，从而推动整个产业链的发展。

建立研究协作保障机构。生态体育旅游并非仅是体育部门的任务，文化和旅游局等诸多地方管理部门同样肩负职责，如水利局、文化和旅游局、教体局、农业农村局、交通局、城建局等部门均有相关职能，然而当前存在的问题是，尚未形成一个统管协作的机构。不能只想着大运河开发，还需要政府在全区域早发现、早布局，共同协作完成这个项目。要设立专门研究机构，探讨如何在维护自然生态同时提高艺术性，如何让各部门协同运作起来，如何引导资本合理融入，如何确保产业良性运转，如何合理高效运用好资金，以及如何向周边和全国推广，如何设计出更多的有民族特色的体育活动并融入体育旅游项目，甚至走向世界，为未来中国文化输出奠定基础。

五、总结

德州周边凭借古河道拥有开发体育旅游线路的优质资源，景色极其优美，条件优越，数量较为庞大，自然生态是其鲜明特色。在开发上，需要顺应自然、加强管理、适度干预，不可有过度的人为干预和盲目投入，否则失去了自然魅力。

在整合旅游休闲健身资源时应构建完整体系，以文化为根基，以产业为动力，以体育旅游建设为突破口，即筑牢一个文化根基，编织一张体育旅游线路网，打造一系列体育景点项目。要加大体育旅游服务站、旅游要镇、体育博物馆体验馆、体育小镇等体育产业的建设力度，促使各网点相互促进、共同成长，建成德州综合生态体育旅游网络。

要成立研究机构，在维护自然生态同时提高艺术性，让各部门协同运作，合理运用资本，实现产业良性循环，规划体育网点功能，开发有民族特色的体育项目并融入体育旅游项目，为将来中国文化输出做好准备。

第四节 “体育旅游”资源和规划研究案例 2
——创建“特色体育名城”中黄河运河流域河道体育旅游融合民族文化宣传发展的研究

一、德州河道体育旅游的发展建议

德州附近古河道在全国属于非常独特优美的区域，永济渠、南运河、黄河等诸多大河在这里汇聚，拥有得天独厚的自然生态河道体育旅游资源。德州周边“六系列生态体育旅游线路”在体育和经济上均具有重要价值，要遵循习近平生态文明思想来发展体育旅游，注重自然生态、加强管理、减少过度开发，围绕古河道休闲健身旅游的产业发展总体方案应以“大禹治水”作为文化根基，构建景点网线一体的景观网络。

二、古河道体育旅游与“大禹治水”文化的成因

（一）习近平生态文明思想的作用

近些年在习近平生态文明思想的指引下，黄河下游乡村发生了翻天覆地的变化，空气质量改善，自然生态环境变得越来越优美，众多河道呈现出令人惊叹的生态美景，水资源更加丰沛，植被绿化大为改善，陆续有野生鸟类开始在周边水域迁徙栖息，利用好这些自然生态环境开发“体育旅游”很有必要也很迫切，打造一系列景色优美的体育旅游线路将成为体育强国和“特色体育名城”的有力支撑，提前设计和布局将更有利于未来发展。

（二）德州古河道历史

德州地处黄河冲积平原的中心位置，大禹治水的“九河”据历代考古认定就在德州至河间市一带，如今的马颊河、徒骇河的河名在此地沿用，而胡苏河（宣惠河，目前发源于德州城区）、鬲津河（唯一以地名命名的河

流，现改名漳卫新河）、钩盘河（岔河以此扩宽）据记载也在德州附近。德州所有距离在500公里左右的河道都曾经有黄河流过的痕迹，比如漳卫新河和卫运河、南运河、徒骇河、马颊河，两岸大堤很高且间距宽，堤内河滩比堤外的地面地势高，证明这就是黄河故道，这些已成规模的大堤使这些古河道的历史得以延伸。黄河泥沙使河床变高，人们就再加高河堤，如今的鬲津河依然留存正是历史上多次加高的结果，其历史甚至可追溯到大禹治水时期。这些河道的大堤是中国人民数千年来与自然持续抗争、付出巨大努力修筑而成的，是一种精神力量的象征，这种比“长城”更为久远的文化亟待我们传承发扬。

（三）“大禹治水”文化的伟大之处

“大禹治水”是中华文化的重要内容，“大禹治水”“愚公移山”“后羿射日”“精卫填海”“夸父逐日”等神话的共同之处是体现了中华文明的不屈不挠的斗争精神，是中国古代神话传说不同于西方神话传说的独特之处。最近有国外学者对中国这些神话传说共同具备的斗争精神赞不绝口，毛泽东同志也说过“愚公移山改造中国”，这些都是中华文明延绵不断的根本原因；“大禹治水”和其他神话不同之处在于它是史实，是真实存在的，其他神话加入了“神的力量”。如“愚公移山”最终感动了上天，把太行王屋二山搬走了。而大禹治水凭借的是人类自身的精神意志与聪明才智治理水患，堪称最为卓越的文化典范。

（四）一直传承发扬的“大禹治水”精神

大禹治水开通的河道和大堤现今仍然存在，“鬲津河”位于德州，“九河”离德州皆不远（大禹治水九河：太史河、徒骇河、马颊河、简河、絜河、胡苏河、覆釜河、钩盘河、鬲津河），由于河堤的修筑固定了河道，不断加高的河堤延续了“古河道”的历史。“大禹治水”所用的“疏导加筑堤”方法一直沿用至今。2022年，德州水利局还在征集需要疏浚联通哪些河道的意见，这正是“大禹治水”成功的要点。“鲧”治水时只知道筑堤堵截，而“禹”在筑堤的同时注重“疏导”，把河道疏通并相互连接，让水顺利流入大海。从史前“大禹治水”的传说，到历朝历代修治河道与自然做斗争，以及新中国成立后进行的几次规模巨大、震撼人心的水利工程，都体现了对大禹治水文化的传承（详见山东水情网），尤其在中国共产党领导下实现了传承和发扬，取得了卓越效果：此地多年来一直风调雨顺、年年都是大丰收。类似的例子还有，毛泽东主席曾说“抗美援朝，美帝国主义要打多久，我们就打多久，直到打到完全胜利”，抗美援朝的胜利为中国带来几十年的安定和平。同样，习近平总书记强调，我们的军队“敢打必胜、血性铁骨”，在南海与美军的对峙中，把美军航母吓跑的“轰六”中队被中宣部授予“时代楷模”称号，这体现的是机智勇敢、血性无畏的斗争精神。“大禹治水”体现的是“有勇有谋、百折不挠、直至胜利”的斗争精神，所塑造和培养的民族作风是机智勇敢、顽强拼搏，这种文化对民族延续和繁荣至关重要。

在德州附近黄河冲积平原上，经常可以看到某处有一段堤岸，那就是文明的遗迹，虽然河道已经干枯淤塞甚至消失，但是那段屹立着的堤岸告诉我们，这里曾经有过人类和自然斗争的故事。多少事物都随着时间流逝而灰飞烟灭，国内众多号称有过“大禹治水”遗迹的地方，都不及德州地域留存的大面积遗产这般完整且意义深远，而且这些“古河道”与大堤一直存续并屹立至今，有力地印证了中华文明的伟大以及绵延不绝的根源。

（五）“大禹治水”精神和“特色体育名城”文化一脉相承

“大禹治水”对德州而言更有意义，将其发扬光大，深入到“特色体育名城”建设中，立足历史文化这个根基，有利于体育精神体育文化的发展。体育的顽强拼搏和“大禹治水”文化的不屈不挠斗争精神是一脉相承的，一个具有深厚文化根基的体育产业项目才能更具活力，“特色体育名城”目标也能早日达成。

（六）古河道和堤顶公路成为体育旅游线路资源的必然性

德州附近的河流大都是自然河道，在黄河冲积平原上自然河道的走势极为蜿蜒曲折（地球自转所致），永济渠（卫河）、南运河虽经人工取直，但依然保留了较多弯曲。弯曲的河道与大堤形成的高低起伏地貌以及丰富多样的植被，为平原地区增添了别样景致。当前，这些大堤堤顶公路多数已完成修缮，凭借原始河道的自然生态环境与优美景色，成为极具潜力的旅游线路资源。

“沿河而居”是人类生存的重要特征，很多村庄喜欢选址在河边，沿河开展休闲活动也是最佳选择。参考世界很多发达国家的城市，多在河边建设各种运动场地和运动设施。在海边河边进行体育活动让人更接近自然，享受舒适的温度、清新湿润的空气、宜人的植被环境，实现健身和休闲的完美融合。沿河大堤的堤顶公路伴水而行，视野开阔，环境优越，蜿蜒曲折且并非交通要道，车辆较少，是很好的生态体育旅游线路，也可成为马拉松、自行车、划船、“铁人三项”等项目的体育赛道，同时也为附近乡村居民提供了最好的休闲健身场所，可以享受现代文明经济发展的成果，对乡村振兴、改善人民体质起到积极作用。随着我国体育事业的发展，人民文化水平的提高，各种体育赛事会越来越丰富，如果修缮一些“景点”、培育一些“体育小镇”、配套“体育旅游服务站”，并与旅游通道同步开发，将取得事半功倍、锦上添花的效果。

德州凭借已有的体育产业基础，正在全力创建“特色体育名城”，体育旅游是体育产业的重要组成部分，德州凭借产业优势和独特的地理优势，有望在古河道体育旅游方面获得快速发展。

（七）传承“大禹治水”文化的必要迫切性

德州应该围绕“大禹治水”这一中华传统文化根基来发展“特色体育名城”及体育旅游产业。德州是“大禹治水”的主战场，德州在弘扬和传承“大禹治水”文化中责无旁贷。“大禹治水”饱含了中国人民与自然不断斗争的伟大精神，数千公里巍峨的大堤见证了与洪水斗争直到取得胜利的历程。“大禹治水”展示了应对不可抗力时采用“侧面阻截—正面引导”的方法技巧，是真实的历史和最伟大的文化瑰宝。

大禹治水起源于中国黄河流域，大禹治水祭祀活动不仅在中国盛行，日本、韩国也在传承，影响范围和深度都极具规模。而德州才是真正的发源地和主战场，我们传承发扬责无旁贷（端午节被韩国申请传统文化遗产便是前车之鉴）。从国家大计到地方发展，无论是硬件需求还是文化塑造，都需利用好这一得天独厚的资源，让人在身心两方面得到全面发展。

三、主要措施

（一）依靠“大禹治水”遗产建设生态体育旅游线路网

要弘扬“大禹治水”文化，就得先把河道体育旅游线路建设起来，包括南运河、卫运河、马颊河、六五河、漳卫新河、徒骇河等线路，让大家认识到这些珍贵的“遗产”，进而依托它们开展宣传推广。

尽管均围绕河道开发，但各线路应彰显不同特色，在开发过程中扬长避短、突出亮点，或着力打造一两条精品线路以扩大影响力。可以预见，随着德州“特色体育名城”建设的推进，这些资源大部分将成为优质的生态体育旅游线路，部分路段有望打造为国家级经典线路。通过对众多古河道景点进行优化整合，修缮大堤道路，改善河道地势与植被景观，持续推进大气治理，加强沿岸文明卫生管理，强化自然生态保护，防止过度开发与盲目投入，对主要河道实施统一管理，联合打造具有自然生态特色的古河道主题大型体育旅游线路网。

建设一系列体育公园、体育博物馆、体育产业基地、体育运动体验基地、体育赛道、体育旅游小镇或服务站等，真正形成完备的产业规模。可先沿河打造几个体育旅游服务小镇，如马颊河体育旅游线路上的津期店、堤上王镇、孔镇，马颊河故道上的义渡口等，建设体育旅游服务点，提供休憩购物场所（配备厕所、超市、充电桩等简单设施），通过有效管理，赋予小镇发展使命感，推动村镇文明建设迈上新台阶。四女寺镇本身已经具备旅游村镇的一些特点，设立专门的体育旅游服务站能够规范体育旅游线路发展，健全此类机构可为整个项目奠定坚实基础。近期看到四女寺临街门市正在整修，这无疑是良好的开端。津期店位于马颊河生态旅游线路的端点，向北是高品质旅游线路的起点，向南是马颊河深度自然景观探索之旅的起点，是极具开发价值的重要小镇，值得优先试点开发。对六五河德商路旁废弃的湿地公园应进行简单规划修复，改造为休闲公园亦颇具潜力。德州存在几处此类烂尾工程，如何在其转型过渡阶段发挥余热值得深入探讨。

庆云开展的“两河四岸”综合项目围绕河道进行建设，应融入更多体育元素。乐陵市可沿河打造泰山体育产业园、体育小镇、体育赛道等。庆云、乐陵、宁津三地是德州体育制造产业的核心区域，在体育旅游线路开发中可充分结合体育制造业优势有所建树。围绕河道精心设计一些富有意义、价值独特且新颖的比赛项目，发展中国特色体育赛事，每年邀请各地选手参与，能够有效提升项目的推广宣传效果。

有了一系列独具魅力的小镇和体育主题景点（或其他特色景点），如同在体育旅游网络中镶嵌上璀璨明珠，该线路网将更具活力，整个产业链也将得以顺利推动。

（二）以“大禹治水”为核心宣传中华优秀传统文化

体育和旅游均属于文化范畴，文化项目上如果缺乏文化根基就会导致偏差，在体育旅游项目上找准恰当的中华优秀传统文化将会更有利于二者互相促进、协调发展。德州附近的古河道在休闲健身体育旅游项目开发过程中，与“大禹治水”文化的融合绝非偶然，因为它正是“大禹治水”的历史产物。

在旅游休闲健身资源整合中，要构建一个完整体系，以文化为根基，以产业为动力，以体育旅游建设为突破口，即筑牢一个文化根基，编织一张体育旅游线路网，打造一系列体育景点项目。优秀文化世代传承，生命力旺盛，激励着一代又一代人为之奋斗；糟粕文化则迅速淹没于历史长河，仅供后人了解与反思。德州应尽快为各线路挂牌，明确其体育旅游线路身份，在路口挂牌处设立宣传介绍栏，详细宣传河流历史以及“大禹治水”文化的内涵与价值，并结合沿途特色介绍当地其他文化。

德州当地除了“大禹治水”核心文化外的其他重要文化有以下两种。

1. 四女寺镇的“孝道文化”极具中国文化特色

中国人不信上帝神明，但相信“祖宗”，相信“祖宗”其实就是相信自己。祖宗将所有才智通过基因遗传下来，在最危急、最艰难无助的时刻，只有靠自己，挖掘自己全部潜力战胜困难，这是个人自信也是民族自信的根源所在。四女寺镇作为德州体育旅游线路网枢纽，有这类文化题材，可发挥良好的教育作用。

2. 沧州德州附近的“体育文化”

该地区自古就有“尚武精神”“彪悍民风”的特点，德州和沧州接壤的宁津、乐陵、庆云三地在体育器材制造产业方面能形成规模，成为全国体育产业高地，与地域文化关系极大。如果没有这一因素，在早期产业小循环中，便难以实现良性发展，极易夭折，正是有了这种文化才逐渐孕育并形成如今的产业规模，因此，这是“体育名城”建设中需要着重宣传发扬的文化亮点。宁津、乐陵、庆云三地紧靠“鬲津河”（现漳卫新河），宁津、庆云古城更是依水而建，地域文化本身就是“大禹治水”文化传承的典型代表。

（三）建立文化研究协作保障机构

结合传统文化的生态体育旅游并非仅是体育部门的任务，文化和旅游局等诸多地方管理部门同样肩负职责，包括水利局、文化和旅游局、教体局、农业农村局、交通局、城建局等部门均有相关职能。然而当前存在的问题表明，亟须构建这样一个统管协作的机构。德州虽设有大运河发展指挥部，但不能仅聚焦大运河开发建设，需要政府在全区域范围内提前谋划、协同合作推进此项目。应设立专门研究机构，深入研究如何宣传弘扬民族文化，如何在维护自然生态的同时提升艺术性，怎样促使各部门协同运作，如何引导资本合理融入，怎样确保产业良性运转，如何合理高效地运用资金，以及如何向周边地区乃至全国推广，如何设计更多蕴含民族特色的体育活动并融入体育旅游项目，甚至使其走向世界，为未来中国文化输出奠定坚实基础。

四、小结

在习近平生态文明思想的引领下，德州建设“特色体育名城”需依托文化根基，“大禹治水”文化遗产为发展古河道体育旅游产业奠定了坚实基础，“大禹治水”文化同样能够成为“特色体育名城”的文化源泉，因为“特色体育名城”中体育文化的顽强拼搏与“大禹治水”文化的不屈不挠斗争精神是相互贯通、一脉相承的。

| 第九章 |

“文明城市”和“体育城市”建设的对比

我国通过“文明城市”创建，使大量城市整体面貌得到大幅提升，甚至在乡村也能看到文明的进步。“体育城市”的创建在城市不同的领域和形象上能起到与“文明城市”相似的效果，如果有一批城市达到“体育城市”的目标，无疑会对加速我国现代化建设起到巨大推动作用。下面分析一下“体育城市”和“文明城市”的关联与共同价值。

一、文明城市与体育城市的关联

随着城市化进程的加速，城市发展的多维度评价体系应该得到发展完善，其中“文明城市”与“体育城市”作为衡量城市综合发展水平的两个维度的标尺，其内在联系与各自价值日益重要。“文明城市”与“体育城市”之间存在诸多关联，两者有相互促进的作用，在推动社会进步、提升居民生活质量、促进经济多元化发展等方面有突出的价值。

文明城市，强调城市的物质文明、政治文明、精神文明与生态文明协调发展，是城市治理现代化、社会和谐稳定、居民素质提升的综合体现。体育城市则侧重于体育设施的完善、体育赛事的举办、体育文化的普及以及全民体育参与度的提高，是城市活力、健康生活方式和国际影响力的重要标志。两者虽侧重点有所不同，但在促进城市发展、增强城市魅力方面却有着紧密的联系。

二、文明城市与体育城市的关联

（一）理念上的契合

文明城市追求的是全面、协调、可持续的发展，而体育城市强调的是健康、活力、积极向上的城市氛围。两者在核心理念上高度契合，都旨在提升居民的生活质量，促进社会的和谐与进步。体育作为文明生活的重要组成部分，能够直接反映城市的文明程度和居民的精神面貌。

（二）设施建设的互补

文明城市的创建过程中，往往伴随着公共设施的全面升级，包括体育设施的完善。体育城市更是将体育设施建设作为核心任务之一，通过建设高标准的体育场馆、健身路径、运动公园等，为市民提供丰富的体育活动空间。这种互补性使得两者在基础设施建设上形成合力，共同提升城市的硬件水平。

（三）社会文化的融合

文明城市倡导积极向上的社会文化，体育作为一种全球共通的语言，具有强大的文化传播和凝聚人心的作用。体育城市通过举办各类体育赛事、文化活动，不仅丰富了市民的文化生活，还促进了不同文化之间的交流与融合，增强了城市的软实力和吸引力。

三、文明城市与体育城市的共同价值

（一）提升居民健康水平

体育锻炼是增强体质、预防疾病的有效途径。文明城市与体育城市的融合，能够激发市民参与体育运动的热情，形成全民健身的良好风尚，从而有效提升居民的健康水平和生活质量。

（二）促进经济发展

体育赛事的举办能够吸引大量人流、物流、信息流，带动旅游、餐饮、住宿、交通等相关产业的发展，为城市经济注入新的活力。同时，体育产业的快速发展也为城市提供了新的经济增长点，促进了经济结构的优化和多元化发展。

（三）增强城市凝聚力与竞争力

文明城市与体育城市的共同建设，能够增强市民对城市的认同感和归属感，提升城市的凝聚力和向心力。同时，通过举办高水平的体育赛事和文化活动，可以展示城市的综合实力和独特魅力，吸引更多的国内外关注和投资，提升城市的国际知名度和竞争力。

所以，文明城市与体育城市之间存在着紧密的联系和相互促进的关系。两者在理念上的契合、设施建设上的互补以及社会文化上的融合，共同构成了城市发展的重要支撑。未来，应加强两者的结合，充分发挥各自优势，在各自维度上相互促进、相互检验、借鉴发展，提升居民生活质量、促进经济发展、增强城市凝聚力与竞争力，推动城市向着更加全面、协调、可持续的中国式现代化方向发展。

参考文献

［1］王志强．深圳建设高质量国际体育名城的实践探索［J］．特区实践与理论，2024（2）：64–72.

［2］张慧颖，郭彤彤．对比与镜鉴：国际体育名城特征审视与发展前沿趋势研究［C］// 中国体育科学学会．第十三届全国体育科学大会论文摘要集：专题报告（体育社会科学分会）．北京：中国矿业大学（北京）体育教研部，2023：3.

［3］黎庆．成都世界赛事名城建设策略研究［C］// 中国体育科学学会．第十三届全国体育科学大会论文摘要集：专题报告（体育社会科学分会）．成都：成都体育学院，2023：2.

［4］韩志超．北京冬奥会推动冰雪旅游核心区发展效应及战略研究［M］．北京：中国经济出版社，2023.

［5］丁媛媛．承载奥运城市之名打造世界体育名城［N］．南京日报，2023–10–12（A01）.

［6］鲍志晗．广州建设世界体育名城路径研究：基于世界级城市群发展经验［J］．体育科技文献通报，2023，31（7）：219–224.

［7］王婧．支撑成都世界赛事名城建设的赛事体系研究［D］．成都：成都体育学院，2023.

［8］许铭琪．基于体育赛事的城市品牌形象提升路径研究：以广州为例［J］．明日风尚，2023（11）：179–181.

［9］芮璐．框架理论视域下南京世界体育名城媒介形象的构建研究［D］．成都：成都体育学院，2023.

［10］陈佳辉．世界赛事名城评价指标体系构建和实证研究［D］．成都：西南财经大学，2023.

［11］王成，茹晓阳．中国体育城市创建的时代诉求与行动方略：以成都世界赛事名城建设为例［J］．体育与科学，2023，44（2）：33-42.
［12］刘辛丹，钟旭坤．世界赛事名城评价指标体系：以成都为例［J］．四川体育科学，2023，42（1）：13-18.
［13］戴朝，付翔，尤静怡，等．成都“世界赛事名城”与成都历史、文化关系的研究：基于共生理论的视角［J］．广东技术师范大学学报，2022，43（6）：93-100.
［14］赵均，许婕．从耦合到融合：南京建设体育城市与新型城市的历程与效应研究［J］．南京体育学院学报，2022，21（11）：1-9，87.
［15］孟侨，刘涛锋．韧性城市理论视角下的体育赛事名城建设与治理：基于“问题—主体—机制”框架［C］// 中国体育科学学会．第八届中国体育博士高层论坛论文汇编（专题报告）．开封：河南大学体育学院，2022：2.
［16］杨成．成都建设世界赛事名城中体育与城市的关系折射：评《体育与城市互动提升论——基于成都建设世界赛事名城》［J］．现代城市研究，2022（11）：136.
［17］肖潇，彭国华．先行示范区战略下深圳加快国际体育名城建设的路径研究［J］．体育科技文献通报，2022，30（9）：195-198.
［18］柳伟，宋昱，李中庆，等．成都建设世界赛事名城的战略导向与路径优化［J］．成都：成都体育学院学报，2022，48（5）：84-89.
［19］张小林．国外近十年体育赛事与城市品牌形象研究进展及其对成都赛事名城建设的启示［J］．成都：四川体育科学，2022，41（4）：1-5.
［20］黄茹霞．基于世界赛事名城建设视域下成都体育赛事与城市发展良性互动研究［D］．成都：成都体育学院，2022.
［21］邢玉涛．城市营销视角下南昌市建设体育城市发展策略研究［D］．南昌：江西财经大学，2022.
［22］姬晨毓．哈尔滨打造国际冰雪体育赛事之都的现实条件及策略研究［D］．哈尔滨：哈尔滨体育学院，2022.
［23］张永韬，王明涛．成都建设世界赛事名城评价指标体系构建与实证研究［J］．成都体育学院学报，2022，48（3）：77-85.
［24］唐晓颖，李禄超，刘鹏．建特色体育名城　增城市发展动能［N］．德

州日报，2022-04-26（A02）.
［25］张四维，解泽强．墨尔本经验对沈阳建设国际体育名城的启示［C］//中国体育科学学会．第十二届全国体育科学大会论文摘要汇编：墙报交流（体育管理分会）．沈阳：沈阳体育学院，2022：3.
［26］茹晓阳，王成．成都国际体育赛事名城创建的阶段诉求、现存隐忧与困境纾解［C］//中国体育科学学会．第十二届全国体育科学大会论文摘要汇编：专题报告（体育管理分会）．南京：南京大学体育科学研究所，2022：3.
［27］葛入涵，黄嫣，周朝霞．国际体育赛事对城市品牌国际化的赋能机制［J］．公关世界，2022（5）：100-101.
［28］黄艺婷．文化名城建设背景下苏州体育发展模式的研究［D］．苏州：苏州大学，2022.
［29］潘胡波．国际体育赛事与世界赛事名城建设的互动关系研究［D］．成都：成都体育学院，2022.
［30］范田．浅谈建设南京体育名城的路径研究［J］．文体用品与科技，2022（1）：116-118.
［31］白萍，张爱红．青年毛泽东的中西体育文化融合观：重读《体育之研究》［J］．成都：成都体育学院学报，2021，47（4）：55-60.
［32］秦丽雯．成都“世界赛事名城”品牌塑造研究［D］．成都：四川大学，2021.
［33］翟童．苏州市国际体育文化名城建设与发展策略研究［D］．苏州：苏州大学，2021.
［34］宋昱，钞蕤．国际比较视野下成都建设世界赛事名城的保障机制研究［J］．南京体育学院学报，2021，20（1）：33-41.
［35］翟童．CIS 理论视域下体育城市形象塑造研究：以苏州市建设国际体育文化名城为例［J］．当代体育科技，2021，11（3）：186-189.
［36］鲁志琴，陈林祥．深圳建设国际体育城市的SWOT分析及策略研究［J］．城市观察，2020（6）：57-65.
［37］李雨阳，赵明楠．开封市古都型体育城市的建设构想与推进路径［C］//中国管理现代化研究会，复旦管理学奖励基金会．第十五届（2020）中国管理学年会论文集．德阳：四川工业科技学院体育学院，2020：19.

[38] 高斌．当前我国体育名城建设的契机、困境与优化路径研究［J］．商丘师范学院学报，2020，36（12）：68–71.
[39] 应菊英．杭州城市地标性体育建筑的历史跃迁［J］．浙江体育科学，2020，42（4）：8–12.
[40] 孙继龙．从毛泽东与顾拜旦相关体育标语看东西方体育思想之异同：以《体育之研究》与《体育颂》为例［J］．安徽师范大学学报（自然科学版），2020，43（4）：386–391.
[41] 周璐瑶．建设天府奥体城背景下成都赛事名城品牌价值评价探讨［D］．成都：成都体育学院，2020.
[42] 钟旭坤．成都创建国际赛事名城评价指标的构建研究［D］．成都：西南财经大学，2020.
[43] 郑国华．体育助力上海城市文化品牌建设［J］．科学发展，2020（1）：65–76.
[44] 黄小纤．体育城市的建设因子分析：基于体育城市品牌理论［C］// 中国体育科学学会．第十一届全国体育科学大会论文摘要汇编．成都：成都体育学院，2019：3.
[45] 叶生贵，曹亚东，曹辉．国际体育名城视域下沈阳市竞技体育表演产业发展策略研究［C］// 中国体育科学学会．第十一届全国体育科学大会论文摘要汇编．沈阳：沈阳体育学院研究生部，2019：3.
[46] 李京宇，陈元欣．墨尔本全球著名体育城市创建的实践研究及启示［C］// 中国体育科学学会．第十一届全国体育科学大会论文摘要汇编．武汉：武汉体育学院，2019：2.
[47] 戴健，焦长庚．全球著名体育城市构建的内在逻辑与优化路径：基于上海体育名城建设的分析［J］．体育学研究，2019，2（3）：8–18.
[48] 宋忠良，陈更亮．国际体育名城建设实践之比较：以北京、上海、广州为例［J］．浙江体育科学，2018，40（6）：36–41.
[49] 楚英兰．苏州市国际体育文化名城建设理念构建与路径探索［J］．福建体育科技，2018，37（5）：11–13，20.
[50] 宋忠良，陈更亮．上海建设全球著名体育城市的机遇及发展路径［J］．体育研究与教育，2018，33（5）：14–18，31.
[51] 宋忠良，陈更亮．沈阳打造国际体育名城的机遇、挑战与对策［J］．

哈尔滨体育学院学报，2018，36（5）：13-18.
[52] 宋忠良，张玉国.南京建设世界体育名城的战略研究［J］. 湖北体育科技，2018，37（7）：597-600，658.
[53] 宋忠良，陈更亮.北京、上海、广州打造国际体育名城实践之比较［J］. 城市学刊，2018，39（3）：71-76.
[54] 吴雄文.国家中心城市建设体育名城评价指标体系构建：以广州为例［J］. 佳木斯职业学院学报，2018（4）：440-441，443.
[55] 宋忠良，陈华伟.广州建设国际体育名城的机遇与发展策略［J］. 中国学校体育（高等教育），2018，5（4）：1-6.
[56] 陈晓艳.西安市体育旅游资源评价及整合开发研究［J］. 陕西学前师范学院学报，2017，33（12）：57-61.
[57] 郑薇娜，刘志华.我国体育城市建设的概况及其生成的历史逻辑研究［J］. 武汉体育学院学报，2017，51（11）：35-40，65.
[58] 杨雪.基于“国际体育名城”视角下的沈阳城市体育主题文化塑造研究［J］. 辽宁体育科技，2017，39（5）：1-4.
[59] 唐太文，谭成清.创建长沙市“健康之城，体育名城”的路径探究［J］. 内江科技，2017，38（4）：73，107-108.
[60] 王大庆.略论古希腊人的“体育与战争之争”［J］. 苏州科技大学学报（社会科学版），2017，34（1）：68-75.
[61] 唐鹏，谢正阳，丁宏.全民健身国家战略背景下南京加快世界体育名城建设的机遇与路径研究［J］. 南京体育学院学报（社会科学版），2016，30（5）：63-68.
[62] 杭州：国际化发展进入重要“窗口期”［J］. 领导决策信息，2016（30）：18-19.
[63] 姜威，蒋婧.从社区体育到驻市明星：媒体人吴驷展望上海构建体育名城［J］. 体育科研，2016，37（3）：48-51.
[64] 金悦峰，栗媛.以青奥会为契机把南京建设成为亚洲体育中心城市和世界体育名城的研究［J］. 当代体育科技，2015，5（32）：235-236.
[65] 陈珊.在沪外籍人士对上海建设国际体育名城的看法调查［C］// 中国体育科学学会（China Sport Science Society）. 2015 第十届全国体育科学大会论文摘要汇编（二）. 上海：上海体育学院，2015：3.

[66] 范存生，孔柏．沈阳体育名城评价指标体系构建研究［J］．辽宁经济，2015（1）：86–87.

[67] 陈林华，王跃，李荣日，等．国际体育城市评价指标体系的构建研究［J］．体育科学，2014，34（6）：34–41.

[68] 李先雄．论国际化体育城市［D］．长沙：湖南师范大学，2014.

[69] 曾小玲，陈永辉．论毛泽东体育思想中的价值理念与影响：以《体育之研究》为视野［J］．湖南科技大学学报（社会科学版），2012，15（6）：13–16.

[70] 王大庆．古希腊城邦：向帝国时代转型的困境与趋势［J］．河北学刊，2010，30（4）：66–68，73.

[71] 王大庆．论“α γ ω ν”与古希腊赛会精神［C］// 北京论坛（Beijing Forum）．北京论坛（2007）文明的和谐与共同繁荣——人类文明的多元发展模式：“爱智和宏道：人文奥运的哲学基础”哲学分论坛论文或摘要集（下）．北京：中国人民大学历史系，2007：17.

[72] 黎庆．成都市世界赛事名城建设策略研究［C］// 中国体育科学学会．第十三届全国体育科学大会论文摘要集：墙报交流（体育社会科学分会）．成都：成都体育学院，2023：3.